中国人类学民族学研究会民族旅游专业委员会

桂林理工大学旅游学院　　民族旅游研究中心

中国人类学民族学2015年年会

“‘一带一路’背景下的民族旅游发展”专题会议论文集

“一带一路”背景下的民族旅游发展

YIDAIYILU BEIJING XIA DE MINZU LÜYOU FAZHAN

主　编　吴忠军　|　副主编　王佳果

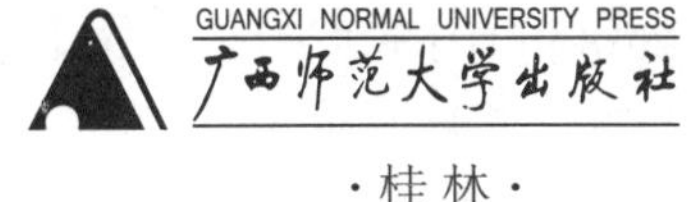
GUANGXI NORMAL UNIVERSITY PRESS
广西师范大学出版社
·桂林·

图书在版编目（CIP）数据

“一带一路”背景下的民族旅游发展 ：中国人类学民族学 2015 年年会“‘一带一路’背景下的民族旅游发展”专题会议论文集 / 吴忠军主编. 一桂林：广西师范大学出版社，2018.1

ISBN 978-7-5598-0650-5

Ⅰ. ①一… Ⅱ. ①吴… Ⅲ. ①民族地区－旅游业发展－中国－文集 Ⅳ. ①F592.7-53

中国版本图书馆 CIP 数据核字（2018）第 025233 号

广西师范大学出版社出版发行

（广西桂林市五里店路 9 号 邮政编码：541004
网址：http://www.bbtpress.com）

出版人：张艺兵

全国新华书店经销

广西广大印务有限责任公司印刷

（桂林市临桂区秧塘工业园西城大道北侧广西师范大学出版社集团有限公司创意产业园内 邮政编码：541100）

开本：880 mm ×1 240 mm 1/16

印张：10.25 字数：290 千字

2018 年 1 月第 1 版 2018 年 1 月第 1 次印刷

定价：50.00 元

中国人类学民族学2015年年会
“‘一带一路’背景下的民族旅游发展”专题会议

年会主办单位：中国人类学民族学研究会

年会承办单位：贵州民族大学

专题会议承办单位：中国人类学民族学研究会民族旅游专业委员会、桂林理工大学旅游学院

专题会议主席：吴忠军教授

贵州·贵阳

2015年10月

前　言

“一带一路”重要构想，是时代发展的新要求，是旅游业发展的新视角和新重点。民族地区是“一带一路”倡议的关键区域和国际旅游大通道，是新时期旅游业对外开放与合作的前沿阵地，是旅游资源富集区。在“一带一路”背景下，民族旅游作为促进我国民族地区社会经济发展的支柱产业，对社会和谐稳定和民族团结的影响日益显著；在城乡统筹大战略下，在“留住乡愁”的期待中，民族地区旅游必将成为着墨最多的主题之一。民族地区旅游资源有得天独厚的条件及旅游业良好的发展势头，使民族旅游研究日益受到政府和学界的重视，且不断深入，呈现出广阔的学术发展前景，民族旅游产业必将迎来新的发展机遇。

为了深入贯彻《国务院关于促进旅游业改革发展的若干意见》（国发〔2014〕31号）和《国务院关于进一步繁荣发展少数民族文化事业的若干意见》（国发〔2009〕29号）中关于发展民族旅游产业的相关指示与精神，积极响应建设“新丝绸之路经济带”和“21世纪海上丝绸之路”的重要构想，抓住习近平总书记提出的“把民族旅游发展成为民族地区支柱产业”的新机遇，总结新经验，实现产学研一体化发展的新突破；形成中国民族旅游发展共识，总结一批全国民族地区旅游发展典型案例和经验，用民族旅游研究理论指导民族地区旅游的发展实践，促进民族地区的经济发展、社会稳定和民族团结。中国人类学民族学研究会民族旅游专业委员会承办了“‘一带一路’背景下的民族旅游发展”专题会议，组织国内相关学者交流学习，使民族旅游研究的内容不断丰富、角度更加新颖、方法进一步创新，促进民族地区旅游业的发展。

我国民族地区的社会发展在国家政策的大环境下进入了一个新的历史时期，也面临一些突出的矛盾和问题，通过社会经济发展解决民族地区在新形势下遇到的新情况，民族旅游应当发挥积极和有效的作用，这就要求我们民族旅游研究工作者要以更加负责的研究态度、更加科学的研究方法，坚持理论联系实际，适应新形势发展的要求，认真研究解决民族旅游发展过程中的重大理论和实践问题，多出成果，出好成果，出能解决实际问题的成果，通过学术研究提高中国民族旅游研究水平，加强产学研的交流与合作，为民族地区旅游产业繁荣、经济社会发展、民族融合与团结创新格局，为民族旅游发展提供智力支持。

为充分反映本次年会取得的学术成果，实现共享资源，在征得与会专家、学者的同意后选择部分论文编辑成册。因篇幅有限，还有一些较好的论文未能收入，我们深表歉意。同时，由于种种原因，书中文字尚显粗浅，可能存在不妥之处，欢迎广大读者提出宝贵意见和建议。

中国人类学民族学研究会民族旅游专业委员会主任　吴忠军

2015年中国人类学民族学研究会年会会议纪要

孟丽琴

（中国人类学民族学研究会民族旅游专业委员会　广西 桂林　541004）

2015年10月10日上午，中国人类学民族学年会在贵阳市花溪区贵州民族大学隆重召开。当日下午共有16个专题会议同时进行。中国人类学民族学研究会民族旅游专业委员会与桂林理工大学旅游学院联合承办的第十五专题——“‘一带一路’背景下的民族旅游发展”，围绕“‘一带一路’背景下的民族旅游发展”这一主题展开。会议重点聚焦“一带一路”实施中民族文化的相互理解、包容和交融，以独特的学科视角思考和研究“一带一路”相关问题，为“共同打造政治互信、经济融合、文化包容的利益共同体、命运共同体和责任共同体”提供人类学民族学的智慧。

本次会议共收到30余篇论文，有40多位代表参加，并就“‘一带一路’背景下的民族旅游发展”专题内容进行讨论。

复旦大学旅游学系教授郭英之、博士研究生李小民以黎平县东南部为案例，采用结构主义范式、解释主义范式、半结构式访谈、实地调研等研究方法，通过“从事”、“保护”、“参与”三个研究步骤，得出加强社区增权、重视旅游发展影响、构建社会参与途径等途径；贵州师范学院唐志明教授从地缘优势、资源优势、政策优势、产业结构优势四个方面对贵州的旅游优势进行分析，提出了品牌创新和营销创新两大创新路径；丽江师范高等专科学校科技处处长张波教授探讨了“云南丽江在‘一带一路’构想中的重要地位”、“融入国家战略云南旅游如何作为”、“旅游业发展中的文化价值”、“文化与旅游互融互赢的丽江探索”、“颇具特色的‘丽江模式’”等五个方面的内容；贵州财经大学文法学院副院长杨经华以侗族大歌之乡小黄和三江程阳八寨为例，提出南部地区发展存在经济与文化的两难困境，差异是民族旅游的根基，民族地区必须坚守其文化传统和文化尊严，打破了必须以牺牲文化传统来获取经济发展的魔咒，实行文化与经济的共生、共存与共荣；贵州民族大学副教授李天翼以贵州省雷山县上郎德村为例，把“工分制”引入旅游管理中，实行旅游产业外包，使当地村民受益，形成了一种独特的模式；黔南民族师范学院张文磊教授依托高铁探索黔南文化旅游融合发展，通过列举高速铁路开通后旅游市场改变的事例，阐述高铁经济带来的正负效应，并提出应对措施；山东青年政治学院旅游学院副教授陈修岭指出民族旅游在我国少数民族地区快速发展，由于游客凝视、文化中心主义的影响以及旅游文化空间的示范效应，民族旅游中出现了族群文化移植、失真现象，进而引发族群认同危机；桂林理工大学旅游学院副教授梁福兴以桂林古桂柳运河与会仙湿地为研究对象，从时代背景、历史时空、社会现实和旅游产业四大语境入手，得出历史事件是旅游文化价值重构核心要素的重要结论；广西民族大学旅游管理系副教授吕本勋就“中国旅游如何走出去，东盟旅游如何走进来”这一研究现状，重点分析旅游与政治的关系，进而研究探讨旅游的政治化和政治的旅游化这两个议题；中南民族大学硕士研究生杨阳立足鄂尔多斯地区蒙古族非物质文化遗产的开发实际，全面分析鄂尔多斯地区非物质文化遗产旅游开发的成就及困境并给出合理建议；桂林理工大学硕士研究生杨洁从人类学角度，以历史人物为题材，从事件旅游出发，为东盟的旅游合作和规划提供新价值；凯里学院旅游学院讲师李金兰针对当地村民将传统的木结构吊脚楼改建成红砖钢筋混凝土土楼的行为造成的个体理性与集体理性冲突现象展开研究，考虑如何解决这一对矛盾、如何看待当地居民对于现代化的追求等一系列问题。

本次专题会议不仅为各参会的人员提供交流的机会，也对民族旅游的发展提供了理论和实践的依据，为民族地区旅游的创新发展带来了新机遇、新思维、新空间和新挑战，对民族旅游的发展起到了积极的推动作用。

目　录

“一带一路”背景下民族地区旅游业创新发展研究

吴忠军　王佳果[①]

（1. 桂林理工大学旅游学院，广西 桂林 541004；2. 中南民族大学民族学与社会学学院，湖北 武汉 430074）

【摘　要】本文基于“一带一路”重大经济发展核心，系统地分析了民族地区旅游产业创新发展迎来的发展政策、对外开放、产业升级、区域合作、基础设施建设、产业投融资、市场拓展、文化交流等八大新机遇，概括了民族地区旅游产业创新发展的三大基础优势——民族地区是“一带一路”的关键区域和国际旅游大通道，是新时期旅游业对外开放合作的前沿阵地；民族地区是旅游资源富集区，国家旅游市场吸引力巨大；民族地区旅游产业规模不断扩大，是国民经济发展的支柱产业。结合区域创新理论，深入分析了“一带一路”背景下民族地区旅游产业发展存在产品结构单一、业态老化、产业集约化程度低、产业效率低、管理体制落后、开发资金短缺、基础设施薄弱和生态环境脆弱等问题，并就此在区域旅游产业创新体系的视角下，分别从理念创新、战略创新、制度创新、合作创新、产品和业态创新、品牌营销创新和智库创新七大层面提出了相应的发展构想与对策。

【关键词】一带一路；民族地区；区域旅游；产业创新

一、一带一路：民族地区旅游产业发展新背景

两千多年前，太史公司马迁用“凿空”一词称赞张骞之交通西域，由此开启了持续两千多年的东西方贸易、人文交流通道。19世纪末20世纪初，德国地理学家李希霍芬和法国汉学家沙畹先后提出了“丝绸之路”和“海上丝绸之路”概念。[1]在全球化进程不断推进的新时代背景下，2013年9月、10月，中国国家主席习近平在先后访问中亚和东盟过程中，首次提出了中国建设“丝绸之路经济带”和“21世纪海上丝绸之路”的发展构想。“‘丝绸之路经济带’和‘21世纪海上丝绸之路’”（简称“一带一路”）的发展构想是中国提出的重大经济发展倡议，影响深远。[2]

从地理空间上看，“一带一路”以古代“陆上丝绸之路”和“海上丝绸之路”沿线国家为主。中国境外主要包括中亚、东南亚、南亚、西亚、欧洲等多个区域，[②] 其中绝大部分是多民族国家。中国的中西部地区特别是沿边沿海的民族地区是“一带一路”、“互联互通”的重要节点和关键枢纽[3]，在对外开放势态格局中占据关键地位。纵观历史，中华各民族对丝绸之路的开通、维护和发展，都做出了重要的贡献。[4]同时，丝绸之路也促进了各民族之间的经济文化交流，并影响了各民族的形成和发展。著名的三大民族走廊当中，西北民族走廊是陆上丝绸之路的重要干线，丝绸之路对西北诸民族的形成和发展起了重要的作用。[5, 6]藏彝走廊在沟通南北丝

① 吴忠军（1965—），男，广西桂林人，桂林理工大学旅游学院院长、教授，研究方向：旅游规划、民族旅游；
王佳果（1983—），男，河南南阳人，中南民族大学博士生、助理研究员，研究方向：民族旅游、散杂居民族。

② “一带一路”提倡开放合作原则，中国政府在倡导该愿景时，并未对“一带一路”的范围进行严格、僵化的界定。

绸之路、进行中外文化互动和交流方面，发挥了重要的历史作用。[7]

"一带一路"倡议是民族地区旅游业创新发展的重大机遇，本文通过对"一带一路"新机遇、新形势的系统分析，基于民族地区旅游产业发展的产业特点和优势，分析发展创新的必要性，结合区域创新理论，提出民族地区旅游产业创新发展战略和对策。

二、研究概念、文献综述和基础理论

（一）基本概念：民族地区、旅游产业

本文结合"一带一路"空间格局特征，从产业发展研究的视角将"民族地区"界定为民族九省（区），包括西藏、新疆、宁夏、内蒙古、广西五个自治区和少数民族人口比重高和民族自治地方面积较高的四个省份，即云南、贵州、青海、海南。这九省区国土面积约568.85万平方公里，占国土陆地总面积的59.26%。作为一个相对较新、发展较快、业态丰富且外延不断扩展的综合性行业，目前国内对旅游业的定义和界定仍存在一定争议[8][9-11][12, 13]。本文从技术层面界定旅游产业是为旅游者直接或间接提供各种旅游消费需求的服务和货物的综合性行业，既包括旅游景区、旅游住宿、旅游餐饮、旅游交通、旅游购物、旅游娱乐等核心子行业，也包括与旅游相关的旅游地产、养生度假、旅游电子商务等新兴子行业。

（二）"一带一路"背景下的产业研究简评

"一带一路"得到了学术界的广泛关注。CNKI学术趋势显示，"一带一路"提出后，学术关注度在短期内近乎直线上升，用户关注度在2015年4月高达21343次①，学术论文总数高达2442篇②。不同学科的研究志趣差异明显，政治、外交、军事研究多从国家战略、国家安全、军事外交等方面进行战略层面的理论探讨；经济、管理、国际贸易、金融学科的研究主要集中在经济全球化、区域合作、产业发展的对策等。能源、交通、国土、农业、文化学科和研究领域的学者侧重提出本领域的具体发展战略和对策。旅游学界在"一带一路"倡议提出后，对新机遇、新背景、新常态下旅游业的发展也进行了一些分析研究，但在网络和报纸上探讨性质的、表面化解读的文章居多，缺乏系统论证的有深度的研究。旅游产业是国家战略性支柱产业和使人民群众更满意的现代服务业。旅游学界应加强对"一带一路"的研究，提出旅游产业如何抓住机遇创新发展，是学界的使命，是研究者的担当。

（三）创新理论和区域旅游发展创新

1. 创新理论和区域创新理论

1912年，熊彼特首次提出了"创新理论"，由此开创了对"创新"问题的研究。二战以后，创新研究逐渐演变成为"技术创新"和"制度创新"两个流派，20世纪90年代以来，区域创新系统成为研究热点之一。[14-16]区域创新系统（Regional Innovation System，RIS）是经济学创新理论和地理学区域研究交叉产生的一门新领域，其概念和理论主要来源于创新系统和区域科学的研究成果。[14, 17]丁焕峰（2001）认为区域创新系统主要由四部分构成：区域发展战略创新是区域创新系统构建的前提；技术创新是区域创新系统的核心；制度创新是区域创新系统的基础；区域形象及区域营销创新是区域创新系统的新内容。付淳宇（2015）则指出区域创新系统主要包括主体要素、功能要素、环境要素三大基本构成要素。[18]

2. 旅游研究领域的创新研究

20世纪90年代以后，旅游创新研究在国外兴起[19]，目前尚缺乏成熟和具有广泛解释力的统一理论，其概念、分类和体系都众说纷纭[19-21]。国内的旅游创新从2000年以后开始，在旅游资源开发创新、产品业态创新、市场营销创新、管理创新等方面都积累了一定的研究成果。近几年，关于旅游产业集群、旅游产业融合、旅游文化创意的研究增长迅速。同国外研究相比，国内研究应用导向特别强烈，但缺乏创新理论分析和创新体系研究。

本文认为，旅游产业是服务性和区域性很强的产业，与传统创新研究的对象制造业有一定区别。旅游产业的"技术创新"主要是产品、业态创新，产品创新的主要手段是文化创意，业态创新的主要路径是产业融合。区域旅游产业的创新体系是一个复合系统。从构成要素角度看，包括创新主体、创新资源和创新环境三类。主体包括政府、旅游企业、旅游智库等；资源包括旅游产品、旅游资源、基础设施、旅游人才等；环境包括行政体制、产业机制、产业政策等。从功能组成角度看，包括：(1)理念创新：理

① 根据CNKI学术趋势搜索，搜索时间点为2015年10月4日。

② 根据CNKI文献数据库（已排除报纸类），搜索时间点为2015年10月4日。

念创新是创新体系的灵魂；（2）战略创新：战略创新是创新发展的前提；（3）制度创新：制度环境和配套产业政策的创新是基础；（4）合作创新：区域旅游合作创新是关键；（5）产品和业态创新：旅游产品和旅游业态创新是核心；（6）品牌营销创新：民族地区旅游形象、旅游品牌和旅游营销创新是重点；（7）智库创新：旅游智库建设创新是支撑。

三、“一带一路”背景下民族地区旅游产业创新发展的重大机遇

“一带一路”使民族地区由对外开放的大后方、边陲、末梢，走向了最前沿、重要节点和关键枢纽。[3]民族地区旅游产业迎来前所未有的重大发展机遇。主要包括发展政策、对外开放、产业升级、区域合作、基础设施建设、产业投融资、市场拓展、文化交流等八大机遇。

发展政策新机遇。2005年，中共中央、国务院作出了《关于进一步加强民族工作加快少数民族和民族地区经济社会发展的决定》，此后10年间又陆续发布一系列国发文件以促进民族九省（区）发展。“一带一路”倡议提出后，民族地区纷纷推出各自的行动路线图，加紧制定相关发展政策，旅游产业的发展也将进入新一轮的发展政策机遇期。

对外开放新机遇。旅游业是重要的服务贸易，市场准入门槛低，贸易壁垒少，对外开放时间早、开放领域广、开放程度高，是对外开放的先导行业。相关研究表明，西部民族地区的入境旅游经济发展水平[22]、FDI（外商直接投资）水平明显低于中、东部[23][24]。“一带一路”使民族地区由对外开放的边缘地带走向战略前沿，在整个国家对外开放格局中的地位发生根本性扭转，民族地区旅游业对外开放将迎来新机遇。

产业升级新机遇。“一带一路”重大互联互通设施的建设，将极大提高民族地区的旅游可进入性，国内旅游市场和入境旅游市场特别是周边客源市场潜力释放。跨区域、跨境旅游合作也会带来旅游产品线路、旅游市场、旅游营销、旅游品牌一体化乃至旅游发展共同体等产业合作模式的创新升级。市场的变化倒逼旅游接待设施、旅游管理服务水平、旅游产品业态乃至整个旅游产业的升级转型。

区域旅游合作新机遇。区域旅游合作是旅游服务“贸易畅通”的重要内容。“一带一路”的多边合作机制是民族地区进行国际旅游合作的重要平台。旅游合作已经成为中国—东盟博览会和中国—阿拉伯合作论坛的常态。建设丝绸之路经济带，将西部民族地区与中东部旅游发达地区串联起来，形成面向东部沿海、深入欧亚大陆腹地的旅游合作发展大格局，使内蒙古成为联通俄罗斯与蒙古旅游市场的关键发展区域。建设21世纪海上丝绸之路，使西南民族地区成为面向港澳台、东南亚旅游合作发展的桥头堡。

旅游基础设施升级新机遇。“设施联通”特别是交通设施是“一带一路”实施的优先重点。民族地区是规划建设中的新欧亚大陆桥，中蒙俄、中国—中亚—西亚、中国—中南半岛、孟中印、中巴国际经济合作走廊，以及配套建设的欧亚铁路、中亚高铁、泛亚铁路等关键通道和重点工程的起点或重要枢纽。地处“海上丝绸之路”重要节点的广西和海南，国际邮轮母港建设和邮轮航线开辟也将面临新机遇。跨境光缆建设、卫星信息通道建设也将促进民族地区智慧旅游和旅游互联网、物联网的发展。

产业投融资新机遇。“资金融通”是“一带一路”建设的重要支撑。中国发起成立的“亚洲基础设施投资银行”得到了相关国家的积极响应，加之筹建、谋划、建设中的“金砖国家开发银行”、“上海合作组织融资机构”和“丝路基金”等，西部民族地区将获得更多的国际层面的战略融资新渠道。旅游产业是“一带一路”投资热点[25]，是资本市场重点流入的领域。

旅游市场拓展新机遇。“一带一路”沿线新兴经济体是中国目前客源增长最快的国家，已经成为中国重要的客源地之一。2013年，中国最主要的20个客源国当中，“一带一路”沿线新兴经济体国家有9个①，占全年入境外国游客的34.74%，发展速度高于中国传统的日韩、欧美等重要入境市场。

旅游文化交流新机遇。“民心相通”是“一带一路”建设的社会根基。国际旅游是文化交流，传承和弘扬丝绸之路友好合作精神的重要载体；民族旅游也是促进国内不同民族、不同地区人民交流、交往、

① 目前，新兴经济体的划分标准在国内外学界争议较大，英国《经济学家》认为是“金砖四国”加“新钻十一国”，博鳌亚洲论坛经济一体化进程2009年度报告认为是E11（二十国集团中的发展中国家），本文认为中等收入以上的发展中国家都是新兴经济体。这9个国家中，金砖国家2个，新钻国家3个。

交融的重要方式。民族地区与"一带一路"沿线国家开展人文交流，有利于促进中国对周边国家的旅游业的发展。

四、"一带一路"背景下民族地区旅游产业创新发展的基础优势

(一)民族地区是"一带一路"的关键区域和国际旅游大通道，是新时期旅游业对外开放合作的前沿阵地

区位优势是"一带一路"背景下民族地区旅游产业发展的重要优势。西北的新疆是丝绸之路经济带核心区，是丝绸之路旅游带的重要节点。西南的广西是"一带一路"有机衔接的重要门户；云南是面向南亚、东南亚的辐射中心。① 海南国际旅游岛是海上丝绸之路的门户战略支点。95个沿边口岸中有57个位于民族地区②，国家五个重点开发开放试验区全部位于民族地区，率先进行旅游综合改革试验的"一省一市一岛"也全部位于民族地区。丝绸之路经济带的经济走廊、国际骨干交通线路大都从民族地区连接境外。公安部和国家旅游局验收批准的17条边境旅游线路有15条位于民族地区。中国20个主要客源国有12个地处民族地区周边，其中有5个陆地接壤。南亚的印度、巴基斯坦等国是新兴经济体，人口基数大，旅行出游市场巨大。良好的区位优势使民族地区有望成为"一带一路"旅游业对外开放合作的前沿阵地。

(二)民族地区是旅游资源富集区，国际旅游市场吸引力巨大

民族地区旅游资源类型丰富，组合条件好、品位高、精品多，蕴藏着我国乃至世界上独一无二的旅游资源，具有极高的开发价值，旅游产业是民族地区的优势产业。民族地区拥有12项世界遗产、2项世界非物质遗产、4项全球重要农业文化遗产、8处世界地质公园；5A级旅游景区36个，占全国总数的18%③；国家级风景名胜区39个，国家森林公园141个，国家地质公园31个，国家自然保护区119个，分别占全国总数的18.84%、18.82%、22.46%、29.24%，占全国相关区域面积的37.15%、33.44%、31.59%、82.53%。④民俗风情和文化交流是来华旅游者最感兴趣的旅游资源和旅游动机之一⑤，民族地区对入境旅游市场有较强吸引力。西部民族地区也是日韩游客的重要目的地。[26] 广西、云南是东盟游客最重要的目的地。[27-34] 西藏是美国游客重要的目的地，而且美国在主要客源国当中最偏好西部民族地区。[27, 35, 36] 新疆、内蒙古是俄罗斯游客的重要目的地。[27, 33, 37, 38]

(三)民族地区旅游产业规模不断扩大，是国民经济发展的支柱产业

民族地区是我国旅游业发展时间较早、增长较快的地区，也是我国旅游业的重要组成部分。2000年西部大开发后民族地区旅游产业发展加速，旅游人数和旅游收入多年增速在10%以上。2008年以后，民族地区旅游业进入提升发展阶段，旅游人数和旅游收入多年增速保持在20%左右。2013年，民族地区旅游接待人次比2009年翻一番，从4.4亿人次增长至9.57亿人次；旅游总收入从3284亿元增长至9330.13亿元，增长了184.1%。与此同时，产业地位也不断上升。至2013年，旅游总收入占GDP比重超10%的省区有5个，其中贵州、西藏分别高达29.61%、20.45%。⑥ 旅游产业已经成为民族地区的支柱产业，产业优势明显、关联产业多、产业融合能力强、市场潜力巨大、产品业态更新快，是"一带一路"建设的先导产业。

五、"一带一路"背景下，民族地区旅游产业发展存在问题及创新发展的必要性

旅游产品结构单一，旅游业态老化。目前，民族地区文化旅游资源、生态旅游资源的开发水平低，

① 国家发展改革委、外交部、商务部于2015年3月28日联合发布了《推动共建丝绸之路经济带和21世纪海上丝绸之路的愿景与行动》，对民族地区在"一带一路"倡议中的旅游对外开放势态进行了定位。

② 根据《中国口岸年鉴（2014）》统计，根据本文对民族地区范围的技术性界定，统计未涵盖延边朝鲜族自治州。

③ 数据来源：中国国家旅游局网站 http://www.cnta.gov.cn/，时间截至2015年9月。

④ 数据来源：《中国城市建设统计年鉴2011》、《中国林业统计年鉴2011》、《中国国土资源统计年鉴2012》、《中国统计年鉴2014》。

⑤ 参见历年《中国旅游统计年鉴》、《旅游抽样调查资料》，来华旅游者最感兴趣的旅游资源包括民俗风情和文化交流。

⑥ 数据来源：各省区国民经济和社会发展统计公报。

旅游产品多停留在观光旅游、乡村旅游层面，休闲度假、健康养生等中高端产品项目少。民族地区的5A级景区 、五星级饭店的数量少，占全国总数比例低。

旅游产业集约化程度低，产业效率低。2013年，民族地区A级景区总数占全国的16.91%，但接待总人数、营业收入、门票收入分别只占10.76%、11.68%、12.53%，产业效率明显偏低。国内旅游接待人数全国比重37.9%，国内旅游收入比重35.9%；入境旅游接待人次占全国约15%，但收入比重仅12%；入境过夜游客人均每天花费在全国处于中下水平，宁夏和青海垫底。

旅游管理体制落后，阻碍产业发展。民族地区旅游行政部门同样面临着“大产业、小部门”的监管格局，加之改革滞后，职能转变缓慢，旅游行业管理水平差，旅游公共服务供给能力差。这些都阻碍了旅游业的发展。

旅游开发资金短缺，基础设施薄弱。民族地区的总体经济发展水平不高决定了旅游产业投资开发水平较低。2011年中国西部地区旅游投资全国比重仅占8%。截至2013年底，民族地区公路、铁路、高速公路、高速铁路营业里程全国比重仅为23.84%、27.19%、19.08%、4.82%。

生态环境脆弱。民族地区国土的不少区域是生态极度脆弱和中、重度脆弱区，而且在国家的生态安全战略格局中占据极其重要的地位，生态重要性很高，有相当一部分地区属于国家重点生态功能区或禁止开发区域。①

六、创新·升级·合作：“一带一路”背景下民族地区旅游业创新发展战略与对策

（一）创新发展理念，实现民族地区旅游产业开放合作、协同发展的良好局面

“一带一路”的提出，为国际合作和区域发展带来了新的理念。包括多边共赢的合作理念、空前包容的开放理念和均衡协调的发展理念，这些新理念对民族地区旅游产业的发展有重要启示。首先，要以开放促发展，实现民族地区旅游业跨越式发展。其次，要以区域旅游合作实现不同地区共同发展，发挥各自的竞争优势，实现共生发展。最后，不同区域之间要均衡发展；同一地区内旅游产业同其他产业之间，旅游产业内部要素之间协调发展；旅游发展与文化传承保护、生态保护建设协同持续发展。

（二）发挥后发优势，实施民族地区“一带一路”旅游先导发展战略

旅游业已经成为民族地区的优势产业和支柱产业，在“一带一路”建设中，要树立旅游业“先行先导”的发展战略，进一步发挥旅游产业的经济、社会、文化功能。通过旅游产业实现产业带动融合、兴边富民；通过发展旅游促进民族地区生态保护和民族文化传承，使旅游产业成为民族地区经济社会发展的先导产业，是各民族之间交流交往融合的重要途径，将助力中华民族伟大复兴。

（三）深化旅游体制机制改革，完善配套政策，创新制度促发展

深化民族地区旅游体制机制改革，发挥市场在资源配置中的决定性作用。首先是转变政府职能，建立高效的旅游管理体制和监督机制，实现由“旅游管理”向“旅游治理”的转变。在省（区）一级普遍建立旅游发展委员会，对产业发展综合协调；建立健全的行业自我管理组织。其次是进一步深化民族地区旅游国有企业改革，积极引进优质民营资本进入旅游业，大力培育市场主体，建立良性市场竞争机制。最后，要放宽市场准入门槛，建立多元化融资渠道，完善旅游投融资机制。利用好现有的产业政策，积极营造更优的产业发展环境。民族地区地方省（区）会同国家有关部门，在旅游用地、旅游开放、旅游财税、旅游投融资、生态和资源管理、旅游人才培养方面进行探索和试点。

（四）创新区域旅游合作模式，形成国际旅游发展大格局

积极利用“一带一路”现有双边多边合作机制，推动旅游区域合作发展。发挥民族地区地缘优势，使民族地区成为“一带一路”国内国际区域旅游合作的前沿。加强国内旅游合作，不断深化创新传统区域旅游合作。加强协同创新，避免同质开发、恶性竞争等现象的出现，实现共生互补发展格局。从国家层面推动民族地区与东盟、中亚、东北亚、南亚等周

① 详见国发〔2010〕46号文件《关于印发全国主体功能区规划的通知》。

边区域的旅游合作。借助丝路申遗成功和高铁建设，打造丝绸之路旅游经济带，发展海洋旅游、邮轮旅游，建设21世纪海上丝绸之旅。编制“一带一路”国际旅游合作规划，建设一批国际旅游合作示范区，打造一系列精品国际旅游线路产品，倡议成立“一带一路”国际旅游博览会和旅游高峰论坛，形成国际旅游发展大格局。

（五）推动民族地区旅游产品转型升级，创新旅游业态

民族地区旅游业发展应以“优化结构、转型升级、提质增效”为总体发展要求，结合“一带一路”背景下旅游交通、旅游市场等方面的新形势，从民族地区独特的民族文化、生态景观等资源基础出发，形成具有民族特征、文化特色、地域特点的创意文化旅游产品。加快旅游产品转型升级，建立完善的旅游产品体系。促进以观光旅游为主的单一型旅游向集文化体验、休闲度假、健康养生、乡村旅游、研学旅游等为一体的复合型旅游转变。创新旅游业态，扩大旅游产业的内涵与外延，实施“旅游+”产业融合战略，大力推进旅游与文化、农业、工业、商业、互联网、金融、交通、林业、体育、地质、水利、海洋、环保等相关产业和行业的融合发展。

（六）创新旅游品牌和营销，开拓新兴旅游市场

文化是品牌的灵魂，民族文化是民族地区旅游产业和旅游品牌的核心竞争力。结合市场需求，运用文化创意对现有旅游品牌进行提升创新。以丝绸之路为纽带串联整合区域旅游产品，协同打造中华民族文化和丝绸之路文化的国家旅游品牌。积极运用互联网、物联网和大数据等新兴技术手段，进行精准化、个性化的智慧营销。打破常规的旅游市场划分的惯常思维，在巩固西方传统发达国家市场的同时，大力对“一带一路”沿线的新兴经济体国家进行品牌营销和市场开发。

（七）创新旅游智库与人才建设，为民族地区旅游产业发展提供智力和技术支撑

以民族地区旅游院系为基础，大力发展旅游人才培养，深化民族地区旅游教育改革。加强民族旅游研究学科和人才队伍的建设，发挥中国人类学民族学民族旅游专业委员会在学科建设和发展中的引领作用。促进民族地区旅游规划、旅游研究咨询行业的发展，改变目前民族地区研究咨询机构少、本地产业发展过分依赖中东部机构的不良局面。建立学科、行业来源广泛的“一带一路”民族地区旅游发展专家库，专家的学科来源以旅游为主，包括经济、管理、民族、历史、地理、政治等多个学科，行业来源以各省（区）科研单位、民族地区院校、旅游规划机构为主，吸收部分旅游行业协会、旅游一线企业的资深人士。以旅游智库建设支撑民族地区旅游业创新发展。

【参考文献】

[1]李明伟．丝绸之路研究百年历史回顾[J].西北民族研究，2005(02).

[2]冯并．“一带一路”：全球发展的中国逻辑[M].北京：中国民主法制出版社，2015:341.

[3]王正伟．民族地区要在服务“一带一路”战略大局中大有作为[J].民族论坛，2015(07):5-7.

[4]樊保良．略论中国古代少数民族与丝绸之路[J].兰州大学学报，1994(02).

[5]陈庆英，赵桐华．关于西北民族走廊的思考[J].西北民族大学学报（哲学社会科学版），2012(02):44-48.

[6]丁柏峰．丝绸之路青海道与河湟民族走廊的形成[J].青海师范大学学报（哲学社会科学版），2015(03):73-78.

[7]段渝．藏彝走廊与丝绸之路[J].西南民族大学学报（人文社科版），2010(02):1-5.

[8]师守祥．旅游产业范围的界定应符合经济学规范[J].旅游学刊，2007(11):7-8.

[9]尹贻梅，刘志高．旅游产业集群存在的条件及效应探讨[J].地理与地理信息科学，2006(06):98-102.

[10]冯卫红．旅游产业集群判定和识别探讨[J].经济问题，2008(02):120-122.

[11]尹贻梅，刘志高．旅游产业集群存在的条件及效应探讨[J].地理与地理信息科学，2006(06):98-102.

[12] 韩春鲜，马耀峰．旅游业、旅游业产品及旅游产品的概念阐释 [J]. 旅游论坛，2008(04):6-10.

[13] 师守祥．《旅游学概论》教材中亟待澄清的几个问题 [J]. 旅游学刊，2006(S1):146-149.

[14] 丁焕峰．区域创新理论的形成与发展 [J]. 科技管理研究，2007(09):18-21.

[15] 林迎星．中国区域创新系统研究综述 [J]. 科技管理研究，2002(05):1-4.

[16] 王艾青．技术创新、制度创新与产业创新的关系分析 [J]. 当代经济研究，2005(08):31-34.

[17] 毛艳华．区域创新系统的内涵及其政策含义 [J]. 经济学家，2007(2):84-90.

[18] 付淳宇．区域创新系统理论研究 [D]. 吉林大学，2015.

[19] 曾艳芳．近二十年国外旅游创新研究述评与展望 [J]. 华东经济管理，2013(3):161-165.

[20] 郭峦．国内外旅游创新研究综述 [J]. 创新，2012(02):47-51.

[21] 宋慧林，宋海岩．国外旅游创新研究评述 [J]. 旅游科学，2013，27(2):1-13.

[22] 乌铁红，张捷，李文杰，等．中国入境旅游经济发展水平的空间格局演变及成因——基于入境旅游经济区位熵的分析 [J]. 干旱区资源与环境，2009(05):189-194.

[23] 傅元海，史言信．外商直接投资的旅游服务出口创造效应与区域差异——基于中国区域动态面板的研究 [J]. 当代经济研究，2012(03):75-81.

[24] 韩亚芬，孙根年，李琦．对外开放度与入境旅游发展关系研究——以山东 / 陕西两省为例 [J]. 河北北方学院学报（社会科学版），2011(03):78-82.

[25] 魏后凯．加入 WTO 后中国外商投资区位变化及中西部地区吸引外资前景 [J]. 管理世界，2003(07):67-75.

[26] 刘凯丽，马耀峰，张佑印．旅华日本、韩国游客旅游特征及偏好研究 [J]. 河北师范大学学报（自然科学版），2007(02):268-272.

[27] 杨姣，杨淼，李振亭．中国入境旅游流国内流向偏好特征分析——以主要客源国为例 [J]. 资源开发与市场，2012，28(12):1121-1123.

[28] 谢莲花，甘永萍．广西入境旅游基本特征研究 [J]. 广西师范学院学报（自然科学版），2009，26(1):94-98.

[29] 张一群．云南省入境旅游市场竞争态分析 [J]. 云南地理环境研究，2007(03):128-133.

[30] 孙景荣．云南省入境旅游市场时空特征分析 [J]. 云南地理环境研究，2008(04):113-116.

[31] 房佳宁，王嘉学，白海霞．云南省入境旅游客源市场分析 [J]. 昆明大学学报，2008(04):41-44.

[32] 吕本勋．东盟五国赴中国大陆旅游市场分析与开拓研究 [J]. 广西民族大学学报（哲学社会科学版），2013(06):108-111.

[33] 宁志中，杨蕾蕾，钟林生．中国陆地边境地区入境旅游市场的时空特征研究 [J]. 资源科学，2014，36(6):1125-1132.

[34] 王丽华，孟玉慧．近年国内旅游创新研究进展 [J]. 旅游研究，2015(01):28-33.

[35] 任瑞萍，吴晋峰，王奕祺，等．美国出境旅游市场特征及旅华美国市场拓展对策研究 [J]. 干旱区资源与环境，2013(08):202-208.

[36] 马耀峰，赵华，王晓峰．来华美国旅游者旅游偏好的实证研究 [J]. 西北大学学报（自然科学版），2006(01):137-140.

[37] 程冰，朱锦晟．俄罗斯来华旅游者消费行为的影响因素研究 [J]. 旅游论坛，2013，6(3):92-95，110.

[38] 刘智兴，马耀峰．内蒙古入境旅游外国客源市场分析 [J]. 干旱区资源与环境，2014(01):204-208.

人类学视野下侗族地区宗族文化考察
——以天柱县三门塘为例

龚　锐[①]

（贵州民族大学旅游与航空服务学院，贵州 贵阳 550025）

【摘　要】本文从天柱县三门塘村的家谱、家祠、姓氏结构、亲属关系、家族成员对于本族的认同感与归属感方面入手，结合相关文献资料，运用文化人类学的相关理论及田野调查法对以木商文化和石碑文化为背景发展起来的宗族文化进行考察，探析三门塘村家族体系与侗族文化的契合和适应，并对宗族文化在侗族地区文化变迁的多种力量以及家族文化在当地社会结构中的地位及其承担的社会功能做分析。

【关键词】三门塘；宗族文化；文化变迁；社会功能

一、前言

“文化”的定义及其解释有成百上千种，众说纷纭，每一种理论，每个流派，每个学科，都用自己的方式为其下定义，越是深入，越难从这纷繁复杂的迷宫中找出一种最能体现“文化”的解释来，可谓一千个学者有一千个“文化”。然而，总有几种经典的定义是一直被后人沿用的，如泰勒认为，文化是指一个包含知识、信仰、艺术、道德、法律、习俗以及作为社会一个成员的人所习得的其他一切能力和习惯的复合整体。这个定义是后人使用最为频繁的一个，因为泰勒把文化细分为最为人类感知的因子。康德在很早以前就给“文化”下过定义：“有理性的实体为了一定的目的而进行的能力之创造。”[②]这显然是从哲学层面上来解释文化的。还有学者认为文化是由人们的感知和解释构成，有的人则认为文化是一群人的生活模式，类似这样的定义还有很多，但就其内容来看，都把文化界定为人类特有的模式，只有人类才能具备文化。后来的学者凯·弥尔顿在其《环境决定论与文化模式》中探讨了文化并不是人类特有的问题，他认为动物同样对客观世界具有感知和解释，如人类在捕食鹿的时候可以看作文化，那么狮子在捕食鹿的时候为什么不能算作文化呢？还有蚂蚁在搬运的时候也在用它们独特的语言进行交流。所以要定义文化、解释文化，只能从个人研究的立场出发，不可能找到一个能囊括所有的标准定义。笔者使用“文化”这一术语来研究三门塘的文化时，同样使用传统的文化定义释义，即泰勒关于文化的定义。

清水江流域自20世纪90年代以来，进入了文化人的视野，在学界得到关注。各学科的学者从各自不同的视角对该地区木商文化、契约文化等进行了分析研究。三门塘作为清水江流域一颗璀璨的明星，以其独特的文化底蕴被越来越多的学者所注意。20世纪90年代初，吴正光从建筑反映文化背景的视角对三门塘的家祠、四合院民居、码头、泉井等文化元素与物件进行了描述，使外界得以近距离和真切地感受到三门塘的文化。2000年以后，对三门塘的研究成为一种热潮，中山大学的人类学者张应强教授

---

① 龚锐（1960—），男，四川自贡人，贵州民族大学旅游与航空服务学院院长，教授，博士生导师，研究方向：旅游人类学、民族文化学、旅游社会学、文化人类学。

② 康德：《判断力的批判》，1970年。

通过对乡村社会生活的描述，揭示商业发展对清代西南地区的经济社会所产生的深刻影响。钱晶晶通过对三门塘所建造的桥，背后所暗含的文化意义进行探讨，展示了该地区在不同时期当地居民价值观的符号体系，村落内外部民众、士绅、官员之间互为沟通的解释话语和人与自然、人与人、人与超自然之间的意义秩序。2010年，蔡凌等以贵州三门塘村多元建筑文化共存的现象为例，从区域历史发展与文化互动揭示出建筑文化变迁以及民族建筑文化多样性的深层成因。2012年，蒋家林对贵州天柱三门塘刘氏宗祠进行研究，结合刘氏家族在三门塘经济地位的演变过程，探寻在经济地位背后的深厚文化的展现与表达，他指出这是民族之间交往、融合、同化的现象。2013年，顾晓艳等按照民族学、人类学传统的村落研究方式，以三门塘为个案，分析北侗村落社会内部传统体育文化生态变迁的基本特征，从物态文化、制度文化、精神文化、行为文化之间的相互关系探寻北侗村落传统体育文化生态重构的基本策略。[1]

从家族文化研究的地域来看，以往的研究大多集中在中国东南的福建和广东一带，后来也有学者对江西农村、华北农村等地进行了研究，取得了相当的成果。人类学者对于宗族的研究，主要以林耀华的《金翼》为代表，这部作品通过研究一个家族的兴盛衰亡来展现了历史的纵向发展和空间的横向发展，以一个家族的历史发展来表现社会各个家族的发展规律。从总体上看，对中国西南地区尤其是少数民族地区的家族文化研究还是涉及甚少。从家族文化的影响上看，以往的研究大多是对家族整体文化的影响程度，笔者此次所调查研究的三门塘寨子的家族文化却是中国西南少数民族聚居地的一种特殊现象。本次研究就是要对其进行进一步的调查研究，探析为何这样的家族体系能够与侗族文化相契合和相适应，将来的家族文化将会如何发展下去。三门塘村的宗族不像传统宗族研究的田野点，没有庞大的宗族规模和家族复杂关系，这里的宗族也不拥有巨大的宗族共同财产，以及强烈的集体认同。但是从三门塘村现在所存的两个家祠，以及王氏家族和刘氏家族在全村人的人口比例，以及家族为这个村做的贡献来看，宗族在这样一个西南偏远的少数民族村寨还是起着一定的作用的。通过对三门塘村的研究调查，从家谱、家祠、姓氏结构、亲属关系、家族成员对于本族的认同感与归属感方面入手，来分析三门塘村子的家族文化在当地社会结构中的地位及其承担的社会功能。

二、三门塘的田野场景

我们所处的这样一个时代背景，数字时代、电子商业时代、互联网时代、全球化等成为当今世界的主流，从根本上改变着人们的生活方式和生产技术。在这样一个大背景下的中国农村，社区组织、生产方式、生活方式都在变革，其文化也在裂变、阵痛、断裂和变异中变迁和传承。尤其是对曾经一度被边缘化、如今又在权力的作用下飞速变化的村落来说，社区居民面对如此迅速的变迁是超越其心理承载力能力的。如城镇化语境下的社区，旅游开发背景下的村落，如果要选择这样的田野点的话，中国目前到处都可以找到。对于三门塘的田野点选择，同样考虑到其可作为城镇化和旅游发展背景下的一个典型，一个具有符号意义的社区来研究中国当前的变革。考虑到其符号意义，笔者以三门塘作为田野点，对三门塘社区进行了一个全景式的扫描，整理如下：

（一）家族与家族空间的营造

“空间”是同“后现代”、“后结构”一样被人们频繁使用的一个术语，要追溯空间理论，有一个人物是我们必须去了解的，他便是法国著名思想大师亨利·列斐伏尔。列斐伏尔在《空间的生产》中提出了“社会空间”的概念，他探讨了空间与社会生活的关系问题，目的是构建一个“统一的理论”来联系理论和实践中分离的各个领域，即：物理空间（自然）、心理空间（空间的话语建构）和社会空间（体验的、生活的空间）。[2] 列斐伏尔指出：从根本上讲，空间是由人类活动生产出来的，它不是启蒙时期以来所认为的那种物化的静态结构，而是一种开放的、冲突的和矛盾的动态进程。在列斐伏尔看来，实际的空间是感性的、“热的”、充满了感官上的亲密；构建的空间则是理智的、抽象的、“冷的”，与人保持距离。

这里所使用的“家族空间”是从列斐伏尔的“城市空间”的概念中借用过来研究三门塘地区社区家族文化的，“空间”在这里同样是具有象征和隐喻的。笔者在三门塘社区调查中发现，村落的物理空间划分的依据，一是根据自然地理形成，二是根据村里的历史文化和族谱记载或家族祖先传递的家族故事，从中反映出家族的兴衰历史和村落的历史。许多自然区域的得名本身就与家族历史的发展密切相关，如现在坐落在村寨里相对居中位置的刘家，因刘氏家族的人居住于此而得名，村里的谢家亦是如此，村落里的这种不同的物理分区，反映了不同家族开基、落户、发展的历史过程，在不同的阶段呈现分化与聚合两种形态。村里的四大家族通过修路、搭桥、凿井等一系列与日常生活密切相关的活动来完成对村落物质空间的营造，村落格局的雏形逐步显现；而由此构建出空间的界限，也表达着在空间上保持相对独立的意图，如王家街、谢家街、王家码头等等。[3]

（二）多元建筑的文化共存

这里所谈到的多元文化是相对于一元文化来说的，关于“一元”与“多元”的讨论，早在美国建国时期就开始了。多元文化主义是向传统西方文明知识霸权进行挑战的产物，常与后现代主义、结构主义和女权主义归为一类。多元文化主义者认为，任何文明都是历史的产物，有其内在和特定的价值体系，没有一种文明可以宣称比其他文明更为优越，也没有理由以主流文明自居，并歧视、否定甚至取代其他文明。这一语境下的多元文化与文化相对主义具有异曲同工之处。在美国学者亨利·路易斯·盖茨（Henry Louis Gates Jr.）看来，多元文化主义理论的核心是承认文化的多元性，承认文化之间的平等和相互影响，这正是笔者所使用的多元文化的内涵所在。[4]

清水江沿岸自明朝开始兴起木材贸易，三门塘作为这条木材水路运输的重要节点，使得各种文化在此得以融合发展。原来一直居住在三门塘的苗侗人民为了适应因木材贸易而改变的生活和文化环境，相应地调适他们原有的生活方式、制度文化、风俗习惯等。清水江流域原有的苗侗文化与因木材交易带来的外来文化在调适的过程中保持了灵活性，促进了整个区域稳定而多元的发展，本地区文化的融合主要体现在建筑风格上。黔东南地区的侗族分南侗和北侗，三门塘隶属北侗。由于生活在三门塘的祖先们以贩木和放排为生计，和外界有了交流的条件和机会，并且获得了大量的经济收入，从而三门塘人不仅能出省出国，还将欧洲的建筑风格带回了侗乡，由此建造了中西合璧的刘氏宗祠。深藏于苗岭腹地的三门塘侗族村寨，拥有多姿多彩的本土侗族文化、木商文化、石碑文化，别具一格的水文化，以及具有南方特色的宗族文化，历来被学者称为北部侗族方言区的露天民俗博物馆。

（三）贵州的小上海——繁荣的经济文化

研究文化不得不提到的是经济，文化与经济的关系是一个永恒的话题，不同学科有着不同的学术观点，关于两者关系的著述也较为丰富。在马克思的话语体系中，文化与经济的关系是以经济基础与上层建筑的关系表现出来的。经济基础决定上层建筑包括文化上层建筑的观点，经济基础是文化观念赖以产生和发展的物质源泉和内在根据，二者是原生和派生、作用和反作用的关系。[5]马歇尔则认为文化（包括宗教、道德、观念、理想）因素和经济动机同样决定着人们的行为，宗教改革对经济发展的影响，和印刷术、发现新大陆一样都是工业革命的重要前提。这里笔者同意马克思的观点，即经济与文化之间的作用与反作用关系。

文化与经济的关系在国内学者的研究中，主要以经济基础决定上层建筑来作为研究的基础。多数强调经济对文化的决定作用以及经济发展对文化产生的影响。笔者认为经济繁荣的背后，往往文化也跟着繁荣，在进入三门塘之前，笔者从书本资料和影像资料中了解到，外面的人进入三门塘是乘船而入。整个寨子是临江而建的，自然的河堤和古老的承载了过去木材经济的码头，青石板铺成的道路以及跨过一座座石拱桥或是石板桥，经过一栋栋侗家木楼，或是从远处通过木楼的间隙隐约出现的刘氏宗祠，都会让笔者深深地陷入历史的回忆，想必不是不想从中抽离，而是自身想一直沉浸在清水江悠远的木材经济下的三门塘特有的木商文化中。然而笔者于2014年7月来到三门塘时，回归现实，白色的水泥堤坝修建，改变了原来的进村的水路。田野中所呈现的石碑文化、宗祠文化、古树文化、古井文化、石桥长廊、古窨子，由于时过境迁，也都受到不同程度的破坏。自1999年天柱金山笔会以来，三门塘开始作为一个旅游景区出现在人们的视野，吸引了中外游客与各门类的研究学者。从三门塘现存的建筑（宗祠、庵庙、民房、街道）和村民们传唱的民间侗族歌谣、语言服饰，以及特有的风俗习惯，可以看到苗侗文化、岭南文化、耕读文化、荆楚文化和建筑文化相互渗透，相互融合的明显痕迹，这些文化元素构成了三门塘特有的多元文化现象。中国博物馆学专家苏东海教授到三门塘考察后做出了这样的评价：“三门塘是贵州的小上海。”就是对三门塘多元文化融合和经济文化繁荣现象的充分肯定。

（四）民间艺术——“歌舞之乡”

民间艺术作为民间文化重要表现形态之一，是人类文化的重要组成部分。那么，我们要怎样去定义民间艺术呢？民间艺术既是一种特殊的艺术形态，同时又是传统文化的一部分，是中国民间文化的物化形式和形象载体，它是在传统民间社会生活的背景下和民间传统文化的基础上产生和发展的，它不仅是民间文化的产物，更重要的还是民间文化的内容和组成部分。[6]这里所说的“民间艺术”，是指在一定的社会结构和群体之内创造的艺术形式，强调其艺术性，美术、音乐、舞蹈、文学、书法等均可归为这里所说的民间艺术。

笔者来到三门塘考察之时，正好是村里在为即将到来的侗族歌会做准备。三门塘村历史悠久，文化积淀深厚，传承了侗族人民的传统节日，最隆重的当数“七夕”歌会。每年农历七月初七，相传这天是牛郎织女在鹊桥上一年一度相会的美好日子。在这个中国式的情人节里，来自周边四十八寨的歌手，男女老少会集三门塘。悠扬婉转的旋律表达了布依族人民对牛郎织女的美好祝愿，纯朴自然的天籁唱出了侗家人民对幸福生活的美好憧憬。2014年“七夕”歌会，为了隆重庆祝三门塘围堰建设竣工和三门塘古建筑申请国家保护成功，三门塘村组织举办了“三门塘村古建筑中国保护成功篮球邀请赛”和“三门塘村七夕歌会文化节”，来自锦屏、会同、天柱的侗族人民在此时此地欢聚一堂，一片欢天喜地，人民载歌载舞，堪称“歌舞之乡”。

三、三门塘宗族文化考察

三门塘是黔湘北地区著名的侗族四十八寨之一，是侗族文化与宗族文化融合发展的典型清水江流域侗族村寨。三门塘村大部分人口是从湖南、江西等地迁徙而来。现有刘、王、谢、吴四大姓，占全村70%以上人口，还有彭、潘、黄、李、印、肖、袁、林、乐、付、蒋、龙、杨等姓，占全村人口的30%。三门塘村现有443户，1766人。其中侗族人口占95%以上，王姓人口在总人口中的比例为30%，刘姓人口占20%。笔者从王氏家族的祖谱中了解到，王氏家族从山西太原→江西吉安府滩头村→河南卫辉→湖南常德、黔县→贵州天柱。

（一）宗族象征的具体物象

在对象征、文化和人类学的实质和它们的相互关系的认识上，格尔茨认为象征符号是指作为观念载体的物、行为、事项、性质和关系——观念是象征的“意义”。[7]宗族是由于血缘和地缘关系存在于中国农村的一种特殊的族群形式，家谱与家祠作为家族象征的具体物象，代表了家族的地位、族人的贡献、家族的核心思想以及整个家族的发展情况。

家谱：家谱又称族谱、宗谱、族志、家乘、家牒、家志等。从古至今，它有多种名称，家谱是其中使用最多和最具代表性的一种。据有关学者统计，它的名称有50余种。专门记录皇帝世系的称帝系、玉牒；记载诸侯家世的称世本；记录普通家族的叫家谱、族谱。是一种以表谱形式记载一个以血缘关系为主体的家族世系繁衍及其重要人物事迹的特殊图书体裁。[8]家谱的命名，通常是在家谱之前冠以姓氏、地名、郡望等内容，我们本次调查有幸看到的《王氏族谱》和《刘氏族谱》都是以姓氏来命名的。

家祠：家祠即祠堂，祠堂的产生可以追溯到先秦时期的宗庙，然而真正的祠堂则创始于唐末、五代时期，宋代以后祠堂才大规模出现，王朝正式准许庶民建造祠堂是在明代中叶以后，加上全国各地经济的发展，为建造祠堂提供了经济基础。以至于大量家族祠堂建于家族势力较为集聚的地区。新中国成立后，由于各种运动的开展，一部分祠堂被作为“四旧”彻底地破坏了。现存的祠堂多数是在当时情况下，由于家族势力庞大而保存下来的。祠堂作为家族文化的中心，是供设祖先神主牌位的地方，象征着祖先的存在。家祠作为家族精髓文化的象征之物，在家族发展的过程中有着核心的地位。

1. 刘氏宗祠

刘氏宗祠始建于乾隆初年，光绪年间重新修缮，民国二十年（1933）又对牌楼的整体进行整修，正因为这次整修有当时著名留洋画家（王泽寰）参与祠堂的正面及左侧高层牌楼式结构的修建，由湖南靖州艺人施工，使极具西方特色、中西合壁的刘氏宗祠屹立于清水江边。刘氏宗祠坐北朝南，面宽12米，进深14米，最高点12.5米，建筑面积320平方米，四面高墙，遍塑浮雕。门上镌刻一联云：“白水高名千秋尚在，香山重望万古犹存。”[9]大门的两上角有双狮戏球石刻，上框过梁枋刻有双凤朝阳石雕。石梁之上一个半圆形图框中，有一只头向下、尾向上俯冲悬立的雄鹰。由正中而上为“刘氏宗祠”门额，再上有一块由三座塔楼式假柱围成正方形方框，竖刻“昭勇将军”。牌楼上方左右各有一个石刻的闹钟。最奇怪的是祠堂正面右侧的钟快两分钟，而左侧的钟则慢两分钟，此外，大门正面的外墙上还有两副拉丁字母对联，至今无人能解释个中原因。

据当地刘氏族谱记载，刘氏家族的祖先刘旺跟随朱元璋南北征讨，屡建奇功，明成祖于洪武三十四年授予永清左卫指挥使等职，坐镇贵州锦屏铜鼓。明永乐八年再封诰为昭勇将军。永乐十五年刘旺病故，皇上加封其世袭后裔刘源等十代子孙为指挥使，钦调镇守锦屏铜鼓卫。直至成化十五年铜鼓刘氏五世孙从铜鼓迁三门塘居住，后又率儿孙修建"刘氏宗祠"，纪念昭勇将军，弘扬刘氏家风，并于祠内祭供列祖宗。[3] 刘氏宗祠前后进行了几次维修，使得至今刘氏宗祠仍能以接近原貌的情况保存下来，对笔者这个外乡人而言，已是十分震撼了，惊叹这样的中西结合和精雕细琢。对于世代居住在三门塘村的刘氏家族的后代而言，每一次的修复都会或多或少地改变宗祠的外观，在做访谈时，村民们都会遗憾没能好好保存下来，尤其是在宗祠顶部的一些雕刻绝美的雕像现在都不能复原了。例如，村民们一再强调的宗祠正门上的老鹰雕塑原本是非常威武的，现在经过几次修缮，老鹰神似上相差太多了。但总的来说，宗祠在宗族人的心中的地位还是任何东西都不可比拟的，族人以及侗寨里的村民提到刘氏宗祠都是十分自豪的。

2. 王氏宗祠

三门塘村另一座代表性的宗祠是王氏宗祠（太原祠），位于村头一个较为凸显的位置。王氏太原祠建于光绪三十四年，内进的神龛、门面的牌楼，肃穆典雅。其占地面积相较刘氏宗祠要大一些，属于传统的宗庙造型，太原祠建筑主体上的塑雕装帧内容都取材于王氏太原支派的各类典故。整个建筑外观最为明显、也是王氏族人引以为傲的要数重檐流苏庑殿下雕塑的几棵大白菜，其中一棵虽损坏较为严重，但整体的气势并没有受到太大的影响。王氏家族的族长王扬铎老人向笔者阐述了为何要将白菜树立于太原祠如此重要的位置上。在王氏家族中一直流传着一个传说，即"太原王氏家族的开族始祖是周灵王太子晋，以直谏废为庶人后，素食求仙，后来，浮丘公引度上嵩山，过了三十年后的七月初七日，乘白鹤立于缑氏山巅，可望而不可即，挥手向世人昭示，数日乃去"。所以，白菜在王氏家族中有着特殊的意蕴。他们认为在素食的蔬菜里，白菜是洁净、无邪、明心、彻悟的代表，故立白菜于祠顶，像是一幅幅图腾，既能明示祖上传下来的典故，又能表明祖上的优良品德，使得后代能铭记于心。白菜下方，还有跨鹤浮游云表的塑绘相兼的巨幅画面，牌楼上的八幅胶泥浮雕，分别是王子求仙、王翦拜将、王霸归隐、王浑受降、王维作画、王佑种槐、荆公视农。王氏太原祠相较于风格独特中西合璧的刘氏宗祠而言，整座牌楼古朴典雅，庄重肃穆，并且，每一个细节都蕴含太原王氏典故。

太美的东西总是能引起特别的关注，王家宗祠作过仓库，也废弃过，现今已将其最原本的地位得到恢复，作为王氏家族的祠堂。王氏家族的后人，一再向笔者表示，他们正在争取给祠堂进行重新维修。笔者在2015年清明节期间再次来到三门塘做回访时，正碰到王氏家族在祠堂举办清明家族扫墓的相关事宜。

（二）宗族文化的功能分析

文化功能主义主张文化是一个整合的系统，任何文化现象都应置于文化系统的整体中去考察，在这个系统中，一切文化现象和社会现象都具有存在的现实意义和实际作用，即都具有与整体联系的确定的功能。笔者认为三门塘宗族文化的功能意义主要有以下几个重要方面：

第一，强化宗族认同的功能。认同（identity）来源于拉丁文，指的是相同或同一。文化人类学的认同主要是群体之间的认同，群体认同是一种心理态度，主要是指作为群体成员的个体对本群体的归属感和群体意识。群体认同的发生是在与其他群体互动的过程中产生的。三门塘作为一个多种姓氏杂居的北侗文化村寨，侗族文化与宗族文化在这里发生各种互动。群体认同正是在这样的群体互动场景中，宗族群体对自己的群体成员身份的认同。刘氏和王氏宗族成员通过具体的与众不同的象征符号——家祠和家谱，获得了自身的家族成员身份，构建了、强化了自己作为各自群体的意识。同时，家族成员以家祠、家谱、家族风俗活动，来表达家族群体的存在、价值以及某些代表家族文化和利益的诉求。当下，三门塘的木商文化带来的窨子屋、古石碑、宗祠等形式成了维系他们家族认同的重要手段。

第二，文化传承功能。人类在繁衍自身的同时也传承自己的文化。不同的文化群体文化传承的途径、内容有可能有很大的不同。在三门塘村做调查过程中，笔者曾有幸翻阅了两个大家族的家谱。并且征得族内人的同意，对其进行了拍照。在三门塘的调查中发现，王氏和刘氏家族的族谱，是家族文化的主要载体之一。王氏家族最新的家谱是在2007年修的，每户出资300元修编，虽然三门塘属于天柱县的管辖范围，但是王氏家族的家谱却要到湖南的靖州去修。因为在王扬铎老人家里保存着两套家谱，一套是1987年修编的，还有一套就是2007年修编，也是内容最为丰富的一套。我们将1987年版与2007年版做了一个对比，发现最近的一个版本在内容上更加丰富。从家谱上得知三门塘王氏家族的祖先来自山西太原。2007年版的《王氏族谱》主要分为10个章节：1.家谱开篇；2.编谱感言；3.激情岁月；4.引以为戒；5.现代考证；6.正本清源；7.文据转录；8.新增序志；9.修谱芳名；10.领谱名册。开篇是对于族谱重新编修的重要说明以及编修人员名单。这一版是从2005年到2009年，差不多花费四年的时间来进行修补。“编谱感言”一篇也非常重要。在这一版中十分值得注意的是“激情岁月”这一部分，这是专门记述王氏家族里比较有名望，或是有能力之人的功绩，或是他们的特殊事件。其中三门塘村子已过世的王承炎老人就有一篇是特别记述他的，叫作“痴心不改家族情”。还有我们去的窨子屋的主人王扬铎老人的字也在家谱展示出来，这也是他们在家族中的地位的一个体现。经研究发现，王氏家族与刘氏家族由于是融入当地的民族文化，所以家族中的传统陋习都没有，这样就为家族以后的长期存在做了一个很好的基础。但是笔者对于三门塘小寨和大兴团的王氏家族以后的发展还是存有一定忧虑。调查中了解到很多王氏家族的子孙现在都是在外地，而且还有一部分人在未来可能不再会回到家乡，这样王氏家族的传承可能就会受到影响，以及家族文化的另一承载物家祠的保护也会存在一定的问题。但笔者也发现一个在文化保护者眼中较为欣喜的现象——在三门塘，村民们对于寨子里的各种历史文物都有着或多或少的了解，而且对自己的寨子的东西是持有一种自豪感的，并且希望自己独特的文化能够宣传出去，以后自己出门也希望能给外乡人介绍。

在城市化进程不断加快的今天，人口频繁的流动，传统村庄的瓦解，宗族意识不断淡化，以家祠为中心的家族文化以及家谱的保存，这些具体物件上的资料，由本家族自发搜集的比较全面的家族历史，对本家族文化的搜集、整理、更新比得上任何一个的专业研究机构。这些史料为后辈们对本宗族的认识提供了最全面、最权威的资料，同时，无论是对王氏家族和刘氏家族还是后续的宗族文化研究，都具有十分重要的意义。家祠一般是在每年的清明节和农历六月初六打开大门，家族的成员在清明节会聚在一起祭祀祖先，缅怀先人，通过这些仪式能使家族成员更好地继承传统。

第三，社会教育功能。中国的家庭意识已深入到中国文化的各个层次，虽然在普遍的乡村社会中，仍然以家庭血缘为主，但是宗法思想更符合传统的尊祖忠孝教义，而且，宗族家族传统的祖训和祖德可以约束家族成员，使其言行更为符合中国传统的道德和行为规范，正因为如此，宗族成为村庄某些公务活动的合法组织者。经笔者的田野调查，王氏与刘氏的家谱很大篇幅是用来告诉子孙要引以为戒的地方，起到教育子孙的作用。

三门塘村的王氏家族在村子的总人口中所占比例最大，是村里最大的家族。刘氏家族的人口总数不大，但是因为家族的标志性建筑——刘氏宗祠，该建筑是清水江流域比较有特色，且具有代表性的家族文化建筑，所以，刘氏家族和王氏家族在村里的地位相当。虽然他们两个家族的家祠风格不一样，但是可能由于在同样的村子里，受到的文化影响大致相同，所以他们对于家祠的管理都差不多一样。家祠与家谱在族人之间，上一代人与下一代人的交流之中占有十分重要的地位。笔者与王氏家族和刘氏家族的老人交谈后了解到，家祠一般是在每年的清明节和农历六月初六打开大门，家族的成员在清明节会聚在一起祭祀祖先，缅怀先人。每年的农历六月初六是晒家谱的日子。每户集资买菜和米做饭吃，相当于族人之间的聚会。晒家谱最重要的环节就是家族中有声望的长辈告诉晚辈家族里的族谱的内容，例如家族起源、家族发展史以及祠堂的修建历史和重要性，对家族向下一代传输族谱的发展。还有就是每年出生的小孩，需要去祭祖和将其名字记到族谱中。最后就是这个晒家谱活动还起到一个聚集族人的一个作用，便于大家商议一些族中重大事情。现在王氏家族里保管祠堂钥匙的人是王扬铎老人。这些活动有的时候是集体做，有时候是分开做，小寨30多户，大兴团50多户，基本上都会来，不来的话也要把钱寄过来。随着社会的发展，族人在家祠中举办以上活动，增加子孙对于祠堂的了解，并且更好地维系族人之间的情感。家祠除了在清明节和农历六月六会进行活动以外，从近几年开始，家族里各家的酒席也会在里面举办。

家谱在家族的发展中，主要承担的是文化传承的功能，家祠则更多是社会教育的功能。家谱、家祠等具体的符号形式，固定了家族特定的文化内容，这些符号的代际传递构成了一个宗族的文化传承。马林诺夫斯基就曾指出，社会文化是一个整体，我们在对某一社会文化现象进行分析时，要对这个社会的整体文化进行探究，找寻其在整体文化中所承担的功能。家谱与家祠，之所以能够在经过了悠久的历史长河以后，仍然能够作为家族的象征性事物存留下来，必是族人们认识到其在家族文化中的功能。

（三）从文化互动来看宗祠文化

三门塘属于侗族北部方言区，村寨的文化背景是侗族文化。三门塘家祠文化中的王氏宗祠和刘氏宗祠生动形象地反映了中原文化与骆越文化的完美结合，正是文化融合的很好例证。生活在西南地区的各少数民族之间的汉族离不开少数民族，同样，少数民族离不开汉族，各少数民族之间也互相离不开，因为，我国各民族自古以来就是一个相互依赖不可分割的整体。鼓楼与祠堂公共建筑、干栏式住宅与天井式住宅这两类核心建筑体现出来的村落构成方式的差异，正是某种意义上侗、汉族村落在空间构成与外部形态上的根本区别。[10] 三门塘村寨中的两座家族祠堂和天井式的窨字屋出现并得以保存，则并非汉族中原文化和荆楚文化的单向传播，而是汉侗民族文化互动的结果。

三门塘虽然有北侗文化第一寨的美称，但是在村民的日常生活中，家族文化依然影响着他们的行政事务和生活习俗。家族文化的影响，一是家族成员对其祖先的崇拜和祭祀。二是对家族后代的教育和文化传承。家族文化中的行为准则基本上是儒家提倡的"仁、义、忠、孝、悌"这一套经典伦理道德，基于血缘的认同是重要的表现。三门塘王氏家族和刘氏家族在社区社会结构中有着特殊的地位，日常的人际交往中以姓氏群体作为区分，同时也是生活中持久的人际交往的纽带。三门塘的村民正是在家族文化观念的影响下，借助祠堂、家谱和关于家族仪式的相关活动所特有的社会功能，把家族的价值、规范和信仰等内化为自我人格的一部分，融入北侗文化的大背景下，使得家族文化在偏远的西南少数民族地区得以保存和发展。我们在田野调查中深刻体会到，三门塘两大家族之间的互相交流、融合，邻里之间的相互帮助，以及各个家族之间的和谐关系。

四、结论

任何特定的时期，任何过去辉煌的地方文化，在社会的大环境下都处于不断的变化之中。作为一个拥有悠久历史文化的西南少数民族聚居村寨，这里拥有以木商文化为中心的家族文化和北侗少数民族文化。三门塘在过去的几百年的发展中，经历了木商经济起步、兴盛，以及后来的衰败，最后留下灿烂的木商文化和家族文化，这样的历程使得三门塘在北侗地区的发展中有着举足轻重的地位。三门塘的家族体系与侗族文化已达到相当程度的契合和适应，作为家族文化象征符号的宗祠成为三门塘侗族村寨的标志性的文化象征物，并且得到社区居民普遍的文化认同。

【参考文献】

[1] 顾晓艳，屈植斌．文化生态视野下北侗村落传统体育文化变迁——以天柱县三门塘为个案 [J]. 贵阳学院学报（社会科学版），2013（05）.

[2] 张楠，刘乃芳，石国栋．叙事空间设计解读 [J]. 城市发展研究，2009（09）.

[3] 钱晶晶．历史的镜像——三门塘村落的空间、权力与记忆 [D]. 广州：中山大学，2010.

[4] 普永贵．非物质文化遗产的政治学解读 [J]. 云南民族大学学报（哲学社会科学版），2008（01）.

[5] 张瑞兰．马克思主义与中国共产党人的文化自觉 [J]. 天府新论，2012（06）.

[6] 唐家路．民间艺术的文化生态研究 [J]. 山东社会科学，2005（11）.

[7] 何星亮．象征的类型 [J]. 民族研究，2003（01）.

[8] 徐建华．家谱的地方性特色及价值 [J]. 福建论坛（人文社会科学版），2005（09）.

[9] 粟坪．清水江下游宗祠的修建探析——以三门塘刘氏宗祠为中心的考察 [J]. 教育文化论坛，2011（02）.

[10] 蔡凌，邓毅，姜省．社会变迁与文化传播中的建筑文化互动——以贵州天柱县三门塘村为例 [J]. 华

中建筑，2012(08).

[11]詹姆斯·乔治·弗雷泽.金枝[M].北京：大众文艺出版社，1998.

[12]王杨清.清水江印象[M].北京：文物出版社，2007.

[13]袁显荣.三门塘[M].北京：中国旅游出版社，2003.

[14]黄淑娉，龚佩华.文化人类学理论方法研究[M].广州：广东高等教育出版社，2004.

[15]魏峻.文化传播与文化变迁[J].华夏考古，2003.

[16]刘超祥.民族旅游村寨的人口移动与文化变迁[D].北京：中央民族大学，2012.

[17]杜静.叶氏家谱研究[D].保定：河北大学，2009.

[18]傅安辉.论历史上清水江木材市场繁荣的原因[J].贵州民族学院学报(哲学社会科学版)，2010.

[19]龙泽江，李斌，吴才茂.木材贸易与清代贵州清水江下游苗族社会变迁[J].中国社会经济史研究，2013.

[20]管志鹏.清代清水江木行制度的变迁——以“当江”制度变迁为例[J].原生态民族文化学刊，2013.

[21]钱晶晶.历史人类学视角下的村落空间——三门塘人的谱系建构与姓氏空间[J].青海民族研究，2013.

新疆旅游发展与城镇建设的协同研究

张　英　吴　洋①

（中南民族大学经济学院，湖北 武汉 430074）

【摘　要】新疆处于亚欧大陆中心地带，是中国与中亚、欧洲联系交流重要的节点，是我国西北边疆安全的战略屏障，战略地位重要。新疆旅游资源丰富，城镇化率低，地区发展面临旅游发展与城镇化建设的双重任务，二者的协同发展尤为重要。在丝绸之路经济带构想的背景下，走旅游型城镇道路是选项之一，在"旅游催生城镇，城镇成就旅游；旅游促大城镇，城镇壮大旅游；旅游提升城镇功能，城镇功能彰显旅游特色"中实现新疆旅游发展和城镇化的融合协同。

【关键词】旅游发展；城镇建设；融合；协同

城镇是国家或地区文明和财富聚集的空间载体，也是人类经济生活、市场交换、社会文化的重要载体。自新中国成立至今，新疆经济社会和民族文化，都实现了历史性的跨越，新疆的城镇化水平也有了较大提高，但是还未达到全国的平均水平。2014年新疆已设26个城市，75个县城，164个民族自治镇，城镇人口961.67万，城镇化程度达44.6%，而且区内各个地方城镇化发展水平差异很大，极不平衡。2014年中央新疆工作会议和新疆经济改革与发展论坛都确定城镇化是未来新疆实现经济稳步发展和社会安定繁荣的重大方向。同时，新疆也是我国的旅游资源大省，自然旅游资源和人文旅游资源都十分丰富，大力推动旅游产业发展既有资源条件也有良好的前景。中央新疆工作会议指出，"新疆处于亚欧大陆中心地带，是中国内地与中亚、欧洲联系交流重要的桥头堡，是我国西北边疆安全的战略屏障"，强调"推动新疆跨越式发展，必须维护新疆社会安定，不仅有巨大的经济意义，更有宏大的政治意义和现实意义"。对此，在新丝绸之路经济带构想的背景下，如何实现新疆旅游发展和城镇化融合，我们提出新疆要走"旅游催生城镇，城镇成就旅游；旅游促大城镇，城镇壮大旅游；旅游提升城镇功能，城镇功能彰显旅游特色"的新型城镇化道路。

一、旅游是推动新疆城镇化的重要动力

由于历史、发展阶段、认知、经验、体制等多种原因，中国的城镇化大多走的是工业化下的城镇化道路，这既有当时时代背景下的需要，也有世界经验的引导，可以说也是一种必然。也正是这种模式给世界和中国留下了众多亟待解决的问题——污染、拥堵、同质……世界及中国的城镇化道路告诉我们，城镇化的关键要素是人而非城，城镇化的结构是产业结构而非物质结构，城镇化的根本目的是提高人民的生活品质而非改变生活场所。特别是在中国城镇化率已超过50%的今天，城镇化发展应该进入一个从规模扩张到品质提升的整体转型时期。因此，多途径城镇化发展道路是未来城镇化发展的趋势。

（一）在"后工业"时代，独特的旅游资源已经是显化财富，旅游业可以成为推动新疆城镇化的新动力

"旅游城镇化"是澳大利亚的Mullins最早提出的，他认为，旅游城镇化是20世纪后期在西方发达国家

※　本文系国家社会科学基金项目"民族地区旅游资源开发与城镇化建设的协同机制研究"（GSY1108）。

①　张英（1966—），女，湖南张家界人，中南民族大学经济学院教授，副院长，硕士生导师，研究方向：旅游经济。
吴洋（1985—），男，回族，中南民族大学经济学院研究生，研究方向：少数民族经济，

基于后现代主义消费观和城镇观的一种城镇形态，是一种建立在享乐的销售与消费基础上的城镇化模式。国内也有学者对中国旅游城镇化现象进行了实证研究，并对概念进行了界定，认为旅游城镇化是以旅游的发展带动人口、资本和物质等生产力要素向旅游依托地区积聚和扩散，从而带动城镇地域的不断推进和延伸的过程，它包括使城镇规模扩大和使城镇质量提高两方面内容，同时，城镇在人们的旅游活动中有作用逐渐增大的现象。

1. 旅游作为推动城镇化的一种动力，推动人类社会经济转型、社会变迁和文化重构，引导人口向城镇集中，从而扩大城镇规模。

2. 旅游发展要求满足吃、住、行、游、购、娱六大需求，有基本的传统的日用型消费需求，也有高层次的现代享乐型消费需求，旅游城镇化是提升城镇功能的过程，对城镇环境及公共服务体系有更高的要求，旅游发展提高城镇的品质。

3. 旅游作为现代享乐消费的重要组成部分，是一种新的城镇化途径。旅游型城镇化是城乡两种生活方式并举、城乡同时现代化的城镇化，是生活方式的现代化，而非景观的一致化。旅游型城镇化与其他类型城镇化兼容性强，可优势互补。

4. 旅游型城镇有强烈的历史文化或资源符号，更加彰显城镇的个性与特色。文化是旅游活动的内涵，而旅游文化的载体信息是旅游资源，旅游活动的宗旨是人的心理与精神上的不断追求和满足，只有文化介入并参与到旅游组织规划和具体活动中去，才能称得上真正意义上的旅游。所以说文化是旅游发展的灵魂，旅游是文化发展的依托。GDP 对旅游型城镇很重要，但它不是一个旅游型城镇的根本，旅游型城镇的根本和灵魂是文化，是旅游文化带动起来的绿色 GDP，是旅游体系、城镇体系中无处不在的文化特质和印记。

（二）城镇化与旅游业呈互推发展之势，旅游城镇化对当地的经济、环境、社会和文化等均有较强的正效应

1. 带动相关产业与优化产业结构。旅游业作为关联度极高的综合性产业，具有十分突出的关联带动作用。旅游的快速发展促进了支持其发展的基础性产业的发展，包括交通、通信、金融、房地产、餐饮服务、商业网点等，旅游发展带来的客源和市场，间接地带动和影响了农村和城镇加工制造、文化体育等行业的发展。同时旅游业发展也有利于第三产业内部结构的调整。

2. 扩大就业规模改变城镇就业结构。旅游业是劳动密集型产业，就业门槛低、范围广、层次多，吸纳了大量因人口自然增长新增加的劳动力以及因产业结构调整升级从第一、第二产业转移出的大量富余劳动力，服务业及相关的第三产业就业人口比例增加。旅游的发展可以增加区域内的人流、物流、资金和信息流的流动，能为社会提供大量的就业机会，大量本地居民从事旅游业或相关行业，个人和家庭的收入会大大增加。

3. 加快城镇现代化建设，提高当地人们的物质文化生活水平。旅游城镇化极大地推动了休闲度假设施和服务设施等相关产业产品的换代升级，提升城镇综合实力，加快城镇现代化建设，促进城镇旅游基础设施和公共服务设施的完善，使城镇环境逐渐改善、美化。一方面，旅游业发展促进了设施建设和环境改善，居民的生活质量不断提高，生活环境不断改善。另一方面，大量旅游者的来访和城镇市民的大量出游，开拓了眼界，丰富了地理、文史和风俗民情等知识，提高了城镇居民素质和文化素养，提高了人们对生活的水平。

4. 整理与发掘旅游文化，打造城镇的特色与个性。文化是城镇的灵魂，不同城镇因其不同的文化而形成了独特的城镇个性和精神，城镇的“文化名片”往往是“旅游名片”。旅游城镇化推进了城镇文化的挖掘梳理、城镇优秀文化历史遗迹整修保护和城镇文化的宣传推广，形成了城镇品牌，彰显了城镇魅力。这种城镇魅力，为当地带来大量的人流、物流、信息流、资金流；大量的企业家、专家和学者通过旅游带来了最新的技术、信息和先进的经营管理理念，有利于当地低成本地学习和借鉴别人有用的东西，更新观念，促进当地扩大对外开放及与国际接轨。

二、新疆旅游型城镇实现路径的多元选择

旅游型城镇建设，是指旅游业的发展能够推动产业聚集和相关基础设施建设，带动城镇经济发展，旅游资源的开发推动城镇化进程。新疆是中国经纬度跨度很大的省区，有世界第二高峰乔戈里峰，有世界第二大沙漠塔克拉玛干沙漠，有中国唯一流入北极的河流额尔齐斯河，在西南疆有中国最大冰川

音苏盖提冰川，还有最神秘的昆仑山。在新疆境内有古丝绸之路5000多公里，其中国家级重点文物17个，自治区级文物169个，新疆古城数量最多且保存比较完整，被誉为“世界古城博物馆”。新疆是中国民族成分较多的省区，众多民族形成了特色迥异的民族宗教文化。特殊的人文风情和独特的自然环境，是新疆实现旅游发展与城镇建设协同的条件，也是新疆地区经济社会发展的需要。

（一）“老城区改造 + 旅游建设”的旅游基地模式

天山北坡经济圈是目前新疆社会经济发展程度最好的区域，城镇化建设也高出全国平均水平，其中的乌鲁木齐、昌吉至石河子一线城镇更是在国家《城镇化发展规划》中被确定为国家级重点培育发展的区域性城市群。因此，包括乌昌石城镇群在内的天山北坡区域将是未来新疆城镇化建设的核心和关键。保护具有民族风情和历史文化底蕴的老城区，可按照“旧城复兴”模式有拆有保，根据旧城建筑风格、地方特色进行保护性开发，激发旧城活力，逐步把老城改造成为特色旅游景点。还要不断加强和提升老城区教育、科技文化、医疗卫生等公共服务设施和服务水平，健全和增强劳动就业、社会保障和社会救助体系，使这些城区成为新疆旅游发展的中心和服务基地。

（二）“旅游产业 + 生态环境”的旅游扶贫模式

南疆区域是新疆城镇化程度最低的区域，城镇基础设施水平低，城镇化产业支撑能力弱，农村剩余劳动力基数大，农民工从业技能和自我适应力差。所以，南疆是新疆新型城镇化开发的重点和难点。其发展的重点是因地制宜，重点突破。针对喀什、和田、阿克苏和阿图什等重点城镇，积极推进集中连片扶贫工程，通过集中配置各项公共服务设施，完善市政基础设施，增强各中心城市在区域的辐射和带动作用。要借助援疆力量，学习借鉴中东部发达省区在城市建设、城镇化发展中的经验，促使本地城镇化繁荣发展。一是凭借本地自然生态环境和民族风俗人情的特点，利用南疆地区长寿之乡的优势，开发旅游生态养生城镇模式，扶持老年服务产业。二是利用建设生态旅游城镇的机遇，发展绿色生态产业和开发新能源，包括新型绿洲农业、原生态旅游体验和新能源基地等，提升城镇服务业质量。三是积极扶持南疆的区域中心城镇发展高等教育和高等职业教育，利用教育集聚人气，吸引人才，为区域经济建设和社会发展提供充足的人力资源，深化产业链发展。

（三）“外贸 + 口岸”的边境旅游模式

新疆是我国边境线最长的省区，边境线长达5600多公里，占中国陆地边境线的四分之一，分别与俄罗斯、哈萨克斯坦、吉尔吉斯斯坦、塔吉克斯坦、巴基斯坦、蒙古、印度、阿富汗等8个国家接壤。全区36个边境县市（含兵团60个农牧团场），地域面积67.59万平方公里，占全疆总面积的41%，人口占全疆总人口的31%。对外开放口岸有阿拉山口、霍尔果斯、红山嘴、吉木乃、都拉塔、卡拉苏、木扎尔特、伊尔克什坦、红其拉甫等17个口岸。新疆依托边境地区地缘优势，加大力度建设与之匹配的物流仓储、饮食住宿和金融货币结算等产业以及就近建造出口加工制造基地，进而可以带动边境城镇的发展。尽管新疆周边国家大多经济实力相对较弱，对外投资较少，但是周边国家对中国在经济上存在很强的互补性，依托口岸和边境城镇建立出口型制造工业基地带动城镇化发展是一条行之有效的城镇化之路。近年来，新疆与周边国家尤其是中亚国家的贸易额增长迅速，与之相伴的是物流仓储业、饮食住宿等产业的需求增加，从客观上促进了城镇化发展。而新疆的边境城市颇具异域风情，能够吸引大量外地旅客来此旅游，吸引外商前来考察，刺激当地第三产业的发展。因此，基于对外经贸的边疆口岸型城镇再加上旅游这一要素的融合，必将进一步推动新疆边境地区经济与社会的发展，也必将推动新疆与周边国家人民的人文交流。

（四）“特色村寨 + 旅游开发”的旅游小镇模式

阿勒泰地区哈巴河县白哈巴村，距喀纳斯景区30多公里。在中国与哈萨克斯坦接壤边境线上，距哈萨克斯坦东锡勒克仅1.5公里，被誉为中国“西北第一村”，也是西北第一哨所，被赞为中国最美八个小镇之一。

白哈巴村落图瓦人，信萨满和藏传佛教，是图瓦人民族文化和建筑保存最完整的村落，白哈巴村分蒙古族的支系图瓦人居住区、哈萨克族居住区和边防站三部分。白哈巴村是新疆阿勒泰地区图瓦人最集中的一个村子，是保存最完整的图瓦人居住的村落，具有浓郁的图瓦人风情。白哈巴国家森林公园景区面积为512.75平方公里，平均海拔2000米。

特殊的地理位置和原生态性，为野生动植物提供了良好的栖息繁衍场所。据2012年初步统计，两栖爬行类6种，鸟类205种，其中34种为国家级保护动物。具有经济价值的植物有真菌109种，其中食用菌56种，还有很多经济价值很高的植物种类。白哈国家森林公园是我国高山温带和寒带交替区域植物品种最多的地区。

2001年，自治区政府投资修建了喀纳斯景区联通布尔津和白哈巴的公路，投资5000多万元。其中喀纳斯到白哈巴2005年通车试路。当地政府利用道路的通行，与白哈巴村民以联营的方式成立“白哈巴村民族文化旅游公司”，并组建旅游服务专线车，招收的都是白哈巴本地村民，对其进行相关的培训，较快加入到公司的运营工作中。巴哈提一家是20世纪90年代响应号召，从山上搬下来住的，他念过几年书，加上政府的培训，很快就进入旅游公司做宣传工作，他的妻子在家经营自己的旅社和餐馆，由于近几年新疆旅游热兴起，还雇用了厨师和服务员，全家四口人，年收入八九万。巴哈提感到很欣慰，很感谢政府和他的父母，让他生活在如仙境般的地方。

三、新疆旅游型城镇发展的核心——生态文明与协同发展

中国快速走向城镇化所面临的空间冲突、资源短缺和环境污染等各种城镇病，使健康、宜居、生态等成了城镇人民的诉求，因此，秉持“和谐、协同”理念，坚持低碳发展，是实现城镇品质的保证。

（一）新疆地区生态意义重大，环境保护第一，必须走低碳之路

新疆地理位置在亚欧大陆腹地，是我国重要的西北屏障和能源供给区，全区面积166.49万平方公里，大约占国土陆地面积的六分之一，也是中国最大干旱半干旱地区。新疆深居内陆，草原广阔、斑斓绿洲、四面环山，还有世界第二大沙漠的空间特征，在全国社会经济发展战略中的地位不容低估。基于生态文明建设要求和经济社会发展落后与生态环境脆弱共存的现实，使新疆地区面临保护生态环境与加快经济社会发展的双重重任。旅游业有着“无烟工业”之称，具备低能耗、低污染、高效益的优势，在大力提倡低碳经济的今天，旅游业发展空间无疑更加巨大，低碳经济与低碳生活应该是新疆地区旅游型城镇发展中的核心。新疆地广人稀，人口主要分布在河流流域和绿洲地带，旅游资源开发和旅游城镇的建设必须与目前的“一圈三带”城镇化形成良好互动，走节约资源生态环境友好型的建设道路。“一圈”：以乌鲁木齐为中心的新疆核心圈，即天山北坡经济圈。“三带”：一是北疆铁路沿线城镇带，这是中国古代丝绸之路基本路线，也是亚欧大陆桥两条铁路线必经之地，同时更是国家提出“新丝绸之路经济带”构想的组成部分。重点以昌吉、石河子等中型城镇为区域副中心，加快建设五家渠、北屯等小城镇。二是南疆铁路沿线城镇带，南疆能源丰富，民族文化厚重，有独特异域风情气息，开发旅游业大有可为。主要是加强库尔勒、喀什、和田、阿克苏等区域中心城镇功能及辐射效应，联合兵团农场县市走点线串联，形成塔里木河城镇网络体系和打造旅游功能城镇，来带动周边小城镇发展。三是边境城镇带，主要包括从北至南阿勒泰、伊犁、塔城、博州、和田、喀什、克州阿图什一线的县市。边境城镇带拥有阿拉山口、霍尔果斯、巴克图等众多口岸，是我国通达中亚、欧洲的前沿窗口和外贸集散中心，要加强旅游资源开发与口岸城镇建设的协同发展，使边境口岸既是贸易城镇也是旅游城镇。

（二）旅游资源开发必须与城镇建设协同

旅游型城镇化引导人口向城镇集中的过程，是基于后现代主义消费观和后现代主义城镇观的一种城镇发展形势，能够在推动城镇化的基础上，进一步合理调整城镇空间、改善生态环境和人居环境，提高城镇精神文化内涵，从而达到建设可持续发展的宜居城镇目标。在现行体制下，城镇建设规划和旅游规划往往由不同的部门主导，部门之间信息不对称和侧重点不一致，存在着城镇建设规划与旅游规划相冲突的现象，如城镇建设用地与旅游用地相冲突，城镇景观与自然景观不协调等。城镇发展总规划作为区域发展的总指引，是未来发展的大方向。在旅游业作为地区经济支柱或新的经济增长点地区，在涉及旅游景点或潜在景点的相关区域的城镇建设规划中应以旅游规划为侧重点，城镇建设和产业分布、交通布局、历史文化遗产和旅游规划应相呼应和相互联结。因此，需要加强不同部门之间的沟通和交流，科学规划，使城镇建设和旅游业发展相辅相成。

（三）经济发展与文化的协同，建设有个性有魅力城镇

一方面，旅游型城镇化注重突出城镇的特色，深入挖掘城镇文化，整合现有资源，打造城镇独有的旅游核心吸引物，可以避免城镇的同质化。另一

方面，旅游型城镇化在发展思路上注重城乡一体化，强调的是规划上的一体化，而非景观一致化，这样既保留了城乡景观的差异性，又实现了人们生活方式的现代化。旅游业是一个窗口，人们通过旅游了解旅游地的社会、经济、资源、环境、民风民俗以及历史等，独特的民族风俗习惯、特色建筑和优美的自然生态环境都会给游客留下深刻的印象，开发特色旅游项目打造旅游特色，树立和提升旅游品牌，成为旅游地旅游发展的重点。加强对城镇文化的挖掘、梳理、保护和城镇文化的宣传推广，形成了城镇品牌，彰显了城镇魅力。

（四）城乡协同，提供更多的就业机会，加快人口城镇化节奏

目前我们快速城镇化的过程中存在着土地城镇化快于人口城镇化的现象。旅游业是劳动密集型产业，能提供更多的就业机会，让农民在就业的同时感受现代化的市民生活方式，提高自己的精神文化内涵，在物质和精神上均实现现代化，从而真正意义上实现城乡一体化，实现人的城镇化。旅游资源是开展旅游业的基础。在旅游开发中，要加强对旅游资源的保护，防止过度开发，胡乱开发。盲目开展项目可能在短期内对旅游业综合评价指数的提升有较大作用，但从长远来看，不仅不可持续还会对资源造成破坏，劳民伤财，同时还会抑制在其他产业的资源投入，阻碍其他产业的发展。对旅游资源开发项目进行评估能较充分合理地分配资源，尽可能地将经济效益和社会效益最大化。在城镇建设中，特别是旅游区的建设应尽量不破坏景区的自然、历史状态，在做到自然与建筑和谐的原则下，依照当地原有环境而施工，使建筑与原有环境融为一体。旅游城镇建设不是对原有状态的推倒重建，而应是以文化为基础的创新，通过对自然、历史、文化的发掘来吸引游客，从而带动旅游业和城镇建设的发展，提升两者的综合评价指数，增强协调性。

【参考文献】

[1] 李柏文．我国少数民族地区旅游城镇发展研究 [J]. 生态经济，2010(02).

[2] 钟家雨．基于协同理论的湖南省旅游小城镇发展对策 [J]. 经济地理，2012(07).

[3] 张英．武陵山片区旅游型城镇建设的思考 [J]. 民族论坛，2012（06）.

[4] 杨建翠．民族地区旅游推动城镇化发展研究 [J]. 西南大学学报，2012 (04).

[5] 李春华．新疆绿洲城镇空间结构的系统研究 [D]. 南京：南京师范大学，2006.

[6] 王永明．城市旅游经济与交通发展耦合协调度分析——以西安市为例 [J]. 陕西师范大学学报，2011(01).

[7] 王兆峰．张家界旅游产业发展与小城镇建设耦合发展研究 [J]. 经济地理，2012(07).

[8] 刘清娟．绿洲经济与新疆发展初探 [J]. 新疆金融，2006（05）.

旅游的张力：南部侗族地区文化与经济的互动与共生

杨经华[①]

（贵州财经大学文法学院，贵州 贵阳 550025）

【摘 要】南部侗族地区侗族村寨对自己传统文化的坚守，在承受了长期贫困之后，其与世迥异、多彩迷离的原生态文化，在民族旅游的推动与张扬下，终于在他者的凝视中散发出璀璨的光芒。南部地区传统村寨获得他者的凝视，能够吸引不同文化背景的人纷至沓来，更好地诠释了只有守住自己的传统，坚守自己的文化尊严，才能获得他者的尊重。而伴随他者的关注，其经济社会亦获得巨大的发展，从而打破必须以牺牲文化传统来获取经济发展的魔咒，实现文化与经济的共生、共存与共荣。

【关键词】南侗；民族旅游；民族经济

据1956年侗语普查，侗语被划分为南、北两种方言。以贵州锦屏侗、汉、苗杂居的启蒙为界，启蒙以北为北部方言区，简称“北侗”，包括贵州天柱、三穗、剑河、锦屏（大同）、湖南新晃、靖县等地；启蒙以南为南部方言区，简称“南侗”，包括贵州锦屏（启蒙）、榕江、黎平、从江、广西三江、龙胜、融水、湖南通道等地。侗语方言南、北之分，已成公论[1]。由于南北方言区内文化差异的存在，“南部方言区”与“北部方言区”两个源自语言差异的分区，遂逐渐跨越语言界限，进而扩展到整个文化领域，南北方言分区亦最终成为南北文化分区[2]。在南部侗族地区，侗语、鼓楼、花桥、侗族大歌、萨坛等侗族标志性符号保存完整。随着侗族大歌走向世界，南部侗族以其迷离多彩的原生态文化吸引了全世界的目光。在旅游开发的背景下，南部侗族地区的原生态文化传承与经济发展之间的互动，无疑再次成为人们关注的焦点。

一、发展的阵痛：经济与文化的两难困境

在世界资本主义飞速发展的同时，必然带来当地文明的迅速消逝，文化的多样性逐渐被千篇一律的资本主义文化取代。人们在震惊之余不由深深反思：那些因殖民主义的扩张所带来的“进步”，难道必须以牺牲原住民的本土文明来换取吗？

这个困惑一直延续了两个世纪。如果说殖民主义者用血与火换取历史进步的时代业已过去的话，那么，在现代社会，面对现代工业文明无边无际的渗透，以及世界经济全球化的加速，这一令人困惑的现象在经济欠发达地区更加严峻。于是，一个古老而新鲜的问题又紧迫地摆在了人们面前：“怎样使这些落后地区的民族既能随着时代前进，充分享受现代文明的果实，又能保持其独特的传统文化，让这些文化不致成为妨碍他们前进的累赘，而是推动进步的动力？”[3]

※ 本文系国家社科基金项目“差异与成因——中国南北侗地区文化、经济比较”（09BMZ029）阶段成果。

① 杨经华（1975—），男，侗族，贵州三穗人，博士，教授，现任贵州财经大学文法学院副院长、贵州省侗学会副会长。

进入20世纪80年代以来的中国，伴随经济飞速发展的同时，人们目睹了太多的少数民族传统文化逐渐消逝。正如王希恩在考察怒江地区傈僳族和怒族村寨在经济发展经历巨大变化后所带来的文化消逝时指出：“至少在80年代后期至90年代初，少数民族传统文化便已面临危机：一些民族歌谣、曲艺、传说等开始失传；一些精湛的民族工艺和建筑开始衰微；一些灵验有效的民族医药失去了市场；一些有利于培养人类美德的传统礼仪和习俗被逐渐废弃等等。时至今日，这种状况有增无减。”[4]

在湘黔桂毗邻的苗侗聚居地区，民族文化的变化消失还表现出以下两方面特征。其一，变化与外部因素相关联。越是靠近公路的地方，经济越发达，变化就越快，变化的面就越大，变化的程度也越深。越是远离公路的村寨，经济越滞后，变化越小，变化的面越小，变化的程度也越小。例如贵州的苗寨，交通极为不便的月亮山地区，无论男女老幼，即使在平时，都穿民族服装，但脚上的鞋却全部是解放鞋，变化只体现在脚上。而在交通较为方便，与外来交往较多地区的布依族村寨，平时很少看见人们穿民族传统服装。[5]

在民族村寨的经济发展中，西江苗寨无疑是一个极为成功的范例。自从2007年余秋雨的到来和2008年贵州第三届旅发大会在这里隆重召开开始，西江的名字传遍天下，旅游业蓬勃发展。西江模式也成为旅游业界的一个典范。到黔东南，必到西江，仿佛成了游客的共识。而因为旅游业的快速发展，西江迅速富裕，也成了周边村寨羡慕的对象。根据政府的统计数据，2008年之前西江苗寨人均年收入是1000多元，而到了2010年底，因为旅游发展的红火，人均年收入超过了4800元。在外界眼中，西江模式已然成为民族文化和经济发展最成功的典范。

对西江本土人而言，外在的辉煌并不能冲淡内心的失落与焦虑。最初来到这里的人，他们团结互助、和睦相处，世世代代都是如此。“旅游开发后，淳朴的乡风民俗就大有改变。这个改变，不是变好，而是变坏。”曾经在西江中学当校长，现到县城工作的L老师认为，西江景点的开发，从旅游业来说，是一件好事情，但盲目地开发就不好了，比如农家乐的收费没有标准，不规范；还有门票问题，西江的老百姓出入不方便，上山干活回来都得过这一关。L老师说的这一关，指的是相关部门由于开发旅游的原因，在入境西江的地方建起了大门，外来人是需要收门票的，而西江苗寨太大、人太多，守门的人员也不熟悉他们，自然也需要检查之后才能放行的。L老师认为，更要命的是，以前的民风民俗已毫无踪影，都已商品化了。他举了例子：“你看看，以前的父老乡亲、邻居之间，你见了我就喊我到你家吃饭，我见了你就邀你到我家喝酒，而对外来的陌生人都当是自己家的亲戚，这才是真正的苗族人，多淳朴啊，多好啊。现在哪里还有这些玩意，哎!”他叹了口气，有些悲愤地说：“说到底，对于西江人民来说，旅游开发即便富裕了乡民，但丢失了最为宝贵的乡情和民风，那么，发展的意义在哪里？”[6]在西江，一些本土人曾经感慨，以前凡一家有事，整个寨子都会齐心协力予以无私帮助。然而现在，不但这种风气不再，任何事情都要谈钱，甚至邻里之间为了生意上的利益纠葛而反目成仇。近年来，西江本土人与政府、旅游公司之间的博弈，其间不乏酿成群体冲突的事件。在外界看来，辉煌的背后，几乎不会有人关心这种伴随发展而来的沉重代价。

对南部侗族地区而言，高山阻隔，交通滞后，在经济发展与文化保护之间的两难选择，长期以来一直存在。南部之所以原生态保护完好，正是其交通的闭塞、发展的滞后所带来的结果。然而，南部侗族地区迷离多彩的原生态文化的保存，是否必须以滞后的经济发展作为代价呢？这个两难的困惑，在伴随民族旅游的勃兴的同时，为我们重新审视这一历史困境提供了一个有益的契机。

二、差异与坚守：民族旅游发生的生命底线

民族旅游是伴随世界旅游业发展而在第三世界及东南亚最普遍的一种形式。关于民族旅游的定义，世界著名旅游人类学家埃里克·科恩指出，民族旅游是观光旅游的一种变体，其目标群体是文化、社会等异于其居住地域群体的主体民族，其主要的标志是自然生态和文化呈现的独特性、差异性。[7]美国另一旅游人类学家布鲁诺认为，民族旅游涉及这种情形：“国外或国内的旅游者通过旅游可以观察其他群体，而这些群体不仅被认为有明显的自我认同、文化和生活方式，而且他们通常被贴上诸如种族、国家、少数民族、原始、部落、民俗或农民的标签。”[8]可见，被观光对象所持有的独特的文化特征、文化差异性是民族旅游的最根本要求。

人们为什么要离开自己的家园，到很远的地方

旅游？一些学者认为，“人们之所以外出旅游，是因为他们感到自己与生活的世界越来越‘疏离’。他们想离开和逃脱这个世俗的世界，到外面去寻求一种真实的、属于自己心灵的家园”。“现代旅游业的一个严肃主题，就是要寻求所谓的‘真实’，其产生的原因主要是由于现代人对现代社会产生的虚假感到不满和厌倦”。[9] 所有的人类都试图保持一种好奇心，同时寻求“人为的刺激……以此来补偿他们周围环境的不足”[10]，旅游被认为是对普通和枯燥的生活的弥补。

在中国，民族旅游的兴起，是处于现代性压力下的人们渴望逃离“日常生活”，寻觅“异地文化”的结果。现代社会中，工业化、城市化的生活方式使人们长期禁锢在充满烦闷、疲惫的现代性压力下。现代性所带来的负面效应，诸如自然的消失、环境污染的加剧、生活节奏的加快，随技术分工而来的工作性质的程式化、大众社会中人情的淡漠、矫饰和虚情假意的盛行等，使人们对现代性有所憎恨。而旅游这种逃离日常生活价值中心的方式恰好成了我们对于现代性好恶交织的发泄与解脱，以至于成为现代社会中人们一种普遍的生活方式。承载着文化多样性的民族地区，以其优美的山水风光，恬静的生活气息，传统的民俗文化，热情好客的精神，无不吸引着广大受累于现代性的人们，成为他们求得精神解脱、找回身心和谐的世外桃源。旅游者只有置身于其间，才能感受到超时空的“异文化”体验，在“时间差”、“空间差”、“文化差”的刺激和反应中获得另一种生活的意义和价值，达到实现自我回归的目的。[11]

物质世界是差异性的世界，作为物质世界一部分的人类社会当然也是一个差异性的社会。[12] 人们为了寻求对差异的体验，民族旅游无疑是一个体验差异的最简单、最直接的渠道。对民族地区的民族旅游而言，其能否吸引和留住游客，关键在于民族地区能否坚守自己的文化，使人们获得与现代性截然不同的差异性。正如田里指出：“一个国家的民俗，如果其民族品格越鲜明，原始气味越浓，历史氛围越重，地方差异越大，生活气息越足，那么，正是一种最能吸引异国异域游客的特色旅游资源。”[13] 从本质上说，“人们旅游的目的是为了解和体验与自己周围环境和文化氛围不同的东西，差距越大，体验就越深，对游客的刺激也就越大”[14]。由此看出，对一个旅游地而言，决定其兴衰成败的关键在于它能否坚守自己文化的原生性，而这种原生性又必须是极大地异于都市现代文化。当人们在现代化都市中感到人性的“疏离”，必然会远赴乡村，寻求一种另类的精神慰藉。

三、旅游的张力：南部侗族地区文化与经济的共生与共荣

在南部侗族地区，由于其多彩迷离的原生态文化的保存，被世界誉为“人类疲惫心灵的最后家园”。现代人对民族旅游所寄予的种种情感诉求，恰恰契合了当下南部侗族地区民族旅游的勃兴浪潮。在民族旅游的这种国际性产业发展的冲击下，通过他者的凝视与张扬，南部侗族地区的经济与文化之间休戚相关、共存共荣的关系，得到进一步的理解与升华。

传统文化与民族经济如何共生，侗族大歌之乡小黄村的历程留给我们太多的启示。小黄村距离从江县城区有20多公里，它几乎是四面环山，而中间是平地。由于群山阻隔，交通情况较差，生活比较贫穷。长期以来，小黄村一直“养在深闺人未识”。2003年，从江举办侗歌大歌节，小黄村被列为分会场。那一次，小黄人拿出了千人唱侗歌的绝活招待远方客人，引发了轰动效应。一天时间内，小黄村的门票收入达到了2万元，食宿收入达到了3万元，这在村民中间同样引起了极大反响。2005年，“多彩贵州”歌唱大赛总决赛在贵阳举行，来自小黄村的“金蝉十姐妹”演唱的侗族大歌“歌惊四座”，一炮走红，一夜之间，从江小黄村名扬天下。2007年，小黄村9名“侗族大歌”小歌手随国务院总理温家宝出访日本，参加中日文化“守望家园——中国非物质文化遗产专场晚会”演出，再次得到了世界的赞扬。

根据从江县旅游部门掌握的情况，目前小黄村各侗歌队，活跃在全国各地，有的出入大宾馆、酒店演出，有的应邀参加各地政府举办的各类活动。还有的活跃在景区，成了民族歌舞表演的中坚力量。据统计，小黄村民依靠外出演唱侗族大歌年收入达到了1620余万元。这个数据在几年前，对于村民们来说，还真的是天文数字。小黄村有名歌手吴仕英和几位姐妹现在经营的名叫“侗乡映象”的农家乐，这农家乐就是她们这些年靠外出演唱侗族大歌赚来的钱回乡开办的。[15]

小黄村人除了外出以歌致富外，留居小黄村的小黄人亦由侗族大歌的声誉获得了较大的经济收益。“是享誉海内外的侗族大歌引来了外面的游客。”小黄

村村支书潘玉锦自豪地说，“几年前，村里人均年收入还不足1000元，如今，村里平均每天接待游客100人以上，旅游年收入达250万元。”[16]

小黄村摆脱了贫穷，走上了富裕之路，很多人归因于他们高超的侗歌演唱技艺。小黄村人的侗歌是否一定唱得最好，这在当地人看来是不置可否的。笔者2009年曾经到离小黄村不远的伦洞侗寨调研，在伦洞人看来，小黄村的歌并没有伦洞的好，一些小黄村的姑娘嫁到伦洞，也肯定了这种说法。小黄村侗歌的名扬天下，还有着特殊的、一些不为人知的背景。

在周围的寨子中，小黄村当初很穷。一位小黄村附近村寨的大学生描述小黄村的生活说：“小黄人八月十五前常常到我们贯洞上门来问，要来帮我们寨的人打谷子；由我们包吃住，一天一包烟，晚饭要喝酒。水田是5块钱打100斤谷子，旱田是4块钱打100斤谷子。贯洞当地人不愿做这种苦活路。所以贯洞的人说，小黄人会唱歌也没有用，还不是要出来帮我们打谷子！”[17]贯洞交通较小黄村发达，因而比较富裕。在贯洞人眼中，小黄村即使歌唱得好，仍然沦为被嘲笑的对象。然而，历史也许是戏剧性的。正因为当年小黄村比较闭塞，年轻人外出打工较少，组建歌队相对容易。原榕江文化馆馆长张勇说：“我每年都要去小黄村。因为小黄村出去打工的人不多，人都在家，比较稳定，所以唱侗歌的风俗保存比较好。以前她们唱七天七夜的歌不重复。”[18]

机遇总是青睐执着的坚守者。至2003年，从江大歌节，小黄村一下拿出“千人侗歌”，震撼了世界。而当时会场为什么选在小黄村，因为只有小黄村才能组建千人歌队。如在较为发达的贯洞、伦洞，由于青年人几乎全部打工外出，不要说组建千人歌队，恐怕组建几十人的歌队都困难。而历史没有选择歌唱得比小黄村好的伦洞，因为那里的年轻人已纷纷外出。

小黄村留给我们的启示是无穷的。与其说小黄村的由贫穷走向富裕是因为他们的歌唱得好，不如说是他们在现代化浪潮下对自己民族传统文化的执着与坚守的结果。由于周围村寨逐渐放弃自己的传统，融入现代都市中，其建筑、生活方式等不断模仿城市，如伦洞即是如此，村寨已几乎全部是杂乱的现代建筑。这样的村寨几乎是作为城市生活的附庸而存在，对于追求独特体验的人而言，他们不会到这样边缘的地方欣赏自己生活模式的复制品。小黄村对自己文化的坚守，保持了自己的独立的个性，而正是这种差异的存在，吸引了无数的现代旅游者，也从而改变了自己的经济状况。①文化自信同样需要一定的经济作为支撑，而富裕起来的小黄，更加有信心坚守自己的文化。

每一民族都有自己象征性的历史记忆，随着历史的流逝，有些历史记忆被集体遗忘。而民族旅游可以通过各种仪式、景观对集体记忆的张扬，提高民族内部的凝聚力和传承能力。当大量的外来旅客为了了解旅游地的民族文化而纷纷涌入时，这无形中会给东道主释放一个强烈的信号：“就是自己的民族文化很具有特色和吸引力；如果自己不加以珍惜和保护，使之发扬光大，游客就不会再来。”[19]

榕江的萨玛节文化旅游品牌的重塑，无疑诠释了这一形式对侗族族群历史认同的深远影响。

萨玛节起源于母系氏族社会，是南部侗族地区最为古老而盛大的传统节日。萨玛亦称萨岁，汉语为大祖母之意。为了纪念萨玛，人们在村寨中间的坪坝上垒起土堆，即萨坛，作为供奉和祭祀萨的场所。后来，部分侗族地区的萨坛改成了小木屋。到了光绪年间，榕江三宝侗乡各村寨的露天萨坛先后改建成砖砌的萨玛屋。场所显得庄重而神秘。屋里放一把半开的黑伞，黑伞下垒有石头，象征侗族人在萨玛英灵的护佑下团结坚强，幸福安康。萨屋前一般都栽有柏树或杉树和千年矮（一种灌木植物），以示萨玛的英灵万古长存。

萨玛节一般在农历二月或十月举行，有时也根据生产、生活或其他重大活动情况确定。侗族萨玛节习俗活动主要分布于贵州榕江、黎平、从江，以及湖南通道、广西三江、龙胜及周边的南部侗族地区，主要以榕江侗族萨玛节为代表。而在榕江，萨玛节主要代表地区车江大坝，为贵州高原罕见的山间盆地，南北长15公里，东西平均宽2.5公里，四周青山

① 必须指出的是，随着旅游的勃兴，小黄在经济条件获得极大改善的同时，一系列问题亦随之凸显，如村寨无序的建筑、人情观念的商业化等，使得小黄村的侗族文化传承同样面临一系列危机。当然这是民族地区旅游开发之后的通病，属于另一重要问题，此处不予置论。

耸峙，寨旁古榕巍巍，是榕江古榕风景区的核心区。作为全国最大的侗族村寨群，民族文化积淀十分丰富。三宝章鲁是中国侗文标准语音所在地；三宝寨头萨玛祠，是中国侗族最大的女神殿堂，每年的祭萨节，侗族同胞都要在这里举行盛大的祭萨活动。

2006年5月，榕江萨玛节被列入第一批国家级非物质文化遗产名录。此后，榕江每年组织盛大的萨玛节，逐渐将萨玛节打造成为榕江的文化旅游名片，并推动当地的经济社会发展。尤其是2012年12月，榕江萨玛节盛大开幕。以开幕为契机，榕江的招商引资亦取得重大突破，引资签约近70亿元[20]。

萨玛节流传地区很广，但唯独一年一度的榕江萨玛节，成为吸引世界眼光的重要品牌。这无疑是与榕江侗人对自己传统的坚守，对自己祖先的不断追忆、强化有关的。萨玛节有一系列的神圣仪式。按余未人对2008年榕江萨玛节记载：

祭萨在上午进行，由祭师念词，将伞安放于萨堂里，倒茶。并大声呼唤萨归来，那声音映山映水，传向浩渺的天宇。唱主角的女性则在萨堂里高唱赞美萨的歌，祈求保佑，牵萨过河。大家“多耶”，载歌载舞。男人在外面吹芦笙，并上鼓楼重新占卜，看看萨的动向，是否已经回来了。据传，古代有一次请萨，是在人们唱了五天的赞歌后萨才姗姗回堂的。而这次请萨很顺利，只用了两只鸡占卜，祭师就判定，萨已经回来了。这边唱歌的妇女们却沉浸在歌声中意犹未尽，只想一直唱下去。男人们则闷杀一头黑毛猪来做饭菜供大家享用。猪的毛色必须是黑色，因为黑色代表邪恶，将其闷杀，以求吉利。

信仰和历史的雾岚弥漫着山寨，这是一次真正的祭祀。封寨三天，出嫁的女儿要提前回娘家，外人一律不能进入寨子，就连本寨子出去守田、守禾仓的汉子，当天都不能进入寨子。[21]

在仪式中，侗族人重新追忆了昔日祖先所面临的腥风血雨的历史，模拟举行一次演习性的军事活动以示缅怀。祭祀当天，人们举刀舞枪，鸣锣吹笙。通过这一系列仪式的呈现，每一个与会的人都深深感受到侗族人自强不息的历史。而对侗族人而言，无论其来自何处，也无论其所居之地是否仍然有祭萨的传统，无不为这种盛大的历史场面感到深深的震撼，从而对自己的历史充满了自豪。在他者的凝视中，侗族人在现代社会日渐消逝的族群记忆再一次在仪式中得到强化。一曲《萨玛天上来》，歌声凄怆，动人心扉，引人如醉。

花桥、鼓楼是侗族之所以成为侗族的文化象征。这些璀璨的物质文化在北部侗族地区消逝的同时，南部侗族地区对其保存完好，成为自己重塑民族认同、推动经济发展的重要品牌。

广西三江是广西唯一的侗族自治县，民族风情保存完好，民居建筑等人文景观富于民族特色。其中以鼓楼、风雨桥、民居等侗族标志性木制建筑艺术闻名于世。目前，三江拥有中国保存最完好、分布最集中的侗族传统建筑群。“全县目前共有风雨桥110座，鼓楼168座，集中分布在林溪、八江和苗江等河流域的寨内寨旁。”[22]

三江程阳八寨是广西侗族民间建筑群杰出的代表。程阳在县城古宜镇北20公里，是侗族千户大寨。“八寨涉及三个行政村，即平岩村（辖管：马安寨、岩寨、平寨、平坦寨）、程阳村（辖管：大寨、东寨）和平铺村（辖管：平铺寨、吉昌寨），总面积约30平方公里，有2000座吊脚楼，8座鼓楼，5座风雨桥，属于三江县典型的侗族聚居村落。”[23]程阳八寨群山苍翠，河流穿寨而过，寨子周围良田密布，与随处可见的鼓楼群、吊脚楼群、风雨桥群、水车群等侗族文化标志景观构成一幅自然与人完美结合的侗乡风景。

程阳八寨是随着程阳桥的知名度和影响力而逐渐被引起关注的。程阳桥始建于1912年，由当地著名的建筑工匠杨堂富领衔建造，全部费用来源于村民捐资，于1925年建成。1984年，一场山洪冲毁了程阳桥，杨堂富之子杨善仁带领众多侗乡工匠，用600多立方米的木料制造了9800多个构件，历经20个月，修复了程阳桥。全桥不用一钉一铆，全凭木榫连接。据有关资料记载，程阳桥与中国石拱赵州桥、铁索泸定桥、罗马尼亚的钢梁诺娃上沃桥并列为世界四大名桥。1965年，郭沫若亲临程阳桥，为其题写桥名，并赋诗赞云：

艳说林溪风雨桥，桥长廿丈四寻高。重瓴联阁怡神巧，列砥横流入望遥。竹木一身坚胜铁，茶林万载茁新苗。何时得上三江道，学把犁锄事体劳。[24]

程阳本是荒芜之地，传说直至两位叫“程”和“阳”的男子一个自北一个从南携家眷至此，架屋定居，开荒种田，生息繁衍；后来，吴、石、陈、李等姓氏先后迁徙至此，与程、阳两姓和谐共处，发展壮大。[25]程阳八寨传统的生计方式主要以农、林兼营为主。寨内山多田少，除了基本的农业种植如水稻等之外，还兼种有油茶林、杉木林、松木林、风景林等。过去茶油种植较为普遍，产量较高。茶油除部分自己食用外，大部分用于出卖或兑换大米或兑换其他生活用品；松木则多用于烧砖瓦；杉木主要用于建筑等。

在过去，程阳八寨属于国家级贫困地区，经济收入普遍较低，人民生活艰难。观念上曾经以“养牛为了犁耙田，养鸡图赚油盐钱，养头肥猪好过年”为宗旨。而在现在，随着民族旅游的发展，当地村民逐渐放弃原来耻于经商的传统观念，积极地参与到村寨旅游发展之中。如今，寨内本地人开设的旅游客栈、餐馆、工艺品销售点等随处可见，直接带动了寨子的经济增长。据统计，“2008 年全村人均年收入达到了 3100 元，村民的生活水平明显得到提高。马安寨村民 LJL 自开办农家旅馆以来，全年收入由 2005 年的不足 1 万元增长到 2008 年的 10 多万元”[23]。

时至今日，程阳八寨被列为柳州市社会主义新农村建设示范点，获得“中国首批景观村落”、“广西十大魅力乡村”、“世界十大最壮观桥梁之一”、“国家 4A 级旅游景区”等荣誉称号。在程阳桥及程阳八寨的侗族传统文化魅力的吸引下，广西三江民族旅游频创新高。据广西三江政府公布数据，截至2014年11月，广西柳州市三江侗族自治县2014年累计旅游总人数首次突破100万人次，旅游社会总收入达3.6亿元，同比分别增长29.5% 和30.6%[26]。

程阳八寨民族旅游的勃兴，不仅为当地经济发展提供了强劲的支撑，同时，在外来游客不断涌入的刺激下，民族认同获得了空前的强化。在程阳地区，侗族传统习俗如侗布制作、百家宴、侗族大歌展演等保存完好，并不定期地进行展演，成为当地不可或缺的文化活动。当地村民通过旅游参与，不断与外来游客互动接触，从这些游客他者的凝视中真切地感受到本民族文化的现代价值。以纺织为例，由于现代化进程的冲击，加之侗族传统服饰的制作程序较为复杂，这项传统渐渐消失。体现在日常生活中，则是很多侗家女孩不仅很少学习制作侗布、侗衣，甚至不愿意穿戴本民族服饰。然而，在大批游客涌入以后，来自世界各地的游客对侗族手工刺绣、侗族服饰制作由衷的惊叹与钦佩，不断地刺激了当地妇女进行手工艺活动的热情。在文化旅游节日期间，程阳举行了系列浓重而盛大的制作侗布全套程序展示活动，将侗布制作工具、制作程序等通过村寨妇女的“参与表演”展示给游客们。尽管这只是一种表演，“但妇女们却津津乐道地向游客们介绍纺织所需要的轧棉器、纺车、绞梭器、织布机、浸染桶等制作工具，并让游客参与其中，教他们纺纱、织布。从村民们的言语、神情中可以看出他们对自身文化引以为自豪，自我认同意识明显得到加强”。[23]

在景区内，尽管当地村民的生活习俗日趋现代化和商业化，但在事实上并不影响当地村民对自己传统文化的认同与保持。通过旅游强化与一再的展演，“文化的表层特征可能快速而普遍地被采用或被丢弃，但是文化的认同和自我意识则可以长时间保持不变，甚至有所增强”[27]。

伴随民族旅游的勃兴，南部侗族地区的传统社会生活发生了巨大的变迁，有些甚至是令人担忧的变迁。正如格雷本指出：“中国大规模旅游发展的契机已经到来，并处于扩大化阶段……一个大众旅游的时代已经来临，但随之而来的相关问题同样令人担忧。”[28] 以程阳八寨的景区开发为例，在景区开发中同样暴露了不少问题，如因利益分配不均导致的冲突，村寨内部利益的不平衡以及由此产生的矛盾，伴随商品经济观念渗入对人性的异化等，但是，民族旅游作为一种现代意识后，生活方式已逐渐渗入到当地人的生活之中。景区开发过程中，各种文化因素在利益相关者的利益角逐中频繁地被重组、换置与糅合，地方性文化整合呈现出一种复杂多样而又急剧变化的景象，加速了当地文化的不断变迁、发展。正如克莱德·伍兹所言：“文化变迁的辩证过程，即一方面变迁中必然有某种文化传统的连续性，否则就是文化的断裂或消亡，另一方面在传统的连续中必然产生变迁，否则这种变化也由于无法应付环境的挑战而窒息了自身的生命力。”[29] 无论如何，变迁是必然，只有保持高度的文化自觉，勇于面对民族旅游所带来的各种复杂的变化，才是唯一的出路。

南部侗族地区对自己传统文化的坚守，在承受了长期贫困之后，其与世迥异、多彩迷离的原生态文化，在旅游的张力中，终于在他者的凝视中散发出璀璨的光芒。2012年12月，国家住建部公布的第一批中国传统村落名录的名单中，其中侗族传统村落53个，除了怀化市会同县高椅乡高椅村以及铜仁石迁县的4个村落为北部侗族传统村落外，其余全部属于南部侗族地区，其中从江4个、黎平40个、榕江2个、三江3个。在2013年第二批传统村落名录中，仅黎平、从江、榕江三县传统村落就达68个，占侗族传统村落的百分之九十以上。南部地区获得他者的凝视，能够吸引不同文化背景的人纷至沓来，更好地诠释了只有守住自己传统，坚守自己的文化尊严，才能获得他者的尊重。而伴随他者的关注，其经济社会亦获得巨大的发展，从而打破了必须以牺牲文化传统来获取经济发展的魔咒，实现了文化与经济的共生、共存与共荣。

【参考文献】

[1] 梁敏．侗语简志 [M]. 北京：民族出版社，1980：80；冼光位．侗族通览 [M]. 南宁：广西人民出版社，1995：223.

[2] 杨经华．晚清南、北侗地区涵化差异管窥——以咸同侗民起义事件为分析中心 [J]. 西南民族大学学报，2010(01).

[3] 冯祖贻．民族民间文化保护与开发的理性思路——读“并非两难的选择——云贵少数民族文化保护与发展问题研究”[J]. 贵州民族研究，2005(01).

[4] 王希恩．论中国少数民族传统文化现状及走向 [J]. 民族研究，2000(06).

[5] 索晓霞．并非两难的选择——云贵少数民族文化的保护与开发问题 [M]. 贵阳：贵州人民出版社，2003：97.

[6] 南往耶．西江苗寨旅游模式，成功了还是失败了？ [EB/OL]. http://www.chinamzw.cn/qdnpd/ShowArticle.asp?ArticleID=6410，2011-11-09.

[7] 埃里克·科恩．东南亚的民族旅游 [M]，杨慧编．旅游、人类学与中国社会．昆明：云南大学出版社，2001：19.

[8] 爱德华·布鲁纳．民族旅游：一个族群，三种场景 [M]// 杨慧编．旅游、人类学与中国社会．昆明：云南大学出版社，2001:43-44.

[9] 张晓萍．“旅游是一种现代朝圣”刍议 [J]. 云南民族学院学报，2003(04).

[10] 瓦伦·L. 史密斯主编．东道主与游客：旅游人类学研究（中译本修订版）[M]. 昆明：云南大学出版社，2007：23.

[11] 周大鸣．人类学与民族旅游：中国的实践 [J]. 旅游学刊，2014(01).

[12] 邱耕田．差异性原理与科学发展 [J]. 中国社会科学，2013(07).

[13] 田里．论民俗旅游资源及其开发 [M]// 杨慧编．旅游、人类学与中国社会．昆明：云南大学出版社，2001：286.

[14] 彭兆荣．“体验差异”：民族志旅游与人类学知识 [M]// 杨慧编．旅游、人类学与中国社会．昆明：云南大学出版社，2001：144.

[15] 梁雨，罗茜．小黄唱着侗歌富起来 [EB/OL].http://www.qdnrb.cn/bkqdn/41907.htm，2014-01-24.

[16] 李田清．贵州从江：唱着大歌富起来 [N]. 贵州民族报，2013-09-15.

[17] 余未人．走进鼓楼：侗族南部社区文化口述史 [M]. 贵阳：贵州人民出版社，2001：71.

[18] 杨经华，蒙爱军．困境与突围——少数民族村寨打工经济调查实录 [J]. 黑龙江民族丛刊，2010(06).

[19] 彭兆荣．旅游人类学 [M]. 北京：民族出版社，2004：262.

[20] 杜再江．榕江萨玛节招商引资签约近 70亿元 [N]. 贵州民族报，2012-12-24.

[21] 余未人．神圣古朴的萨玛节 [J]. 当代贵州，2008(15).

[22] 资料来源．广西三江政府网站《民俗风情·三江程阳八寨》。

[23] 陈巧岚．参与式发展：程阳桥景区民族旅游的人类学透视 [D]. 南宁：广西民族大学硕士论文，2010：9；35；37.

[24] 杨玉林编著．侗乡风情 [M]. 贵阳：贵州民族出版社，2005：30.

[25] 兔子．程阳侗寨：回到梦中的家园 [J]. 民族论坛，2011(04).

[26] 梁觉振．广西侗乡旅游总人数突破100万[EB/OL]. http://www.gxta.gov.cn/home/detail/25064，2010-11-04.

[27] 宗晓莲．旅游开发与文化变迁——以云南省丽江县纳西族文化为例[M]. 北京：中国旅游出版社，2006：72.

[28] 纳尔逊·格雷本，彭兆荣，赵红梅．旅游人类学家谈中国旅游的可持续发展[J]. 旅游学刊，2006(01).

[29](美)克莱德·伍兹．文化变迁[M]. 施惟达，胡华生译，昆明：云南教育出版社，1989：5.

民族旅游中的族群认同危机与自洽性研究

陈修岭①

（山东青年政治学院旅游学院，山东 济南 250103）

【摘　要】民族旅游在我国少数民族地区快速发展，由于游客凝视、文化中心主义的影响以及旅游文化空间的示范效应，民族旅游中出现了族群文化移植、失真现象，进而引发族群认同危机。自洽功能可以缓解外来文化强烈冲击，使族群社会文化在自我调适中稳定、和谐发展，保持其固有的发展方向。而振兴民族经济，弱化旅游经济主体地位，族群发展由经济导向向社会文化导向转变，去旅游功能化，打造族群成员“以我为主”、“自娱自乐”的生活方式，以及游客“入乡随俗”、“客随主便”的旅游模式，则是族群社会文化能否发挥自洽功能，在自我调适中健康发展的关键。

【关键词】民族旅游；族群认同；自洽性

一、研究背景

（一）民族旅游与族群认同

随着我国旅游业不断发展与成熟，人们旅游经验日益丰富，作为以异域风情或异族文化为特色的民族旅游成为我国最受欢迎的旅游形式之一。民族旅游的概念最早是由史密斯（Valene L.Smith）在1977年提出来的，著名美国旅游人类学学者科恩（Eric Cohen）将民族旅游定义为：“针对在政治上、社会上不完全属于该国主体民族的人群，由于他们的生态环境或文化特征或独特性的旅游价值，而进行的一系列观光旅游。”[1]国内著名旅游人类学专家周大鸣先生认为，“民族旅游是指旅游者前往少数民族（或族群）的居住地区体验当地的独特文化和生活方式的一种旅游形式”[2]。尽管也有观点认为民族旅游是泛指跨民族间的文化旅游形式，由于在国内，民族旅游研究更广泛地应用在少数民族地区旅游发展之中，故本文将民族旅游界定在少数民族地区旅游发展的层面上。异域风情或异族文化是民族旅游这种旅游形式的核心吸引力所在，地域文化差异化是吸引外来游客光顾的主要因素。在我国地处偏远的少数民族地区，特殊地理环境造就了其山高谷深的优美自然风光以及鲜为人知的奇特民俗风情，民族旅游因此得到长足发展。

族群认同的概念与学术思想最早是在20世纪50年代被引入国内的，并广泛地应用于人类学、民族学研究之中。族群认同一般认为是某族群社会成员对其族群归属的认知与感情依附（李泳集，1996）。也有观点认为，族群认同实质上即为族群边界（ethnic group boundaries），其表现为我群对内维持族群凝聚力的自我认同。[1]族群认同对于维系族群内部结构稳定，成员之间关系和谐，乃至整个族群社会发展有着重要影响。

自20世纪90年代以来，中国人类学界就开始关注民族旅游的发展，审视着民族旅游带来的各种社会文化问题。民族旅游的发展给族群社区带来各种社会影响，其中族群认同问题是民族旅游研究的一个重要内容。首先，民族旅游带动族群文化复兴，强化族群身份，增强族群认同。旅游对于族群边界的保持、转化、重建有重要影响，旅游诉求的重要目标就是族群文化认同（MacCannell，1984）。当地

※　本文系教育部人文社会科学研究一般项目“民族旅游中文化移植、失真与族群认同——以云南大理双廊白族村为个案”（12YJCZH018）。

① 陈修岭(1975—)，男，山东郓城人，管理学硕士，山东青年政治学院旅游学院副教授，研究方向：旅游人类学。

居民通过利用历史文化遗产或者带有异域风情的传统文化符号来留住过去，这是一种吸引外来旅游者的标志，同时在不自觉中实现了族群文化认同(David. Cuillier、Susan. Dente.Ross，2007)。旅游在少数民族地区的兴起与快速发展，为偏远少数民族地区开辟了一条通往外部世界的通道，少数民族传统文化借助旅游大潮的高涨和机遇，乘势恢复和重建，已被淡漠和遗忘的文化出现了新的复兴局面(杨慧，2003；吴其付，2009)。但是，民族旅游的影响却不仅仅是有利的，负面的影响随着其深入发展逐渐显现，民族旅游正在消减民族性，消融族群边界，弱化族群认同。在旅游开发过程中，旅游经营者对族群文化不恰当的描述以及非原真性的展演会使游客把当地人民看作边缘的失去生命力的文化，瓦解族群认同，消融族群边界(Gillespie，1988)。实践表明，民族旅游的发展在为民族地区做出积极贡献的同时，也存在因开发取向而带来的消极影响，使原有的民族性大大褪色变味，还贬低、淹没，甚至糟蹋了民族文化(周大鸣，2014)。

(二)民族旅游中的文化自洽性

民族旅游的负面文化影响深刻而广泛，如何消除不利影响，修复传统文化，重构族群认同，是旅游学与人类学学术界都在研究的重要课题。本文主要探讨文化自洽性在民族旅游情境中族群文化保护与发展的作用，以及族群文化在民族旅游情境中自洽性发展的路径。

自洽性(self-consistency principle)是自然科学领域中经常使用的一个概念，它源于逻辑学，主要是指带有主观性的自我协商、自我控制、自我允准和自我认同，是概念、观点、假设、结论之间的内在一致性。[3] 近些年来，自洽性概念经常被用于解释社会文化变迁机制，研究在外来文化的冲击下，自洽性机制对社会文化起到的缓冲、缓解与自我调节功能。对于处于民族旅游情境中的族群社会文化，自洽性就是指族群社会文化对外来环境的应变能力，是族群社会文化体系内部特有的反应机制，用以保持族群社会文化系统的稳定性，动态的平衡性。自洽性不意味着超稳定结构和一味守成，相反，它意味着很强的历史适应性和形式灵活性：在变迁中吸纳，在同化中变异。[4] 同时，社会文化自洽功能具有内部约束机制。自洽性功能是建立在族群社会、经济、文化、环境等各种因素互动基础之上的，存在于自成体系的族群社会文化系统中，摆脱不了族群社会文化自身演变机制的约束。内部约束机制是自洽性发挥作用的原则与规范，一般较难超越。约束机制的核心原则是代表族群社会文化基本属性的文化特质与社会结构，是族群社会文化长期发展的方向，具体表现为族群社会文化内涵与民族精神。

自洽性理论运用于民族旅游研究中，其价值主要体现在自洽性对外来文化冲击的缓冲、调适作用，在维持族群社会结构的稳定性、规范族群成员行为、保护族群传统文化、强化族群认同方面具有重要意义，并使得族群社会文化在保持正确发展方向的基础上，兼容并蓄，吐故纳新，不断发扬光大。

(三)田野调查案例与调查方法

本研究依托教育部人文社科项目“民族旅游中文化移植、失真与族群认同”，以云南大理双廊白族村为个案。双廊村位于云南省大理白族自治州洱海东北岸，是大理市双廊镇的镇政府所在地，全村人口3761人，占地面积22平方公里，洱海号称拥有九曲之胜，双廊处“萝莳曲”与“莲花曲”两曲交界，因而得名双廊。双廊村东靠鸡足山，西临洱海，可远眺苍山，湖光山色，风景优美，素有“大理风光在苍洱，苍洱风光在双廊”的美誉。同时，双廊村还是一个极具民族风情的古村落，白族人口占村内常住居民的85%以上；历史悠久，有千年古渔村之称，现存有历史文化古迹十余处，众多白族传统民居分布其中。由于其得天独厚的旅游资源，双廊在短短十年内迅速成长为大理最具竞争力的旅游区。课题组自2012年之始至今，已先后10余次进入双廊村进行田野调查，调查总时间超过180天，基本覆盖主要旅游活动活跃节点，包括春节、国庆节、暑假，以及白族三月街、本主节、火把节与开海节等传统节日。田野调查方法主要有人类学常用的问卷调查法、观察法与访谈法，并兼顾基本数据的收集。(调查样本见表1)

表1　调查对象一览表

访谈对象 Intervievees	编号 No.1	性别 Sex	职业 Job	访谈对象 Intervievees	编号 No.1	性别 Sex	职业 Job
双廊居民（旅游业参与者）	R101	男	洱东客栈老板	双廊白族文化精英	E001	男	双岛诗联协会秘书长
	R102	女	洱东客栈老板娘		E002	男	双岛诗联协会会长
	R103	女	萝莳曲客栈老板娘		E003	男	双廊文化站前站长
	R104	女	米线小吃店老板	双廊政府工作人员	G001	男	双廊镇文化站站长
	R105	男	合家酥皮粑粑店老板		G002	女	双廊镇政府宣传办公室工作人员
	R106	女	烤洋芋老板		G003	男	双廊村村委会副主任
	R107	男	梅子店老板	驻客	M001	男	虫二客栈老板
	R108	女	民族服饰店老板		M002	女	沧海一粟客栈女老板
	R109	女	某客栈服务人员		M003	男	某客栈管理人员
	R110	女	玉矶岛导游		M004	男	四川客栈考察投资商
双廊居民（旅游业未参与者）	R201	女	摘慈姑居民		M005	男	某在建客栈工程师
	R202	男	当地捕鱼居民		M006	男	某客栈厨师
	R203	男	鱼贩	游客	T001	女	苏州大学学生
	R204	男	放羊居民		T002	女	云大医院医生
	R205	女	卖猪肉老板		T003	男	昆明自驾游客
	R206	男	张氏乳扇老板		T004	女	山东退休职工
	R207	女	建筑工		T005	男	广东游客
	R208	男	老宅居民		T006	女	自由职业者
	R209	男	田间耕作者		T007	男	背包旅游者
	R210	女	本主庙拜祭者		T008	女	昆明某高校写生学生
	R211	男	居家老人	合计访谈人数：41人			

二、民族旅游中的族群认同危机

（一）旅游的“馈赠”：东道主为旅游付出文化代价

现代旅游业因其投资少、见效快、利润大及污染小等特点，被冠以“无烟工业”的美称。在民族旅游发展初始阶段，旅游为民族地区经济发展、族群文化的交流与繁荣、当地社会现代化的进程，都起到了重要的提振与促进作用。但随着旅游业的深入开展，一系列经济、社会文化的问题在民族地区日益凸显，如扶贫旅游后的再贫困，族群社区社会秩序遭受破坏，族群文化传承难以为继。人们开始反思这种所谓的“无烟工业”所带来的影响，其中族群文化危机成为东道主为旅游所付出最为沉重的代价。十几年前，位于云南大理洱海东岸的双廊村，是一个典型的白族传统村落，整齐划一的青砖白墙，天井照壁的白族传统建筑，贯穿村落南北、古朴而清静的沿海石板路，都彰显着双廊白族人善书善画、格调高雅的文化气息，风格独特，韵味十足。自从发展旅游业以来，游客的到来，使双廊村发生了翻天覆地的变化：文化急剧变迁，传统白族建筑逐渐为现代化建筑所取代，传统乡土白族文化正在为都市时尚文化所取代，小资情调的生活方式蔓延在双廊的各个角落，双廊正在被打造成一个现代时尚休闲之都，这种变化还在以几何级数的方式增长。

（二）文化移植与失真是族群认同危机的直接表现

文化移植与失真一直是困扰民族旅游发展、族群传统文化传承的重要问题，是族群文化危机最直接的体现。文化本真性是一个复杂的问题，我们需要以辩证法与发展观来进行研判。族群文化发展具有动态性，传统文化传承需要创新，与时俱进，传统文化才具有生命力。同时，任何族群都拥有社会文化发展的权利，我们不能借文化保护之名，剥夺其文化发展与社会进步的诉求，只要有利于族群社会和谐、健康与进步的文化发展与变迁，就都是我们所提倡的。但如果一味地追逐当前利益，胡乱篡改传统文化，生硬地制造出各种赚钱的文化项目，或者假借、移植他民族文化，严重背离本民族文化本原精神，甚至完全抛弃固有文化传统的行为，终将付出损害族群文化发展与族群认同的惨痛代价。[5]传统文化是族群存在的精神依托，是剥离了符号文化躯壳之后的灵魂所在，是一个族群之所以成为一个族群的原因，是族群社会文化发展的基础。

三、民族旅游中族群认同危机原因解析

（一）游客凝视与文化中心主义的影响

在旅游活动中，来自异文化的游客正以受自身文化背景影响的审美方式，审视着作为旅游对象的旅游目的地族群文化，他们希望旅游目的地的文化像他们设想的一样怪异与多彩，加之出于争夺客源的目的，旅游目的地夸大其词的宣传与营销，又进一步强化了游客对东道主文化“怪异化”想象。为迎合游客这种“怪异化”消费偏好与审美要求，东道主生产了投其所好的旅游舞台文化，复制、移植他族文化，导致族群文化失真和庸俗化，严重曲解甚至背离本民族文化本源精神。特别是在游客凝视下，民族地区的宗教仪式、恋爱婚俗、节日庆典、歌舞表演等传统文化经常被浓缩、改编和移植，使原有的民族性大大褪色变味。[2]这种商业制造出来的旅游舞台文化渐入族群社会文化内部，改变着旅游目的地族群的生产、生活方式，乃至他们的心理活动与思维模式。过于关注游客所带来的经济利益，使族群文化生产机制遭受破坏，导致族群文化缺乏自我调适机制，文化自洽能力下降。从古朴简陋的小渔村成为白领小资的天堂，这种华丽的转身在双廊仅用了10年，双廊古镇六百年所形成的社会文化格局，正在快速地被“现代文明”所替代。[6]

广义的文化中心主义在民族旅游中无处不在，自视文化优越的游客带着文化偏见，头脑精明的外来投资商带着对东道主经济的“不屑”来到族群社区。随着外来文化在双廊的影响日益增加，原住民的生活习惯和文化习俗正在被丢弃，特别是年轻一代，正在追逐外来的时尚生活。文化中心主义夹带着经济利益侵入族群社区，引致族群文化急剧变迁，引发族群文化危机。[7]这种文化剧变，容易破坏族群社会文化结构，导致族群社会文化体系瓦解，使存在于社会文化结构与体系中的自我调适、修复与保护等自洽功能丧失作用，族群文化土崩瓦解，族群因此被同化甚至消亡。

（二）旅游经济绑架族群文化，文化沦为赚钱的工具

文化展演是民族旅游发展的最主要手段，也是族群社会向外界展示自身优秀传统文化的重要渠道，这种展示有利于本民族文化的传承与弘扬。但在经济落后的民族地区，文化往往成为旅游经济的附庸，甚至彻底沦为赚钱的工具。一是民族旅游中的文化展演往往受到商业利益影响，片面地追逐经济利益、市场效应及舞台效果，使族群文化庸俗化、扭曲化，沦为旅游开发商取悦游客的工具。二是社区内部亦存在借文化保护与传承之名行实现经济利益之实的现象，在功利主义的驱使下，具有特定生活化场景的族群仪式完全成为商业化的表演。

隐藏在文化背后的经济要素。民族旅游中的经济话语权与文化地位是矛盾的统一体，拥有经济话语权会有一定的文化地位。目前，我国少数民族地区经济相对落后，旅游业成为其经济发展的重要途径。大量外来资金的注入，使得当地族群社区缺少经济话语权，族群经济与文化阵地相继失守，进而影响族群文化地位，弱化族群认同。在双廊，随着外来资金和“新移民”的强势介入，在潜移默化中影响了当地居民的生活习惯和文化习俗。[6]

（三）旅游文化空间的示范效应

“游戏”的游客与“演员”的东道主在族群旅游社区形成了一个混杂的旅游文化空间，通过旅游者、驻客以及参与旅游之中的当地居民不断接触、交往，外来文化与族群文化交互影响与融合，逐步形成一种全新的文化形态——旅游文化。[8]这种具有多元化特征的旅游文化不断渗透到其他族群社区，起着文化示范作用，改变着族群文化内涵，进而引致族群认同危机。旅游给开发旅游的族群社区带来了实实在在的经济实惠和更为时尚的现代化生活方式，生活条件大大改善，收入水平显著提高，这些都对那些没有开发旅游的白族社区是不小的诱惑，在日常接触中纷纷效仿。（如图1）

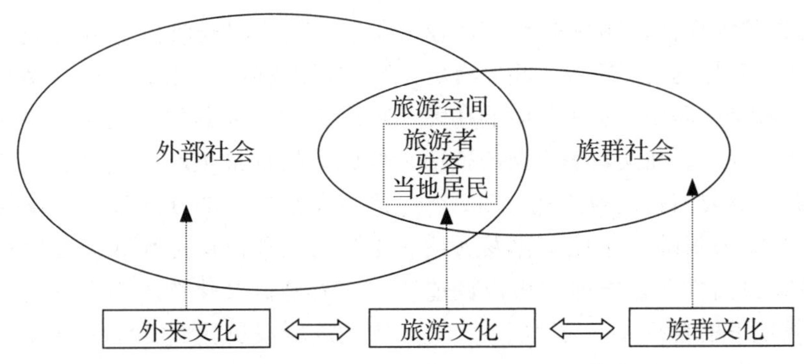

图1　旅游文化空间的示范效应图示

四、文化自洽性与族群认同危机

族群认同形成、维持与强化的基点是本民族有别于他民族的文化传统，民族旅游中的文化失真和移植现象，会使族群成员对本民族的文化传统产生困惑甚至怀疑，归属感、自豪感和情感依附丧失，进而引发族群认同危机。族群认同危机必将影响族群凝聚力、创造力与竞争力，不仅影响着民族旅游的可持续发展，也威胁着族群社会的安定和谐，损害着族群文化的保护与传承，成为民族地区经济、社会文化发展的阻碍。民族旅游的自洽性是指族群社区的文化展演更加注重其自身精神满足功能，并期望通过旅游生产经营活动中的文化赋意来获得自身文化价值的实现，从而发挥族群文化在民族旅游情境中的自我调适功能，保持族群文化内涵与民族精神不偏离正确的轨道。在民族旅游发展过程中，族群文化在短时间内与游客所代表的外来文化发生碰撞，固有的文化系统受到外来文化的冲击，族群文化面临危机。自洽性在族群文化社会变迁中的自我保护功能，对社会文化变迁的机制性应对，缓冲外来文化影响方面，更显得弥足重要。在双廊，当地的文化精英也开始认识到，在沿袭民族文化传统的同时，也要为了迎合时代潮流，在语言、服饰等方面作出自我调整。因此，民族旅游的自洽性是族群实现文化复兴、提升文化自信与族群认同重构的重要手段。

五、民族旅游自洽性发展路径

（一）民族旅游经济地位与作用的再思考

在我国，民族旅游的萌生多是以“扶贫”的形象出现的，具有特定的时代背景。由于这些少数民族地区地处偏远，自然风光优美，民族风情独特而浓郁，旅游业得以快速发展，扶贫旅游带来了大量的资本注入以及游客消费，成了部分落后偏远民族地区经济起步与社会发展的“救世主”，并逐步取代传统经济成长为当地经济的主体。在特定的历史时期，这种经济现象对生产落后的少数民族经济的确起到了重要的拉动与刺激作用，改善了人们的生活水平，促进了民族地区现代化进程，成为其社会发展的福音。但是，随着旅游业的成长与发展，旅游业自身固有的脆弱性等行业弱点将逐渐显现，影响民族地区经济健康发展，以及对东道主文化的负面影响，都必须引起我们的重视，重新思考旅游经济在当地的经济地位与作用。

民族经济的继续发展必须注重培育新的经济增长点，逐步弱化旅游经济的主体地位，使之成为民族经济发展的有益补充。首先，旅游经济具有很强的脆弱性，旅游活动容易受到政治关系、经济条件、社会环境、文化变迁，甚至自然灾害、游客喜好等因素的广泛影响。其次，民族旅游也逃脱不了一个旅游地生命周期怪圈：旅游发展，经济繁荣；文化传统丢失，丧失核心吸引力；旅游败落，经济萎缩。[8]另外，以外来资本为支撑背景及游客消费为发展基础的旅游业，如果掌控着民族地区经济主导权，族群社会将缺乏文化话语权，族群文化负面影响广泛，弱化族群认同。这些都是旅游业作为民族经济主体的最大障碍，民族经济必须摆脱旅游业的控制，弱化旅游经济主体地位，培育新的经济增长点。同时，旅游经济的发展为民族地区产业结构调整准备了良好经济基础，人才储备，社会条件，民族经济再发展已成为可能。民族产业结构调整需要循序渐进，注重新兴产业的培育，在旅游发展过程中形成的相关产业中寻找突破点。如在为旅游业提供初级产品的现代生态农业，以及生产旅游商品的轻工业，通过升级换代，市场扩展，产业融合，加之民族地区得天独厚的自然资源，将大有可为，都可以成长为民族经济的骄傲。由于旅游业在民族地区经济、社会发展与对外文化交流等方面的独特作用，旅游经济依然是其重要与有益的补充。

民族地区以民族经济为基础，掌控文化发展话语权，有利于族群文化自洽性功能发挥，可以调适族群社会文化在旅游情境下的自我完善与发展。

（二）民族旅游发展由经济导向向社会文化导向转变

随着民族旅游的深入发展，民族地区经济条件得到极大改善，人们的物质生活水平也得到大幅度提高，而旅游经济带来的族群文化缺失问题日益凸显，导致族群认同与凝聚力下降，这不仅影响族群社会安定与和谐，也使得族群社会发展缺乏后劲，文化回归成为当前族群社会当务之急。这就要求我们调整族群社会发展思路。在民族旅游地区，特别是已经具备一定经济基础的族群旅游社区，地方政府应尽快转变发展观念，本着对民族社会文化发展负责任的态度，不再一味地追逐经济利益，转变社会发展模式，由经济导向向社会文化导向转变，从而减少旅游的经济性对族群文化的损害，通过旅游自洽性发展，实现文化复兴，以提升族群认同。

目前，学界出现了旅游业是产业还是事业的争论，这是一个旅游功能性话题。把旅游作为产业发展，意味着强调旅游的经济功能，看重旅游对民族地区的经济拉动作用；而作为事业，则是强调旅游的社会文化功能，看重旅游对提高民族地区人们文化生活水平与促进族群文化发展的作用。因此，为避免重走先发展经济再修复文化创伤的老路，在一些民族地区，特别是经济发展较好的地区，发展旅游应重事业，轻产业。同时，以旅游经济为目标的社区，旅游服务功能突出，吃住行游购娱等一系列社区职能，因市场需要而向游客倾斜，东道主居民生活在游客打造的世外桃源的夹缝中，社会文化活动空间受到严重挤压，这也是对当地族群非旅游利益相关群体生活权的侵犯。因此，族群社区功能应更强调非旅游功能，把旅游定位为族群社会衍生性经济福利。民族地区应转变观念，明确族群社会文化导向的发展路径，以弘扬本民族传统文化精神为切要，这可以为族群社会文化在旅游情境下的自洽性发展提供结构性保障。

（三）“自娱自乐”的文化生活方式

对于族群文化，无论是精神层面或哲学层次的顶层文化，还是位于底层的民俗文化，或是源于族群成员的日常生产、生活，其本身就是人们日常生产、生活的一部分，都离不开族群社会的日常生产、生活的土壤，这是族群文化的生存根基与精神源泉，决定着族群文化传承与发展的方向。民族旅游情境中的族群成员受到游客凝视与文化中心主义的影响，在短时间内丧失族群文化赖以生存的生产、生活方式，族群文化精神与认同也必将成为空中楼阁。因此，保持族群成员固有的生产、生活方式，使族群文化在内部自洽、调适中自我发展，是族群文化发展的根本。这就要求我们在民族发展中去旅游化，强调非旅游目的性，消减游客与文化中心主义的影响，强化族群成员的内源性参与意识，以使族群文化自洽性发展。每一种生活方式都能折射出个人或群体共同的文化旨趣和价值取向，在双廊人眼里，白族人自给自足的生活状态，是清平乐，男人可以在工作之余练习书法，写写对联，女人可以在本主庙拜祭神灵，生活在自娱自乐的文化氛围中。

位于顶层的精神与哲学层面的族群文化对族群成员思想与行为具有控制力和影响力，这体现在族群社会的民族精神与凝聚力，可以激发族群成员的民族责任感与危机感，感召他们积极响应对族群文化的保护。这也是文化自洽性发挥作用的基础，决定着族群文化的自我调适保持正确方向。自洽性具有一定的“自发性”，是在“社会共同意见的基础之上形成的”，但却取决于社会意识中占支配地位的核心思想，居于中心地位的文化核心要素，即族群顶层精神与哲学层面的文化。[9]一年一度的洱海开海节又一次在双廊举办，到2014年，已经连续举办了七届，这是大理地区最具特色的白族传统节日之一，通过举办开海节，在展示双廊白族渔村4000多年的古老习俗和白族文化的同时，也激发了当地白族人的民族自豪感。因此，借助族群文化精神，激发族群成员在文化意识形态上的自治精神、自立精神，强化民族责任感，培养族群的自豪感与自信心，热爱族群传统文化，自觉自发保护传统文化，展示族群文化的优秀文化。同时在文化自洽性的作用下，使族群文化健康传承与和谐发展。

（四）客随主便：旅游“主”、“客”关系的再定位

旅游学中游客被界定为旅游的“主体”，旅游资源则为“客体”。民族旅游中，族群社会、文化甚至成员本身被视为旅游开展的对象，是被开发出来满足旅游需求的产品。这种设定体现了旅游业作为经济产业的市场价值观。站在族群社会发展的角度，这种发展理念必须引起我们的高度警惕。我们必须改变这种旅游发展观，确立东道主在旅游产业中的主体地位，客随主便，入乡随俗。同时，所谓的文化保护者对当地文化的理解会与当地文化实质之间有一定的距离和差距，因为东道主对自己的文化有自己的理解，必须强调族群成员文化主体地位，他们在保护中的缺位会造成保护的偏差。[10]在双廊，以沈见华为代表的文化名人也开始自觉思索，如何帮助双廊走上主客不颠倒的更新之路。因此，民族旅游情境中的族群文化发展与保护，要注重培养东道主的文化选择能力，使之能够在自洽性作用下自我调适，才能真正改变文化危机现状，重构族群认同。

【参考文献】

[1] 杨慧．民族旅游与族群认同、传统文化复兴及重建——云南民族旅游开发中的“族群”及其应用泛化的检讨[J]. 思想战线，2003，29(01)：41-44.

[2] 周大鸣．人类学与民族旅游：中国的实践[J]. 旅游学刊，2014，29(04)：103-109.

[3] 张国启．论社会主义意识形态的逻辑自洽性及其当代意义[J]．马克思主义研究，2011(11).

[4] 朱士群，李远行．自洽性与徽州村庄[J]．中国研究，2006(03).

[5] 陈修岭．民族旅游中的文化失真与族群认同建构[J]．山东青年政治学院学报，2012，28(06)：121-124.

[6] 罗成等．十年暴富后双廊变成“大工地”[N/OL]．生活新报，2013-01-08/2013-03-25．http://www.shxb.net/html/20130108/20130108_344051.shtml.

[7] 陈修岭．民族旅游中的文化中心主义与族群认同研究——基于大理双廊白族村的田野调查与研究[J]．广西民族研究，2014(05):147-152.

[8] 陈修岭，杨家娣，张颖．民族旅游对族群认同影响的测定与调查——以大理双廊白族村为例[J]．旅游研究，2014，6(01)：57-63.

[9] 吴欣．宗族与乡村社会“自治性”研究——以明清时期苦山村落为中心[J]．民俗研究，2010(01)：147-159.

[10] 刘夏蓓．传统社会结构与文化景观保护——三十年来我国古村落保护反思[J]．西北师大学报(社会科学版)，2009，46(02)：118-122.

民族村寨旅游发展的阶段性演化与女性增权差异化表达
——基于贵州三个苗族村寨案例的实证分析

吴亚平　陈志永①

（贵州师范学院地理与旅游学院，贵州 贵阳 550018）

【摘　要】运用当代学术话语关于女性发展理论阐释方法，在梳理增权理论、妇女增权理论、旅游增权理论发展脉络基础上，把增权研究视角引申到参与旅游发展的中国少数民族妇女研究领域，并以贵州雷山县雷公山区大塘新桥、郎德上寨、西江景区这三个比较典型的苗族村寨作为样本，从实证角度对少数民族旅游地初创阶段、成长阶段、成熟阶段参与旅游业女性的增权意识、增权实践、增权效能等进行研究，为研究少数民族旅游地女性提供了一个新的理论视角，为把握旅游场域中少数民族女性的自身发展规律及其与旅游产业之间的互动发展规律提供借鉴，以促进少数民族地区旅游业发展及参与女性发展。

【关键词】民族旅游；阶段演化；女性增权；差异化表达

一、研究背景与问题的提出

少数民族大多数生活在边远的农牧区，经济文化发展落后，生产力水平低下，这些原因导致一些少数民族（包括妇女）不能充分享有社会平等的权利。由于受到传统文化和各少数民族习俗的影响，少数民族妇女的发展一直是我国少数民族地区现代化的重要障碍。[1] 西部少数民族地区多为贫困地区，同时也是我国旅游资源富集区域。以解决贫困和发展问题为动机，凭借各具特色的人文和自然旅游资源，促进西部各地民族文化乡村旅游蓬勃开展，确保少数民族女性长期广泛参与到旅游产业中。旅游为当地少数民族女性增权提供了一个平台。因而，少数民族妇女与旅游业发展也成为旅游学界讨论的一个话题：唐雪琼等（2007，2010，2011）讨论了旅游发展对摩梭女性的家庭权力影响[2]、旅游发展对云南世居父权制少数民族妇女社会性别观念的影响[3]、旅游发展对少数民族妇女家庭地位变迁的影响[4]；杨丽琼（2011）则研究旅旅游发展对云南少数民族妇女地位和社会角色变迁的影响[5]；吴晓美（2007）从人类学视角对民族旅游中性别歧视现象进行了分析[6]；张瑾以贵州肇兴侗寨为例，以民族旅游发展对少数民族妇女影响进行了人类学探讨[7]。综观这些研究，关注角度集中于旅游发展对少数民族妇女的影响方面，包括对妇女在家庭结构中的地位、社会地位、社会性别观念、社会角色变迁、存在性别歧视等。这些研究与西方旅游性别话题中的民俗文化变迁的性别差异、女性

※　本文系教育部人文社会科学研究规划基金项目“增权效能视角下的少数民族村寨旅游业可持续发展实证研究——以贵州为例”（编号：10YJA850021）；贵州省高等学校人文社会科学研究基地项目“山地民族贫困村镇旅游发展干预中的内源性能力建设研究”（JD2013137）；贵州师范学院旅游管理重点学科建设项目的阶段性成果。

①　吴亚平（1969—），男，湖南新晃人，贵州师范学院地理与旅游学院副教授，研究方向：民族文化旅游；
陈志永（1976—），男，贵州师范学院区域旅游研究所所长、教授，研究方向：乡村旅游与景区治理。

传统角色的变化一脉相承，为我国旅游研究拓展了一个领域，为国内少数民族妇女与旅游发展研究奠定了基础。但总体而言，国内近年来对少数民族妇女参与旅游发展的关注极其有限，甚至只限于少数学者，关注的角度相对狭窄，在学术研究上未能形成完善的理论框架，难以解释参与旅游业的少数民族女性的复杂现象，难以把握这些少数民族女性的自身发展规律及其与旅游产业之间的互动发展规律，不能为促进少数民族地区旅游业发展及参与女性发展提供充分借鉴。因此，不断拓展少数民族妇女与旅游发展的研究视野，丰富研究理论体系，具有重要性和迫切性。

生活在落后贫困地区的少数民族女性是双重弱势群体，增权理论与少数民族妇女发展契合。[8] 增权理论的“为解决种族问题提出—弱势群体研究—妇女增权—旅游增权”发展脉络表明，增权理论可以成为探索少数民族女性与旅游业发展相关问题的重要理论工具。“增权理论”(Empowerment Theory)，又译为充权、赋权、激发权能理论。[9] 增权理论最初是被西方政治学家用来解决种族问题而提出的，其后被扩展到弱势群体的研究中，并成为社会工作学中的一个核心概念。其基本价值在于协助弱势群体及其成员，通过行动、社会政策和计划，去营造一个正义的社会，为民众提供平等的接近资源的能力和机会。[10] 到20世纪90年代初，随着女权主义及妇女运动的兴起，增权理论扩展运用到了妇女与发展研究领域。“妇女增权”一词被越来越广泛地应用到发展领域当中，特别是那些涉及妇女发展的领域；[11] 涉及增权理论在旅游研究领域的运用，阿克马(Akamal，1996)最早提出社区旅游增权的必要性[12]，斯彻文思(Scheyvens，1999)构建了一个包含政治、经济、心理、社会四个维度在内的社区旅游增权框架[13]，索菲尔德(Sofield，2003)进一步深化了旅游增权的概念、理论和方法[14]。2008年以来，国内学者保继刚、孙九霞、左冰等率先将旅游增权理论引入中国，在对增权理论进行系统梳理、吸收的基础上，提出社区旅游增权的基本路径，以实际案例探索将旅游增权理论应用于中国旅游实践的框架、途径和模式[15-19]；国内将增权理论进一步延伸到女性参与旅游研究的仅见伍百军(2014)的论文《增权：女性参与农业旅游的模式选择——以广东罗定连州镇为例》。[20] 上述以增权理论为核心并逐步引向妇女发展领域、旅游研究领域的成果为旅游增权研究的后续展开提供了重要铺垫。然而，深入研究发现，已有成果没有将增权理论与女性特别是少数民族女性参与旅游发展研究结合，没有从增权视角出发对参与旅游业的少数民族女性的生存和发展状况展开深入、系统的研究，实为遗憾，同时也为本文的展开提供了足够的空间。有鉴于此，笔者将从增权理论视角出发，借鉴斯彻文思构建的包含政治、经济、心理、社会四个维度在内的旅游增权框架模式[21]，通过分析雷公山区三个苗族村寨案例，并对照民族村寨旅游的阶段性演化，讨论在旅游业不同发展阶段少数民族女性增权的意识倾向、实践内容以及增权效能的差异化呈现。

二、研究的理论视角与分析框架

(一)理论视角

本研究拟从三个基础性的理论视角来把握参与旅游业少数民族女性的增权表达及增权发展规律：一是斯彻文思(Scheyvens，1999)构建的包含政治、经济、心理、社会四个维度在内的社区旅游增权框架[22]；二是以参与旅游业妇女内生动力主导的自我增权视角；三是R. W. Butler提出的旅游景区生命周期理论[23]。

1. 斯彻文思(Scheyvens，1999)社区旅游增权框架

斯彻文思将增权理论引入到生态旅游发展研究中，还创造性地提出了一个包括经济、政治、社会和心理在内的社区旅游增权框架，从正反两个方面探讨了社区旅游增权的内容：在经济增权方面，主要从经济收益的大小、持续性、平衡性及生活福利的变化等方面界定了增权和去权；在心理增权方面，主要从旅游感知、社区认同、社会地位的变化等方面界定了增权和去权；在社会增权方面，主要从社区合作、社区平衡、社区文化、社区整体发展等方面分析了增权和去权内容；在政治增权方面，主要从社区政治结构、旅游决策参与、社区权力惯性等方面明确了增权和去权。[24] 其具体内容如下表：

旅游发展中社区增权的四维框架

维度	社区旅游增权	社区旅游去权
经济增权	生态旅游的发展为社区带来持续的经济效益，许多家庭共享旅游发展所赚的钱，居民收入和生活明显提高。	当地社区只是从生态旅游发展中获得了少量的、间歇性的收益。绝大部分利润流向了地方精英、外来经营者、政府代理机构等。只有少数个人或家庭从生态旅游中获得直接的经济收益，而其他人由于缺少资金或适当的技能，很难分享到社区旅游发展所带来的利益。
心理增权	由于社区的文化、自然资源和传统知识的独特性和价值得到了外界的肯定，社区居民的自尊和自豪感得到了强化。社区居民日益增强的信心促使他们寻求更好的教育和培训机会。就业和赚钱机会的增加使传统弱势群体（如妇女和年轻人）的社会地位的提高。	许多社区居民不仅无法分享到旅游的利益，而且还因为在使用保护区资源方面受到越来越多的限制而面临着生存和发展上的困难。因此，这些居民常常感到困惑和失落，对生态旅游发展也毫无兴趣或悲观失望。
社会增权	生态旅游维持或提高了当地社区的平衡。当个人和家庭为建设成功的旅游企业而团结奋斗时，社区的凝聚度就提高了。部分旅游收益被用于推动社区的发展，如修建学校或改善道路交通。	发展生态旅游容易引发社会混乱和衰败。许多社区居民接受了外来价值观念，而失去了对传统文化和长辈的尊重。弱势群体（像妇女）承受着发展旅游所带来的负面影响，同时又无法公平地分享旅游收益。个人、家庭、部落或社会经济群体为了追逐更多的经济利益而展开激烈的争夺，在竞争中憎恨和嫉妒如影随形。
政治增权	社区的政治结构在很大程度上代表了所有社区群体的需要与利益，并为人们提供了一个就生态旅游企业发展问题及其处理方法进行交流的平台。为发展生态旅游而建立起来的机构想从社区群体中获得旅游发展的观点，并为他们提供被选举作为代表参与决策的机会。	社区拥有一个专制的或以自我为中心的领导集体。为推动和发展生态旅游而建立起来的机构将社区视为被动的受益者，将他们排除在社区决策体系之外。社区的大多数成员感到很少有或根本没有机会发表各自有关是否发展旅游或如何发展旅游的看法。

上表引自：Regina Scheyvens, *Ecotourism and the Empowerment of Local Communities* [J].*Tourism Management*，1999，20(2)：245−249

斯彻文思的增权框架具有理论上的开创意义，具有较强的系统性和针对性，为社区旅游增权研究提供了一个较为完整的理论模板。本文亦借鉴这个解释力很强的理论框架来观察和分析参与旅游业的少数民族妇女的增权问题。

2. 参与旅游业女性自我增权视角

民族文化旅游作为一项具有很强产业化特征的社会实践，参与其中的妇女是重要的实践主体之一，在认识实践的制约性的同时，女性在参与旅游发展的实践活动中必然表现出人的能动性、创造性和价值理性。从妇女与实践对象相互作用过程中所显现出来的质的规定性出发，即从主体性角度来观察和研究参与旅游发展的少数民族妇女增权，就是不断挖掘社区女性自身潜力、激发她们旅游权能，主要依靠自身力量实现对所处系统控制的过程——此即为参与旅游业女性自我增权视角。与之相对应的他增权，则强调外部力量的介入和推动，主张通过外部力量来激活社区居民特别是弱势群体的潜在力量，并通过主客体之间的循环和互动以达到持续增权的目的。[25] 本研究不否认外部力量的巨大作用，认为民族旅游社区女性旅游权力的增加有赖于他增权（外因）和自增权（内因）共同起作用的同时[26]，主要是从自我增权视角即旅游社区参与女性（包括个体和群体）自身在与其他外在力量不断博弈过程中生发的主动性和内在动力角度来讨论分析女性增权的表达与实现。

3. R. W. Butler 旅游景区生命周期理论

本文的核心概念之一"旅游发展阶段性演化"，是近年来旅游研究中一个具有较强解释力的分析概念。关于这个概念工具的内涵，可以从加拿大学者 R. W. Butler 提出的旅游景区生命周期理论说起。[27] 在 Bulter 看来，旅游地或旅游景点（区）的周期演进过程可分为探索阶段、参与阶段、发展阶段、巩固阶段、停滞阶段、衰落阶段（或复苏阶段）。为了研究的方便，也可粗略地划分为四个阶段：初创期、成长期、成熟期和衰退期。旅游景区生命周期理论，反映了旅游产品自产生，经发展、成熟直至衰退的经济寿命过程，可以用来观察和研究旅游区的发展状况的阶段性差异，包括一定时期内景区游客的人次、景区旅游收入状况、景区的自然及人文环境、旅游设施和产品供求情况等。本文采用四个阶段的划分方法，即认为旅游地或旅游景区的发展演进分为初创期、成长期、成熟期和衰退期，同时认为，参与旅游业妇女的主体性在四个不同的发展阶段具有阶段性差异。另外，因为衰退期案例在观察地域范围尚未出现，所以主要关注旅游地的初创期、成长期、成熟期三个阶段。

（二）研究思路、案例地选择与研究方法

本文借鉴旅游人类学中方兴未艾的"多点民族志"（multi-sited ethnography）田野研究法，选择了雷公山区的三个苗寨来进行观察分析。之所以选择这三个苗族山村作为案例地，主要是出于以下考虑：观察同一个旅游地的生命周期是一个较为漫长的过程，而且，在这个漫长过程中，外界社会环境在不断发生变化，如果从某单一旅游地、仅以纵向比较来研究参与其中的女性的增权问题，不但研究起来困难，而且在做比较时不能参照相同的社会环境，所得出的结论可信度较低。鉴于此，本文采用"纵向还原为横向"方法，即在相同时间区间内，观察三个基础条件相似度很高的旅游地，它们恰好分别处在旅游地生命周期的初创期、成长期和成熟期，这样就在相同外部社会环境下，把"纵向"还原为"横向"，通过横向观察研究，得出纵向比较的结论。作者选择的雷山县大塘乡新桥苗寨、郎德上寨、西江苗寨三个案例地非常符合上述要求：一是三个旅游地都是作者及所在团队研究贵州乡村旅游长期追踪调查的典型的传统苗族村寨。二是三个苗寨正好处在旅游地发展的不同阶段——大塘新桥苗寨处在旅游的初创起步阶段，当地女性参与旅游的主要方式是为到访的旅游团队表演传统歌舞。郎德上寨处在旅游发展的成长阶段，虽然起步早，但还没有达到规模化经营程度，女性参与旅游业的主要方式有歌舞表演、经营农家客栈、摆摊点售卖民族手工艺品。西江千户苗寨作为体量庞大、政府重点投资开发建设的民族文化景区，旅游业已经渗透到社会经济文化每一个层面，影响到每一个家庭，当地女性广泛参与旅游业。这三个不同的苗族村寨旅游地，由于旅游发展阶段不同，旅游业各方面状况不一样，当地女性参与其中，无论从斯彻文思（Scheyvens）构建的包含政治、经济、心理、社会四个维度在内的社区旅游增权框架中任何一个维度去理解，她们的增权实践和增权效能都相应地呈现出规律性差异。因之，以这三个案例地作为观察样本，可以管窥山地少数民族妇女参与旅游发展的增权实际境况及其在旅游地不同发展阶段的差异性，进而探索少数民族妇女参与旅游的增权发展规律。

在研究方法上，笔者采用了文献分析、比较研究、深度访谈、实地观察、长期跟踪调查等多种研究方法。并在研究过程中持续不断地对研究对象进行回访或观察上的跟进。2010—2014年的4年中，笔者共6次到达大塘新桥苗寨，无住宿；6次到郎德上寨，住宿10晚；7次到西江苗寨，住宿15晚。在郎德上寨和西江苗寨都是以访问者及当地社会关系人双重身份参与到当地人的生活中，试图用当地人的眼光来观察妇女参与旅游发展的困惑和理解、判断和选择、彷徨和突破、创造和担当、体验和领悟、诉求和反思、付出和收获、局限和无奈，见证和理解妇女群体为了改变生活勇于面对各种挑战，围绕游客的各方面需求而辛勤工作，不断调整自己的行为和心态，学习和提升服务技能，促进了地方旅游不断发展进步，也不断地在与旅游业相关的各种实践中实现自我增权，朝着发展的方向改变自己以及自己的生活。

三、参与旅游业苗族女性增权的阶段性表达

作为样本地的三个村寨都是典型的传统苗族村寨，三地女性处于相同的传统文化背景。雷公山区域处于贵州东南部雷山县，历史上与封建王朝的核心地域距离遥远，苗族社区虽然也是传统"父权制"社会，但男尊女卑的体现程度则逊于中原汉族。苗族男女青年独特的自由婚恋方式"游方"、特有的未婚女

性主动邀请男青年的“姊妹饭节”就是例证。在具体的旅游业发展进程中，三地少数民族女性参与旅游业发展，无论是临时歌舞表演还是固定从业，抑或是从事各类经营活动，她们完全不是被动接受；也没有“被观看”的不平等对视结构中所指示的阴影，而是自觉选择，主动改变，在与旅游业相关的工作与生活方式中形成新的世界观和价值观，不断追求自主与独立，追求在参与旅游业过程中获得个人和家庭成功，勇于担当更多社会责任，探寻更丰富更高层次的生命意义。当然，她们在推动旅游产业发展的同时，不断变化着的社会现实也在深刻改变着妇女群体的方方面面。但是，从更为深邃的层面看，这并不意味着她们倾向于背离传统，相反，她们是在更为固守传统的过程中来追求和实现这一切。这符合“现代性在推动少数民族社会中的男性和女性分别向着男性客位化和女性主位化的方向发展”[28]，这是参与旅游业之苗族女性增权实践的较为特殊的社会背景。

（一）初创期参与女性：经济增权为主旨，心理增权发展，社会增权提升

新桥苗寨是苗族分支中短裙苗的聚居地，被称为“世界超短裙苗第一村”。当地妇女所着短裙长不过膝，仅五寸，脚缠裹布，银饰华丽；她们跳芦笙舞，与其他苗寨舞步相异，旋转、弯曲的动作幅度大，点子轻快，花带飘逸，银光闪烁。据说苗族“锦鸡舞”即起源于此。当地成立了旅游接待小组，旅游小组负责对外联络，组织村内的以跳芦笙舞为主要内容的接待服务。参与的女性年龄从十二三岁的女学生到五十岁左右的家庭妇女不等，但主要还是中青年女性为主。雷山大塘新桥苗寨正处在旅游业初创阶段。我们观察到，该阶段参与旅游业发展的女性增权以经济增权为主要内容，并逐步发展到心理增权。

经济增权为主要诉求，并在较低层面得以实现：新桥妇女实现了一定程度的经济独立。苗族家庭经济支配权一般属于男性家庭成员。女性在经济上处于被支配弱势地位。这是少数民族传统社区妇女卑微的经济地位的实际情况。但是，参加表演得到的是现金，金额数量不大，就直接由女性自己留存支配。女性取得这部分收入的支配权以后，购买个人用品或娘家亲友急用，就可以不用和丈夫或公婆商量，实现了一定程度的经济上的独立。

心理增权发展：新桥苗寨女性对旅游发展充满期待，并用个人的努力去实现旅游业兴旺的理想。大塘新桥女性是民族歌舞表演旅游产品的主力军，她们完全了解自己在旅游发展中的作用和意义，满怀热情地投入其中。虽然没有受过专门的旅游接待培训，但她们按照传统苗族社区待人接物的礼节，不亢不卑，保持尊严，与游客交往交流，展示了短裙苗文化的无尽魅力。在这里，我们看到的是苗族女性群体的主动参与、热情投入、以我为主去理解和适应新生事物、勇于依靠自身的努力和行动去实现所怀揣的理想。新桥苗寨女性在参与旅游业过程中突破了传统社区生活的局限，拓展了生命体验领域，实现了新的人生价值。除了追求旅游兴旺发达的理想，在表演中，她们觉得自己的美丽被认可，自己存在的价值突破了社区的局限得到了实现。在被游客欣赏、赞美的过程中，在看到游客获得审美满足后，她们也获得了日常生活中得不到的自信、成就感和快乐。

大塘女性的社会增权体现在社区凝聚力的增加：为游客团队进行歌舞表演服务，需要一整套组织行为来支撑，虽然在组织管理方面，以男性为主导，但通过参与组织化的表演活动，女性行动所表现出的凝聚力得到较大的增强。

关于政治增权的局限：大塘新桥旅游发展，是以男性为主导的，女性只是一线表演工作的参与者，没有渗透到决策和管理层面。在意识上，女性还是基于传统观念，体现出对男性主导作用的依赖，还没有形成参与决策、介入主导的意识。这种在政治增权存在的较大局限，与社区传统社会的“父权制”紧密联系，当然也与旅游发展的初级阶段相对应。

（二）成长期旅游地参与女性：经济增权斐然，心理增权强化，政治增权萌生

处于成长期的郎德上寨已经具备旅游食宿接待客栈、旅游商品的制作和销售、民族文化博物馆参观以及部分参与体验类旅游产品。截至2013年上半年，郎德上寨共有提供住宿、餐饮服务的农家乐11户，共有床位128个。当地女性参与旅游业的两种主要方式一是经营农家乐客栈，二是摆摊点或开店售卖苗族手工艺品。在深入访谈了所有的农家乐及工艺品售卖摊点后，确认妇女是郎德上寨从事旅游接待的主力军，她们在生活和经营实践中表现出明显的增权实践特征：

经济增权的实现进程与局限。郎德女性已经成为以家庭为单位的旅游经营主体的实际掌控者。随

着旅游业的发展，以家庭为单位的、以食宿服务和旅游工艺品销售为内容的经营是郎德旅游主要服务项目。在日常的以家庭单位为主体的经营中，郎德上寨的妇女逐渐成为实际执掌人。11户农家乐客栈，在经营方面，已经全部由女性当家做主。而这个过程是渐进的，由妇女在经营过程中逐步显现出的主导作用决定。11户农家乐客栈全部经历过“男女易主”的过程。至于旅游手工艺品的售卖业务一直由女性在开展。纯粹从经济增权角度而言，郎德女性在旅游业发展中获得的良好旅游经营能力，使经济增权效能较好实现，女性的经济生活得到明显提高。可以观察到的郎德上寨旅游从业女性经济增权的局限在于，郎德上寨的规模和文化地位并不适宜于开展大规模观光型旅游活动，而应该走高端休闲度假旅游路子，但当前11户农家乐客栈的接待水准基本处在典型的农家乐阶段，与来住宿度假旅游者的现实消费需求存在较大差距。可是已经获利的这些客栈主人对此表现出麻木保守的心态：一是对产业发展趋势不敏感，二是惧怕投入风险。表现出求稳怕变，宁可固守在低成本低风险运营水平的心理特征。这是郎德上寨全体成员的选择，当然也是以女性为主的选择。这种选择无疑突出地体现了少数民族旅游地成长阶段从业女性的经济增权局限。

女性心理增权持续强化。郎德女性成为家庭经济的掌管人，与丈夫平等享有经济支配权。访问11户农家乐家庭收入的支配情况，8户的回答是：“夫妇两个共同决定，但钱由我掌管。”其他3户的妇女经营者具体情况不同，但女性都具有与丈夫平等的经济支配权利。售卖民族工艺品的摊点妇女都是自己支配使用收入。经济上的平等和独立，提高了女性作为社会成员的担当意识，拓宽了担当范围。

政治增权上，郎德妇女勇于对传统权力结构提出质疑和不满。在村一级的基层权力机构中，村支两委是权力的核心，同时与宗族权力结构交织。旅游从业女性认为，虽然是通过选举产生，但主导话语权的传统势力推出的村干部年纪偏大，大多数说不好普通话，更不会使用网络，只能适应传统村寨社会管理，严重缺乏对外联系、对外宣传、深度整合开发村寨民族文化资源等方面的能力，对旅游业起不到什么促进作用。她们主张有外出阅历的年轻人来担任村支两委负责人。在旅游导致的日渐开放的郎德苗族村寨里，旅游从业女性更多地接受外界观念，对传统村寨治理结构提出了质疑，明确提出村支两委应该适应旅游业发展的观点，标志着这个阶段旅游从业女性在政治权利意识上开始觉醒。

（三）成熟期旅游地参与女性：经济、心理及政治增权充分，社会去权显现

西江苗寨这个由政府为主投资建设的大型民族文化景区，为西江苗寨女性提供了一个巨大的人生舞台。西江女性成员都有机会以自己的方式投身旅游业。女性与旅游业互相选择互相调整适应，形成西江旅游发展架构的重要支撑。明显地，西江参与旅游业的女性可以区分为就业者群体和经营者群体两大部分。

经济增权、心理增权及政治增权充分实现。西江景区的旅游接待企业依然以家庭经营为主，但在经营规模、接待设施、服务特色、服务水准，甚至对景区社会经济的影响力等都已经上升到较高层次，最大规模客栈年盈利已经到200万元以上。另外景区内还有数量较多的只有1—3人的各类微小经营体，以女性经营为主，她们靠勤劳和才智把生意做得红红火火。西江景区旅游就业女性广泛分布在歌舞表演、导游解说、景区管理部门、旅游接待机构各类岗位，获取不菲的工资性收入。这些少数民族旅游从业女性，已经较为充分地实现了经济增权。心理增权方面，在经济收入提升及获得经济支配权基础上，与传统少数民族社区女性相比较，这些从业女性的家庭角色和社会角色正在深刻改变。她们在诸多方面坚守文化传统，但她们的社会角色却逐步从“父权社会”的禁锢中解放出来，如早婚、多生育儿女、家庭事务、经济依附、嫁人就要离开家、教育歧视等禁锢。虽然达不到理想程度的解放，但她们正在逐步接近当地城市女性享有的地位。她们传承和展示了苗族文化最美丽部分的同时，把苗族传统社会中对女性的不合理规定予以颠覆，开始自由地去拥抱属于她们的现代生活。她们有选择、有思索、有实践、有凤凰涅槃般的蜕变，她们的生命过程得到了前辈女性没有得到过的解放和升华。在政治增权方面，旅游从业女性群体积极参与社会管理，或组建、参与行业协会，向政府和其他机构提出意见和诉求，不断提高她们在地方社会经济格局中的话语权和影响力。

参与苗族旅游女性去权显现。在西江苗寨这样大型的、旅游业充分发展的民族文化旅游景区，由于外来文化强烈冲击，许多社区居民包括女性群体接受了外来价值观念，而失去了对传统文化的敬重。

在由女性生产提供的各类旅游文化产品中，过度商业化已经大规模出现，拜金主义、丛林法则已经披着“苗族盛装”大行其道，包含女性在内的个人、家庭、社会经济群体为了追逐更多的经济利益而展开激烈争夺，景区内的贫富差距严重，各种因利益产生的社会矛盾和社会冲突不断涌现。

四、结语

以斯彻文思的包括经济、政治、社会和心理在内的四维社区旅游增权理论作为分析框架，参照 R. W. Butler 旅游景区生命周期理论，从旅游参与自我增权出发，通过观察分析三个分别处于初创期、成长期和成熟期的苗族村寨参与旅游业的女性增权的实际发展进程及其真实面貌，可以求证到，少数民族妇女参与旅游业的增权实践具有历史演化规律，在旅游地的不同发展阶段呈现出不同的增权意识、增权行为及增权效能特征，亦即差异化的增权表达：旅游地初创阶段参与旅游业的女性增权以经济增权为主要诉求，并延伸到心理增权和社会增权两方面，促进心理和社会增权逐渐发展。但在政治增权方面，该阶段女性尚未明显出现政治增权的意识和行动；在民族村寨旅游成长期，少数民族女性经济增权成绩斐然，但从长远发展看，存在深层次局限。以经济增权效能为基础，该阶段女性在心理增权维度得到较大强化。同时女性在旅游产业实践中，政治权利意识开始觉醒，并开始付诸政治增权行动；到了旅游业成熟期，随着民族文化旅游业大规模开展，当地女性以各种方式参与到旅游产业中，经济、社会和政治增权充分实现，少数民族传统女性朝着现代女性发展。但由于旅游发展本身裹挟的对目的地经济和社会文化的负面影响，反映到女性增权方面则集中表现为女性的社会去权。在旅游发展场域，少数民族女性增权随着旅游地阶段性发展演化而在经济、心理、社会、政治四个维度的差异化意识及实践表达以及其每个阶段呈现出的明显局限，反映出女性增权发展进程中的路径依赖（path-dependency）和区域社会经济发展脉络的制约力。

【参考文献】

[1][8][11] 李凤琴．以“增权”促进少数民族妇女的发展 [J]. 西南民族大学学报（人文社会科学版），2011（08）：37-41.

[2] 唐雪琼，朱竑，薛熙明．旅游发展对摩梭女性的家庭权力影响研究——基于泸沽湖地区落水下村和开基村的对比分析 [J]. 旅游学刊，2007，24（07）：78-83.

[3] 唐雪琼，朱竑．旅游发展对云南世居父权制少数民族妇女社会性别观念的影响——基于撒尼、傣和哈尼三民族案例的比较研究 [J]. 人文地理，2010（01）：123-128.

[4] 唐雪琼，和亚珺，黄和兰．旅游发展对少数民族妇女家庭地位变迁的影响研究——基于云南石林五棵树村和月湖村的对比分析 [J]. 云南地理环境研究，2011，23（05）：7-12.

[5] 杨丽琼．旅游发展对云南世居少数民族妇女地位和社会角色变迁影响研究——基于撒尼、白和摩梭三民族案例的对比分析 [J]. 三峡大学学报（人文社会科学版），2011，33（02）：68-73.

[6] 吴晓美．民族旅游中性别歧视现象的人类学透析 [J]. 青海民族研究，2007，18（04）：34-37.

[7] 张瑾．民族旅游发展对少数民族妇女影响的人类学探讨——以贵州肇兴侗寨为例 [J]. 桂林旅游高等专科学校学报，2008，19（02）：292-295.

[9] 刘俪蔚．贫困地区的妇女赋权和生育控制［J］．南方人口，2001（01）：45-50.

[10] Lee J A B. The Empowerment Approach to Social Work Practice:Building the Beloved Community [M]. New York: Columbis Univercity Press，1994：33.

[12] Akamal J. Western environmental values and nature: Basedtourism in Kenya[J]. Tourism Management，1996，17(08) : 567-574.

[13][21][22] Scheyvens R. Ecotourism and the empowerment of local communities[J]. Tourism Management，1999，20(02) : 245 -249.

[14] Sofield T H B. Empowerment for Sustainable Tourism Development[M]. Netherlands: Pergamon Press, 2003: 9-36.

[15] 左冰，保继刚. 从“社区参与”走向“社区增权”——西方“旅游增权”理论研究述评[J]. 旅游学刊，2008，23(04): 58-63.

[16] 保继刚，孙九霞. 雨崩村社区旅游：社区参与方式及其增权意义[J]. 旅游论坛，2008，1(01): 58 -65.

[17] 孙九霞 .赋权理论与旅游发展中的社区能力建设[J]. 旅游学刊，2008，23(09): 22-27.

[18] 左冰. 旅游增权理论本土化研究———云南迪庆案例[J]. 旅游科学，2009，23(02) : 1-8.

[19]左冰，保继刚. 制度增权：社区参与旅游发展之土地权利变革[J]. 旅游学刊，2012，27(02): 23-31.

[20] 伍百军. 增权：女性参与农业旅游的模式选择———以广东罗定连州镇为例[J]. 旅游研究，2014，6(03) : 14-19.

[23][27] 保继刚. 旅游地生命周期理论与旅游规划[J]. 建筑师，1998(85): 41-50.

[24][26] 张彦. 社区旅游增权研究——基于山东三个历史街区的探讨[D]. 济南：山东大学，2012: 138-140.

[25] 范斌. 弱势群体的增权及其模式选择[J]. 学术研究，2004(12): 73-78.

[28] 沈海梅. 族群认同：男性客位化与女性主位化——关于当代中国族群认同的社会性别思考[J]. 民族研究，2004(05): 33.

旅游增权与民族社区社会文化变迁
——基于西藏山南两个社区的对比研究

杨　昆[①]

（西藏民族大学管理学院，陕西 咸阳 712082）

【摘　要】"增权"缘起于社会学研究，被引入旅游研究后广受关注。本文选取西藏山南两个民族旅游社区进行田野调查，通过观察记录和深度访谈，试图研究旅游增权与社区社会文化变迁之间的关系。研究结果表明，旅游增权与社区社会文化变迁之间的确存在联系，与去权社区相比，增权社区人口稳定性更强、旅游发展倾向更明显、社区文化自信更强且对未来抱有更加积极的态度。

【关键词】旅游增权；文化变迁；民族社区；西藏

旅游发展在为少数民族地区带来可观的经济效益外，对当地文化造成的影响，一直是民族旅游研究中的一个热点问题。旅游对民族地区社会文化变迁的影响被看作一把"双刃剑"（田敏，2003），既有积极的一面，也有消极的一面。普遍的观点认为，旅游带来的民族文化良性变迁值得推动，恶性变迁则需要避免（刘安全，2011）。从这一视角出发，很多学者提出"社区参与"（community participation）是控制旅游对民族社区文化影响的有效方法（孙九霞，2005；方世巧等，2013）。其中，孙九霞（2013）的研究更是指出社区参与旅游发展的强度与族群文化的保护程度呈正相关关系。尽管社区参与理论的作用得到学者们广泛的认可，但在实践中，社区参与往往流于表面而无法发挥实际效果。面对这一局面，越来越多的学者研究后提出"增权"（empowerment）是实现社区参与的有效途径（左冰、保继刚，2008；王亚娟，2012；潘植强等，2014）。那么，旅游增权在民族旅游发展过程中，与学界关注的社会文化变迁存在何种关联？本文在梳理旅游增权理论的基础上，通过对比西藏山南地区两个民族社区的田野调查结果，试图探索旅游发展中增权与文化变迁之间的关系。

一、旅游增权

"增权"缘起于社会学范畴。增权（empowerment）由权力（power）、无权（powerlessness）、去权（dis-empowerment）和增权（empowering）等几个核心概念共同建构（左冰、保继刚，2008）。其中权力是各方争夺或获取某种竞争性资源的现有的或潜在的能力；无权是权能上的缺失或无权感；去权是社会中的某些社群权力被剥夺；增权则是指通过外部的干预和帮助而增强个人的能力和对权利的认识，以减少或消除无权感的过程，其最终目的是指向获取权力的社会行动及其导致的社会改变的结果（Zimmeman，1990）。斯彻文思（Scheyvens，1999）将增权理论引入生态旅游研究中，研究提出旅游增权的政治、经济、心理、社会四维度分析框架（如表1）。

※　本文系第二批西藏文化传承发展协同创新中心项目"建设世界重要旅游目的地背景下的西藏社会变迁与文化传承创新研究"阶段性成果。

① 杨昆（1982—），女，甘肃兰州人，西藏民族学院管理学院讲师，研究方向：旅游目的地管理、旅游市场营销及旅游者行为。

表1　旅游增权中的四个维度

维　度	增　权	去　权
经济增权	旅游为当地社区带来持续的经济收益。发展旅游所赚来的钱被社区中许多家庭共同分享，并使生活水平的明显提高（新建给水系统、房屋更耐久）。	旅游仅仅导致了少量的、间歇性的收益。大部分利益流向地方精英、外来开发商、政府机构。只有少数个人或家庭从旅游中获得直接经济收益，由于缺少资本或适当的技能，其他人很难找到一条途径来分享利益。
心理增权	旅游发展提高了许多社区居民的自豪感，因为他们的文化、自然资源和传统知识的独特性和价值得到外部肯定。当地居民日益增强的信心促使他们进一步接受教育和培训机会。就业和挣钱机会可获得性的增加导致处于传统社会底层的群体，如妇女和年轻人的社会地位提高。	许多人不仅没有分享到旅游的利益，而且还面临着由于使用保护区资源的机会减少而产生生活困难。他们因此而感到沮丧、无所适从，对旅游发展毫无兴趣或悲观失望。
社会增权	旅游提高或维持着当地社区的平衡。当个人和家庭为建设成功的旅游企业而共同工作时，社区的整合度被提高。部分旅游收益被安排用于推动社区发展，如修建学校或改善道路交通。	社会混乱和堕落。许多社区居民吸纳了外来价值观念，失去了对传统文化的尊重。弱势群体特别是妇女承受了旅游发展带来的负面影响，不能公平地分享收益。个人、家庭、民族或社会经济群体不仅不合作，还为了经济利益而相互竞争，憎恨、妒忌很常见。
政治增权	社区的政治结构在相当程度上代表了所有社区群体的需要与利益，并提供了一个平台供人们就旅游发展相关的问题以及处理方法进行交流。为发展旅游而建立起来的机构处理和解决不同社区群体（包括特殊利益集团如妇女、年轻人和其他社会弱势群体）的各种问题，并为这些群体提供被选举作为代表参与决策的机会。	社区拥有一个专横的或以自我利益为中心的领导集体。为发展旅游而建立起来的机构将社区作为被动的受益者对待，不让他们参与决策，社区的大多数成员感到他们只有很少或根本没有机会和权力发表关于是否发展旅游或应该怎样发展旅游的看法。

资料来源：Scheyvens R. , *Ecotourism and the empowerment of local communities. Tourism Management*, 1999, 20(2): 245–249（转引自：左冰等，2008）

左冰、保继刚（2008）将增权理论引入国内旅游研究，引起学者的关注。同时，王宁（2006）先前在研究消费者增权时提出的制度性增权也得到旅游学者的普遍认同，并在此基础上推进旅游增权本土化研究（保继刚、孙九霞，2008；左冰，2009；王亚娟，2012；潘植强等，2014）。已有研究多从社区参与旅游的“权利”出发[①]，分析平衡相关权力关系、构建增权类型、寻找增权途径等问题，王会战（2013）梳理国内外旅游增权研究后指出，“有关旅游增权的研究主要围绕增权研究的逻辑展开，具体涉及增权是什么、凭什么增、为什么增、增什么和怎么增等问题”。本研究将从“增权—文化”视角出发，研究旅游增权与文化变迁之间的联系，属于“为什么增”的范畴。

二、民族社区对比研究

用于对比的民族社区在资源特征、旅游开发程度、社区规模等方面应具有一定相似性，在旅游增权上应具有相异性。在此前提下，对比社区居民对当地社会文化的感知，从中分析旅游增权与文化变迁之间的关系。

① 王宁（2006）明确提出“‘权利’是‘权力’的一种特殊类型”。

（一）民族社区选取

1. 社区概况的相似性

研究选取西藏山南地区乃东县门中岗村和扎囊县桑耶村为对象社区。西藏山南地区被誉为西藏文化的摇篮和发祥地，西藏历史上第一座宫殿雍布拉康和第一所佛法僧齐全的寺庙桑耶寺都位于山南地区。研究选取的门中岗村即雍布拉康所在地，桑耶村即桑耶寺所在地。门中岗村距山南地区行署泽当镇12公里，有公交车往返，交通便利，全村现有144户村民；桑耶村在雅鲁藏布江北岸，进出方式主要靠自驾或往返于拉萨和泽当的班车，从拉萨乘班车需要五个小时左右，从泽当乘班车需要一个半小时左右，全村现有390户村民。雍布拉康和桑耶寺是山南地区最负盛名的两处人文旅游资源，两个景区就在门中岗村和桑耶村两个社区辖区内，社区规模基本相当，尚未因旅游进行大规模开发，社区原貌保持较好，因此符合研究需要①（如表2）。

表2　社区基本情况对比

	门中岗村	桑耶村
旅游资源禀赋	雍布拉康	桑耶寺
地理位置	乃东县昌珠镇， 距地区行署12公里	扎囊县桑耶镇， 距地区行署约47公里
社区规模	村级（144户）	村级（390户）
接待旅游者类型	旅游者类型多样	以朝圣为主

2. 旅游参与方式的差异

门中岗村居民收入主要来源于旅游业、种植业和养殖业，曾经也有过手工业，但由于手工业收入有限，如今基本参与到旅游业中。村中居民的旅游业参与分工十分明确，居民可在牵马、开茶馆、卖水晶、卖经幡和提供住宿五项中选择一项来经营（村中有一户人家专门养骆驼供旅游者拍照），不允许多种经营。同时，外来人员在村中从事经营活动需要逐级审批，手续十分繁杂困难（截至调查期间，全村只有一家外来经营户）。这些措施都用以保证社区本土居民能从旅游业受益。门中岗村旅游发展赖以依托的旅游吸引物雍布拉康，其门票收入也有明确的归属：门票收入的50%由县里收取，45%留在寺庙，剩余5%分配给乡镇。由政府收走的门票收入通过修路、绿化等基础设施建设重新反哺于门中岗村。

桑耶村居民390户，从事与旅游相关行业的只有28户，主要是开餐馆和茶馆，其他的多是从事农业和畜牧业。村中的餐厅和住宿多是由藏式家庭住宅改建而成，接待条件和接待能力均十分有限。桑耶寺在村中的旅游接待中居于核心管理地位，村中唯一的现代宾馆"桑耶镇宾馆"的所有权属桑耶寺所有，桑耶寺门票收入实行独立管理。村中道路修缮和门店建设均由桑耶寺出资，桑耶寺具有大部分店铺的所有权，以出租的方式转移经营权，不特别限制外来人员参与经营。

综上所述，在同样的旅游资源禀赋和开发程度下，门中岗村显示出更加明显的增权特征，而桑耶村在某些方面表现出去权特征，两个社区符合对比研究要求。

（二）研究方法

研究采用田野调查的方法，对研究社区进行观察记录，并依据访谈提纲与部分社区居民进行深度访谈，了解社区旅游发展中的旅游增权和文化变迁。访谈样本如下：

① 以上数据源自课题组田野调查记录和访谈。

表3 访谈样本

序号	性别	民族	年龄	职业/承担的工作	所属社区
M1	女	藏族	25岁左右	牵马人	门中岗村
M2	男	藏族	16岁左右	学生	门中岗村
M3	男	藏族	50多岁	当地村民，未提及自己的工作	门中岗村
M4	男	汉族	25岁左右	驻村干部	门中岗村
M5	男	藏族	40多岁	卖水晶	门中岗村
M6	男	藏族	60多岁	前马队队长	门中岗村
M7	男	藏族	70多岁	家庭旅馆经营	门中岗村
S1	男	藏族	40多岁	宾馆前台工作人员	桑耶村
S2	女	汉族	40多岁	烧烤店老板（外来）	桑耶村
S3	男	藏族	40多岁	茶馆老板	桑耶村
S4	女	藏族	17岁左右	学生	桑耶村
S5	男	藏族	35岁左右	桑耶寺喇嘛	桑耶村
S6	男	汉族	40多岁	基层公务员	桑耶村
S7	女	藏族	20多岁	小吃店店主	桑耶村

三、旅游增权与文化变迁

（一）旅游增权

根据田野调查的观察记录和访谈记录，两个民族社区在旅游参与中的增权方面显现出明显的差异。门中岗村村民的旅游参与缘起于为旅游者牵马，全村有56户人家以这种方式从旅游参与中获得收入。全部马匹分为两队，每天轮换，当值的马队也通过序号为旅游者提供牵马服务，晚上全部收入汇集后再平均分配给当值马队的每个成员，最大限度地保证每个参与者的利益。这种方式又衍生出村子将社区居民旅游参与分类化的方式，每户只能参与一种旅游经营项目。由此，旅游为当地社区带来的经济收益被社区中所有家庭共同分享，经济增权得到体现；当地社区在旅游发展中享受到最实际的好处，村民都表示愿意通过培训和其他方式继续投入旅游经营，获得更多的发展机会，心理增权得到体现；由于门中岗村旅游参与中十分重视公平和共享，村民基于公平感知更愿意投入合作，社区整合度较高，社会增权得到体现；同时，村民们有机会集体决策某些旅游发展中的问题，具有政治增权特征；更重要的是，社区旅游参与和管理已经出现制度化指导，由乡镇政府负责监督引导，制度增权的出现保障了社区利益的落实。

桑耶寺在桑耶村旅游发展中扮演着十分重要的角色，一方面它是当地社区旅游发展的重要吸引物，另一方面它在当地掌握着很多经营资源。如桑耶村唯一的现代化宾馆由桑耶寺直接经营管理，社区店铺很多都由桑耶寺出资修建并掌握所有权，出租给经营户时也没有区别社区居民和外来人口。桑耶村大部分居民无法分享旅游带来的经济收入，更没有对旅游发展的决策机会。因此居民对旅游经营的热情也不高，对旅游发展没什么特殊的期待和希望，甚至对旅游发展给当地带来的影响表示担忧。由此可见，桑耶村更多表现出旅游去权的特征。

表4　两个民族社区的旅游增权

门中岗村		桑耶村	
经济增权	我们有56户养马，每户都有一匹马，每天马拉多少人都会记账，每匹马拉的人数最后都基本一样，后收入平均分。（受访者M6） 现在村民的大部分收入是靠旅游，但也有农业和畜牧业等，且旅游的收入比其他的收入方式好得多。（受访者M2）	经济去权	那边那些大的（店）是寺庙盖的，开店的基本是外地人。（本地人都开种小店？）嗯，这些小的基本都是（本地人的），不过当地人开的也不多。（受访者S7） 这里开店的很多是外地人，那家是昌都的，那边那家也不是本地的。寺门口有家茶馆是本地人开的，也卖烧烤，但做的没有我们的好吃，他们老板自己都跑到我们店来吃。（受访者S2）
心理增权	年轻人放假回来都会在家帮忙，因为从事旅游也基本每天都会赚钱，他们的思想也都转变了，一般来说，文化程度越高的，发展旅游就更好了。（受访者M4） 家里和这里一样也是卖商品的店，我平时也会过去帮忙。（受访者M2）	心理去权	来旅游的汉族少老外多，外边来拜佛的藏族也多。旅游的住我们这里发现这个条件，就挑卫生呀什么的，麻烦得很。（受访者S1） 以前这里没路也是这些人（旅游者），后来路修好了也没增加什么，以后不会吧。（受访者S3）
社会增权	村里住宿接待有四个旅游示范户，要向他们学习，如果客人觉得我家住宿条件不满意，我就推荐他去XX家。（受访者M7）	社会去权	村民的关系以前很好，互相帮助，相处和谐，但随着经济的发展，竞争也越来越严重，与外来人员的竞争也很严重，可能没有以前好了。（受访者S5）
政治增权	马队队长的选举也有一定的要求，会汉藏语，有一定威望和公平公正的态度。（受访者M6） 这边的特色就是水晶，在藏王墓那边有水晶的厂家，对于水晶我一开始也没有接触，不了解，后来带着大家一起慢慢学出来的，生意也一点点好起来了。（受访者M5）	政治去权	桑耶镇上开餐馆、茶馆的房子都是租于桑耶寺，桑耶寺具有一定的管理权。（受访者S6） 价格没办法，桑耶寺宾馆的价格一般是桑耶寺制定的。（受访者S1） 当地从事旅游的人也不多，在本地有很多外地人开旅馆饭店，一般都是租住桑耶寺的房子。（受访者S3）
制度增权	（卖）水晶是这样，马队和经幡也是村里面组织的，外地人一般不让来。（受访者M5）	制度增权	未体现

（二）社会文化变迁

本研究从人口结构、经济变迁、社会关系、价值观念及生活方式和语言等方面对两个社区的社会文化变迁展开对比。

1. 人口结构

门中岗村人口结构没有明显的人为变化，为保障社区居民利益，村子严格限制外来人口的经营活动，但桑耶村由于没有明确的制度保障，社区旅游参与者中有很多外来人口。

我们搞旅游不仅可以照顾家里，而且能赚钱，比打工强。（受访者M1）

马队和经幡也是村里面组织的，外地人一般不让来。（受访者M5）

外来人员没有影响当地老百姓的生活，反而促进旅游发展和旅游收入，但要来从事经营活动，手续十分复杂，村里目前只有一户外来经营户。（受访者M4）

这里开店的很多是外地人，那家是昌都的，那边那家也不是本地的。（受访者S2）

2. 经济变迁

旅游发展使门中岗村经济结构由过去的种植、养殖业为主变迁为旅游业与原有产业并举。旅游业与原有产业并无直接冲突，村民在闲暇时间也更愿意投入到旅游业中。桑耶村村民从事旅游业的主动性较弱，原有经济结构变化不大，即使从原有产业中退出，也很少选择旅游业。

因为雍布拉康是西藏第一所宫殿，有浓厚的历史文化氛围，吸引了很多游客，现在村民的大部分收入是靠旅游，但也有农业和畜牧业等，且旅游的收入比其他的收入方式好得多。（受访者 M2）

以前有手工（业）的，但手工既费人工，又不怎么赚钱，所以现在都从事旅游了。（受访者 M1）

除了开茶馆以外，还有的就是种地、畜牧和外出打工了，以前还有制作藏香的（一个月工资差不多有1000元），现在不做了，在山上采天然的香，不过现在桑耶寺在修建，村里还有很多人在那里工作。（受访者 S4）

3. 社会关系

淳朴的民风随经济利益矛盾突出而消逝在民族旅游中十分普遍，旅游发展是否必然导致社会关系瓦解？调查中发现，门中岗村和桑耶村均未出现明显的社会关系恶化，但比较起来门中岗村居民对社会关系的稳定性更具信心，桑耶村居民虽未明显感觉到社会关系的变化，但对未来显示出某种担忧。

旅游的发展使得各家庭之间关系更融洽，不会引起斗争，因为在这个村子里，大家似乎达成共识，有的有工作，有的搞旅游，基本家家户户都有做生意的，都想着要富裕起来，他们不会出现抢客人的情况，甚至有的还帮邻居的忙。（受访者 M4）

大家还是跟以前一样相处，关系很好，都互相帮忙，不存在什么冲突。（受访者 M1）

村民的关系以前很好，互相帮助，相处和谐，但随着经济的发展，竞争也越来越严重，与外来人员的竞争也很严重，可能没有以前好了。（受访者 S5）

这边是传统的藏族生活区域，人们的诚信和道德都很好的，以前出门的时候都不用锁门的。（受访者 S3）

4. 价值观念及生活方式

由于旅游发展阶段的原因，旅游对两个社区的价值观念和生活方式尚未有明显影响，但调查中发现，对价值观念和生活方式的变化，门中岗村村民抱有更积极的态度。

年轻人放假回来都会在家帮忙，因为从事旅游也基本每天都会赚钱，他们的思想也都转变了，一般来说，文化程度越高的，发展旅游就更好。（受访者 M4）

外来人员没有影响当地老百姓的生活，反而促进旅游发展和旅游收入，有的人家甚至是旅游示范户（旅游示范户村里有三四家）。还是大家庭模式居多，小家庭也有部分存在。（受访者 M7）

旅游发展没有影响本地的文化和生活，人们还是像以前一样生活，如每年都会过望果节，基本内容也没有变。在一般节日和办喜事时都会穿藏装等。（受访者 M4）

大家交流也很密切，尤其晚上工作结束后，还会聚在一起喝喝茶，聊聊天。大家庭也存在，但小家庭模式在增多，但大家都是很孝顺。（受访者 S3）

5. 语言

由于旅游接待的需要，门中岗村村民大多数会说汉语，对语言学习的需求动机也源于可以更好地经营旅游业，村子里的指示牌也有汉藏两种语言。桑耶村村民很多不能用汉语交流，在桑耶村汽车站上张贴的汽车时刻表也只出现藏文，村民学习新语言的动机不明显。

对藏语影响不大，一般都是双语教学。买卖商品的多是汉语说得好的，英语等语言可能较少。（受访者 M4）

现在会藏语和汉语，不会其他的语言，英语也不会，但咱们的菜谱上会打印英文。（受访者 S4）

现在对藏语的使用非常不规范，包括在一些政府的相关文件中、道路的指示牌上等都会有错误……我自己对藏文的发展情况也非常担心。（受访者 S5）

（这里外国游客这么多，会学英语么？）不会，有菜单的嘛，会算（价格）就可以了。（受访者 S3）

综上所述，门中岗村和桑耶村两个民族社区，一个表现出旅游增权特征，一个表现出旅游去权特征，两个社区的社会文化变迁也出现不同特点（如表5）。

表5 两个民族社区的文化变迁

	门中岗村（增权社区）	桑耶村（去权社区）
人口结构	流入和流出人口少	外来经营户较多
经济结构	旅游业从业主动性强， 原有产业与旅游业互补	原有产业为主， 旅游业从业意愿不明显
社会关系	变迁不明显， 但对社区社会关系有信心	变迁不明显， 但对社区社会关系表示担忧
价值观念及生活方式	变迁不明显	变迁不明显， 但对未来变化表示担忧
语言	变迁不明显， 愿意为更好的从事旅游学习新语言	变迁不明显， 学习新语言动机不明显

四、研究结论

桑耶村距旅游集散地更远、旅游者类型较为单一且与当地社区文化背景相似；门中岗村距旅游集散地更近、旅游者类型多样。根据已有研究，门中岗村社区文化受到旅游冲击应该更大，文化恶性变迁程度应该更强。但从社区社会文化变迁对比上看，结果却恰恰相反。在旅游吸引物、开发程度、社区规模相似的情况下究其原因，不难发现是因为两个社区参与旅游的增权程度不同所致。因此，旅游增权与文化变迁之间存在关联，具体表现在：

（一）与去权社区相比，增权社区人口稳定性更强

人口稳定性是社区社会文化保持的基础。增权社区中居民的旅游收益得到充分保障，社区居民可以在兼顾家庭的同时赚到更多的钱，人口流出性减弱；同时，外来人员在社区从事经营活动十分困难，很少有人口流入。去权社区旅游经营常有外地人口介入，因此人口流动性强。

（二）与去权社区相比，增权社区经济结构变迁更倾向旅游发展

这一趋势十分明显，增权社区的旅游收入为社区居民分享，同时有制度保障社区居民分享时的公平性，社区居民很容易得到旅游发展为当地带来的好处，更愿意投入旅游参与。去权社区的旅游收益或者被强大的旅游发展控制方占有，或者被外来经营者占有，只有少数社区居民能够分得一点利益，大多数居民无法从社区发展旅游中得到收益，参与旅游的积极性明显降低。

（三）与去权社区相比，增权社区文化自信更强

增权社区居民在旅游发展中拥有稳定的收益和更充分的话语权，社区整合度较好，一方面社区关系保持稳定，不会出现因利益导致的社会关系恶性变迁；另一方面，经济增权带来的收益使村民更有基础去保持社区文化传统。如在门中岗村调查中发现，因为平时收益有保障，当地居民不会因为要经营旅游而放弃传统文化生活，如“旅游发展没有影响本地的文化和生活，人们还是像以前一样生活，如每年都会过望果节，基本内容也没有变。在一般节日和办喜事时都会穿藏装等”(受访者 M4)。

（四）与去权社区相比，增权社区对未来社区文化变迁更具积极态度

调查中，去权社区在社会关系、价值观念、语言等方面变迁尚不明显，但对未来的变化有一种担忧，认为社区文化会逐渐恶化，面对变化也很少采取主动措施，而是选择被动适应或接受。增权社区则恰恰相反，居民对未来社区文化变化更有信心，大多认为社区文化好的一方面不会动摇，消极变化不会出现，对已经出现的如语言等变化，也采取积极态度去面对。

五、结束语

增权理论自引入国内旅游研究后广受关注，但已有研究的关注点大都在权力或权能本身。事实上，在“为什么增”的研究领域，本研究结论表明，旅游增权程度不同，会影响社区社会文化变迁。研究表

明，旅游增权与文化变迁之间确实存在联系，与去权社区相比，增权社区人口稳定性更强、旅游发展倾向更明显、社区文化自信更强且对未来抱有更加积极的态度。

然而，旅游增权与文化变迁是一个值得继续深入研究的问题，如旅游增权对文化变迁的作用机制是什么？增权社区与去权社区文化变迁的轨迹又是什么？这些问题都需要更加深入的研究来给出答案。

【参考文献】

[1] 田敏 . 民族社区社会文化变迁的旅游效应再认识 [J]. 中南民族大学学报（人文社会科学版），2003，23(05)：40-44.

[2] 刘安全 . 旅游与民族地区社会文化变迁研究评述 [J]. 贵州民族研究，2011，32(01)：65-68.

[3] 孙九霞 . 社区参与旅游对民族传统文化保护的正效应 [J]. 广西民族学院学报（哲学社会科学版），2005 (07)：35-46.

[4] 方世巧，马耀峰，马鸿宇 . 旅游对少数民族社区文化影响的国内研究述评 [J]. 旅游研究，2013，5(04)：26-31.

[5] 孙九霞 . 社区参与旅游与族群文化保护：类型与逻辑关联 [J]. 思想战线，2013，39(03)：97-102.

[6] 左冰，保继刚 . 从“社区参与”走向“社区增权”——西方“旅游增权”理论研究述评 [J]. 旅游学刊，2008，23(04)：58-63.

[7] 王亚娟 . 社区参与旅游的制度性增权研究 [J]. 旅游科学，2012，26(03)：18-26.

[8] 潘植强，梁保尔，吴玉梅，等 . 社区增权：实现社区参与旅游发展的有效途径 [J]. 旅游论坛，2014，7(06)：43-49.

[9]Zimmerman M. A, Taking aim on empowerment research: On the distinction between psychological and individual conceptions [J]. American Journal of community psychology,1990, 18(02): 169-177.

[10]王宁 . 消费者增权还是消费者去权——中国城市宏观消费模式转型的重新审视[J]. 中山大学学报(社会科学版)，2006，46(06)：100-106.

[11] 保继刚，孙九霞 . 雨崩村社区旅游：社区参与方式及其增权意义 [J]. 旅游论坛，2008，1(01)：58-65.

[12] 左冰 . 旅游增权理论本土化研究——云南迪庆案例 [J]. 旅游科学，2009，23(02)：1-8.

[13] 王会战 . 旅游增权研究——进展与思考 [J]. 社会科学家，2013(08)：87-90.

“一带一路”新常态背景下的少数民族旅游社区参与实证研究：以肇兴侗寨为例

李小民　郭英之[①]

（复旦大学旅游学系，上海 200433）

【摘　要】2013年国家主席习近平提出“一带一路”倡议，促使我国旅游发展进入了全新的时代。虽然贵州并不是“一带一路”所圈定的18个省份之一，但贵州近些年来交通设施建设发展迅速，且毗邻“一带一路”沿线省份，加之贵州拥有丰富的少数民族文化资源，因此全省范围内民族旅游发展将获得更优越的发展空间与机遇。本文将重点研究民族村寨中居民旅游社区参与情况，结合旅游者对民族社区旅游发展的感知，以“一带一路”所形成的旅游新常态为背景，探寻贵州少数民族村寨旅游社区参与的内在机理与机制形成。本文以贵州黔东南黎平县肇兴侗寨为例，针对当地居民、旅游发展机构成员与旅游者进行访谈调查，运用增权理论框架进行实证研究。

【关键词】少数民族社区；民族旅游；社区参与；增权

一、引言

“一带一路”是丝绸之路经济带与21世纪海上丝绸之路的简称，它的提出与实施是在全球化背景下，中国利用自身历史文化资源，与周边沿线国家、地区进行全方位合作发展的现实诉求。“一带一路”倡议的合作重点包括政策沟通的保障、设施联通的基础、贸易畅通的环境、资金畅通的渠道、民心相通的根基。作为我国旅游业重要组成部分的民族旅游，不仅是串联世界与中国的桥梁，达成政策、设施、贸易与资金的沟通，更是透过区域旅游联动，实现民心相通且提升少数民族生活质量与幸福感的有效途径。鉴于此，针对“一带一路”所形成的新常态背景下，少数民族居民社区旅游参与的研究更显时代意义。

二、文献综述

（一）民族旅游研究文献综述

窦开龙（2008）[1]总结了民族旅游定义，指出“民族旅游指的是从外国或本地来的旅游者在旅游中观察其他民族，这些民族被认为有独特身份特征、文化和生活方式，被贴上了种族、民族、原始的、部落的、乡下的或是农民的标签”。在强调多元文化主义的基础上与社会的不公平性进行对抗（Drew，2011）[2]。近些年，少数民族社区出现了“去农化”的趋势，促进农村的城镇化建设以及鼓励更多农民向非农就业转移，形成新时期旅游对社区建设的支持（李强，2012）[3]。民族旅游发展中，平衡协调旅游发展与村寨建设的关系，将决定少数民族旅游对文化、生态环境、社会经济等各方面的影响方式（黄海珠，2007）[4]。

※　本文系国家社会科学基金重大项目（12 & ZD024）、复旦大学“985三期”整体推进社会科学研究项目（2012SHKXYB002）、国家自然科学基金（71073029、71373054）。

① 李小民（1984—），男，山西运城人，复旦大学旅游学系博士研究生，研究方向：旅游管理、旅游市场营销、体育休闲旅游；郭英之（1964—），女，河北张家口人，复旦大学旅游学系教授、博士生导师，研究方向：旅游市场营销、会展旅游、旅游管理。

以少数民族为代表的生产者与旅游者在旅游承载力、供需平衡、旅游产品质量、旅游产品内涵、旅游时间性、旅游通路等方面存在着认知与实践上的差异（罗宇，2013）[5]。然而，从很多民族旅游目的地的发展现状来看，旅游被当作一种表面的且名义上的宏观政策来执行，没有能够发挥出其对经济、社会、环境的作用（邓永进，2010）[6]。Yang与Wall（2009）[7]指出少数民族居民得不到参与当地旅游发展、政策制定的现实状况，并且旅游发展没有产生更多的工作机会，使得居民从旅游中的获益较少。由于旅游发展计划在制定上忽略原住民，导致旅游本身缺乏适应性，无法真正地落实，从而导致消极影响（Buultjens、Gale，2013）[8]。

（二）旅游社区参与研究文献综述

1985年墨菲对旅游社区发展方法的探讨是旅游社区参与模式研究的开端，而现今的研究越来越深入（彭建、王剑，2012）[9]。社区居民就是社区旅游产品的生产者与缔造者，使得参与成了社区与旅游之间的纽带，社区居民应当承担其中的收益与成本（Taylor，1995）[10]。Ying与Zhou（2007）[11]认为拥有旅游发展的专用权力是决定社区参与深度和广度的重要因素，由此而产生的权力关系以及旅游发展的合法化等因素决定社区参与的形式及影响力。Tosun（2006）[11]阐述了三种参与方式：一是自愿参与模式、二是诱发参与模式、三是强制参与，不同的利益群体所希望的社区参与类别存在差异。Stone（2011）[12]认为建立社区居民与企业的联络制度、公开旅游的全面信息、增加对于当地居民的旅游职业培训，能够鼓励更多的社区参与行为。针对我国少数民族地区的社区参与，罗永常（2009）[13]指出少数民族社区中以旅游为代表的社区发展模式，必须建立在突出当地少数民族社区文化特色、鼓励利益相关者对社区的文化、环境、经济利益方面的保护与责任行为的基础上。然而，Boley与McGehee（2014）[14]认为现今对于社区居民参与旅游的研究往往集中于旅游经济效应，忽视了旅游发展所带来的社会、文化效应以及对居民心理造成的影响。目前的研究主要结合可持续发展理论、利益相关者理论以及社会表象理论来进行社区参与研究，社区参与的本质、生态旅游的概念、社区参与生态旅游的开发和利益分配、社区参与生态旅游的动力与保障机制以及机制效果评价，成为研究的重点（杨主泉、白鹭，2013）[15]。

三、研究理论框架

袁荣珊（2008）[16]总结增权的定义为，"在现有框架范围内，针对社会中的失权群体，社会工作者运用工作技巧来扩展其能力和资源，以加强案主对影响个人利益所属系统的影响力，同时，工作者致力于改变案主对权力的认知，目的是减少或消除消极权能感"。从本质来看，增权是一个集合了"参与、控制、分配、使用资源的力量和过程"。这与旅游目的地或旅游社区的可持续发展之间存在紧密的联系，使得社区居民的参与从被动型变为主动型，让社区旅游发展开始走向自下而上的增权道路，促使集体主义在社区增权和旅游增权中得到体现（左冰、保继刚，2008）[17]。唐咏（2009）[18]认为增权理论的基本假设为：一是无力感导致无法实现自我，二是环境的障碍造成无法实现自我，三是权能通过交往实现个人权能，四是个体是有价值的人，五是人员具有伙伴关系。Scheyvens（1999）[19]认为社区增权的框架由四个维度组成，一是经济增权，即社区能够享有持续增长的经济收益，包括就业机会与基础设施建设等；二是心理增权，即自我对于当地独特生态、文化资源的认知；三是社会增权，即维护社区中的社会平等；四是政治增权，即当地社区中的组织架构以及制度等是否能够保证社区居民拥有公平的参与机会。因此本文也将从增权的四个维度出发，建立研究少数民族居民旅游社区参与的研究框架（见图1）。

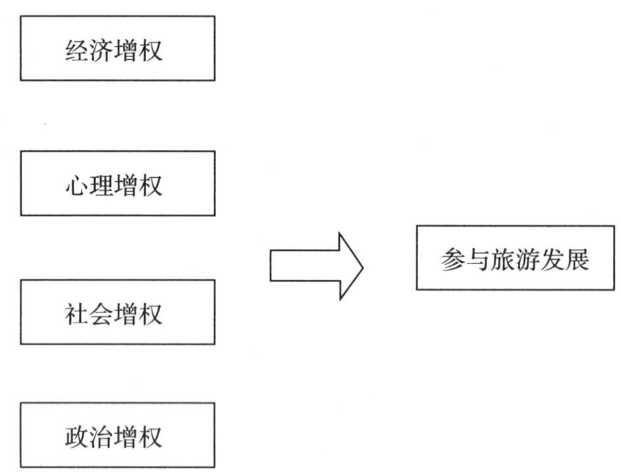

图1　少数民族旅游社区参与增权理论研究框架

四、研究方法

本体论往往探寻存在的现实以及现实的本质，其衍生出的结构主义范式则更加注重所研究的现实受到的诸如社会因素与社会背景的影响及其表现（Pring，2000）[20]。由于本文对少数民族社区居民旅游参与的研究结合了增权理论的属于社会背景与社会因素范畴的四个维度，因此结构主义范式是本研究的重要哲学基础之一。认识论是通过解释与阐释的方法来研究社会因素本质的重要途径，而其所包含的解释主义范式其实就是结合个体的感知与意识形态来研究社会因素的本质（McCulloch，2011）[21]。由于本文主要通过对少数民族居民对于社区参与以及增权形式和内容的感知进行研究，因此解释主义范式同样也是本研究的重要哲学基础之一。

本文主要在案例地的实地调研中运用半结构式访谈法了解居民对于增权与旅游社区参与的认知，同时也通过对旅游者的实地访谈收集其对案例地民族社区旅游发展的感知，进而将二者进行对比分析，研究民族旅游发展对当地居民增权与参与的影响。研究人员于2015年6—7月在贵州黔东南黎平肇兴侗寨进行实地调研，利用录音设备记录访谈内容，并通过高频词汇进行归类。

五、研究分析

（一）案例地简介

肇兴侗寨位于贵州省黔东南州黎平县东南部，侗寨居住着1000多户、超过6000多名的侗族居民。曾被《中国国家地理》、《时尚旅游》、《国家地理》等杂志评选为全国及全球最具吸引力的旅游地。侗族大歌被收录进世界非物质文化遗产后，肇兴侗寨的旅游发展得到了更好机遇。在“一带一路”与“国发2号文件”等战略与政策的作用下，贵阳至广州高铁的建成和运营，缩短了肇兴侗寨与客源地的时空距离。2014年，肇兴侗寨景区接待90.08万人次，旅游综合收入达6.73亿元，同比2013年增长32.34%、43.57%，2015年前两季度接待游客41.57万人次，旅游综合收入2.16亿元，同比增长24.49%、25.76%（熊诚，2015）[22]。肇兴侗寨的发展经历了四个阶段：一是旅游探查发现阶段（1995年以前），由于外国媒体的报道而开始有游客进入；二是初步参与阶段（1995—2003），主要由政府主导的民族文化表演来吸引游客进入；三是进阶发展阶段（2003—2013），主要以政府主导下，公司管理发展为主，提升旅游基础设施的投入与建设，形成一定的游客接待规模；四是发展巩固阶段（2013年至今），主要以“政府＋公司＋居民”的形式进行旅游开发与保护，全面打造“贵州第一侗寨”、“千户侗寨”的综合性民族旅游景区（杨洋等，2015）[23]。

（二）旅游发展的增权效应

1. 旅游发展的经济增权

经济增权是最为直接的，其具体的增权过程包括就业、收入、旅游收益分配、社区基础设施建设以及旅游经济发展等方面。

第一，从旅游者角度来看，受访旅游者都认为旅游发展为肇兴居民和社区所带来的收入提升、经济发展、基础设施建设和就业机会增加。一位广东游客表示：“肇兴景区内的居民本来就是当地民族文化的生产者，旅游发展应该为他们服务，让当地居民得到实惠，利用旅游收入来解决民生贫困问题。”

第二，从管理者角度来看，受访管理者认为旅游发展对居民产生重要经济效应，体现在就业及家庭收入提升。一位旅游公司员工说道：“这些年肇兴旅游的发展确实带来旅游收益，更多居民从事旅游业，比如客栈、餐馆、歌舞表演、商品销售。居民的收入得到提升，从原来的年收入一两千元发展到今天的上万元。”

第三，从居民角度来看，受访居民对经济增权的看法呈现出两极化的趋势。居住在步行街与景观商业道的居民表现出正面的感知，一位客栈老板认为：“我们家人更多地做与旅游相关的工作，旅游的收入也占到很多家庭收入。”而居住在非商业区与步行街的居民则对经济增权表示出相反看法。一位居民说道：“我和旅游发展没关系，我还是每天种田，也不知道有什么旅游收入分配，社区里面就没有什么所谓分配制度。”

2. 旅游发展的心理增权

心理增权往往反映的是居民对于当地特色文化、资源、生态、环境等方面的认知，具体包括在旅游发展后对当地与自身的骄傲、自豪、投入与分享。

第一，从旅游者角度来看，受访旅游者普遍认为肇兴旅游发展应该会增加居民对当地的热爱和自豪。一位广西的游客表示：“旅游为肇兴侗族文化习俗提供宣传，居民的生活方式受到关注，居民应为自己的家乡感到骄傲。”

第二，从管理者角度来看，受访管理者认为旅游发展促进了居民对自我身份与归属地的正面认知。一位管理者认为：“旅游发展让肇兴老百姓在与游客的接触中加强自我对当地文化和家乡的认同，这对侗族传统文化的传承具有重要作用。”

第三，从居民角度来看，大多数居民认为旅游发展确实促进了自身对当地文化、传统的认知，并且为自己是社区一员感到高兴；然而也有一部分受访居民表示出不同的看法：“旅游者的到来让我感到自卑，因为感觉游客非常有钱，我为什么要生在这么个穷地方。”

3. 旅游发展的社会增权

社会增权主要强调旅游发展对社区事务公平、公正、公开的促进，其本质与社会资本相关，包括居民之间的互惠互利、居民关系、与社区的联系紧密等方面。

第一，从旅游者角度来看，大多数受访旅游者认为旅游发展应该能够为社区事务的公平、公正、公开提供动力，却指出旅游收入差异可能导致的矛盾。一位贵州游客表示：“旅游发展肯定会增加居民和社区之间的联系，但是收入的多少可能会引起居民在生活方面的差异，居民关系不像以前那么单纯，所谓的互惠互利不太可能出现。”

第二，从管理者角度来看，受访的管理者认为旅游发展的确增加了旅游机构、社区、居民之间的联系，而旅游机构与政府都尽力做到公平、公正、公开。一位景区咨询人员认为：“绝对的公平很难做到，但为了维护当地的和谐，政府和公司都为老百姓着想，尽量维护好我们和居民的关系。”

第三，从居民角度来看，受访居民对于互惠互利、社区事务的公平、公正、公开等方面表示出不同看法。一位农民表示：“越来越多的外地人到我们肇兴来开餐馆、开旅馆，反而使得我们基本上参与不了。”另一位居民表示：“我们住的地方不同本身就不公平，那些在景区大路上的人收入高得很，我觉得社区在这个问题上没有公平。”

4. 旅游发展的政治增权

政治增权主要强调社区的组织以及制度是否能够保障居民有效地参与旅游，主要包括培训、话语权、意见影响力以及社区征询制度等方面。

第一，从旅游者角度来看，受访旅游者均表示政府和社区在发展旅游时应该重视当地居民的意见与建议。一位大学教授表示：“政府应当培训居民，授人以渔，同时多倾听居民的意见与建议能够增加居民对旅游发展和政府的信任，征询制度是有必要的。”

第二，从管理者角度来看，受访管理者均表示居民意见与建议的重要性，同时也认定相关培训的必要性。一位负责表演的人员说道：“我们都会定期请相关专家来为我们的节目进行排演，而且也会有相关的专家到肇兴指导旅游发展。我们重视居民意见，但有时居民没有通过正常渠道发表意见，很多时候说不通就闹事。”

第三，从居民角度来看，受访居民对政治增权表示出不同的看法。一位餐馆老板表示：“我们老百姓基本没权力，都是当地政府说了算，我们根本就没有方法参与。”一位客栈老板表示：“我们向政府反映的问题基本都得不到解决，就像旅游者反映木质结构的吊脚楼房间隔音不好，太吵，我们想建砖房的旅馆，政府就是不允许，说破坏整体风格。"

（三）民族旅游的社区参与

第一，居民愿意从事与旅游相关的工作。从访谈的高频词汇来看，居民更愿意从事旅游的接待业、餐饮业、导游以及传统歌舞表演等工作。一位歌舞表演人员表示："我们肇兴应该丰富旅游，要在表演、住宿、美食、特色商品方面参与。"一位客栈老板认为："肇兴的客栈、餐饮、购物以及表演大多没有特点，政府和公司应该更多从肇兴本地的特色出发，让肇兴的旅游更加独特。"

第二，居民愿意保护当地的旅游资源。保护是访谈中居民涉及最多的词汇，往往与原生态、民族特色、环境等词汇相连。一位餐馆老板表示："侗族的特色建筑、食物、衣服都是重要的东西，需要居民更多保护和重视，因为这些东西受到破坏就没有旅游者再来了。"

第三，居民期望参与机会与途径。参与途径和参与机会是访谈中居民涉及较多的词汇。一位当地导游表示："我们参与旅游的热情都很高，但是需要更专业的旅游培训，而且也要增加居民的参与机会。"一位商铺店员强调："政府一直在说居民应当承担旅游发展的责任和义务，但是没有参与途径，我们也要有权力决定社区的事情。"

六、研究结果与讨论

第一，强调旅游发展社区增权。访谈的归类与汇总后不难看出，旅游者以及社区旅游管理人员对增权往往持有较为乐观的态度，认为旅游的发展应该能够从经济、社会、心理、政治等方面对社区居民增权，从而形成良好的旅游发展氛围。然而，当地居民对于增权的感知和看法却表现得比较多元化。由于居住地点的不同、自身职业的不同、看法角度的不同，可能造成对增权感知的差异。但居民自身对增权的感知与评价偏低却是事实。因此，可以考虑通过政治制度、政策支持为居民增加对社区事务的掌握与把控力；通过社区旅游发展平等形成社区凝聚力及合作基础，积累社会资本；通过游客评价与奖励形式，使社区和居民重新重视其文化和环境资源；通过明确旅游收入分配，增加社区居民的旅游参与热情。

第二，重视旅游发展相关影响。旅游发展对肇兴同时形成积极与消极的影响，其中居民生活质量、社区基础设施建设、人文与自然资源保护、文化尊重与包容、商业发展与原真性等是旅游影响的重点。其中矛盾与博弈的存在是必须接受的事实，尤其在肇兴旅游开发与保护的进程中表现得尤为明显。因此，加强居民、旅游者、旅游公司、政府之间的沟通与联系显得尤为重要。旅游发展的持续会导致旅游影响的持续，如何降低负面影响，突出正面影响，将决定肇兴侗寨的旅游发展前景。

第三，构建旅游社区参与途径。民族旅游的社区参与是肇兴侗寨发展的不二动力，虽然有文献指出肇兴侗寨的旅游参与形式主要由政府、旅游公司以及当地居民构成，但是在访谈中却发现居民并没有有效的参与途径，致使居民对于当地旅游发展的意见与建议无法有效表达。可以说肇兴侗寨的旅游社区参与缺少了重要的组成部分——居民。同时，当地绝大多数居民仍然是以农耕为主，没有得到旅游发展带来的实惠，致使参与热情不高。因此，真正落实"政府＋公司＋居民"的民族旅游参与架构具有重要的意义。同时，正式与非正式的旅游社区参与沟通途径的建立也必不可少。

七、研究局限与展望

第一，地域性。肇兴侗寨与其他民族旅游地在地理、环境、文化、经济等方面存在差异，本文的研究结果并不具备推广性。然而，利用增权理论框架进行民族旅游社区参与的研究理念则具有一定的参考作用。

第二，方法性。本文主要采用定性研究方法，访谈所涉及的层面与内容可能不够全面。本文作者将对肇兴侗寨民族旅游社区参与进行进一步的研究，并将通过问卷调查与结构方程模型等定量研究方法进行进一步的探讨。

【参考文献】

[1] 窦开龙．民族旅游的定义及内涵[J]. 现代商业，2008，8(20): 280.

[2] Drew E M. Strategies for antiracist representation: ethnic tourism guides in Chicago[J]. Journal of Tourism and Cultural Change, 2011, 9(02): 55-69.

[3] 李强．新农民：民族村寨旅游对农民的影响研究——以云南曼听村与贵州西江村为例[D]. 兰州：兰州大学博士学位论文，2012: 1-251.

[4] 黄海珠．民族旅游村寨建设研究[D]. 北京：中央民族大学博士学位论文，2007: 1-171.

[5] 罗宇．民族地区文化旅游业发展研究[D].北京：中央民族大学硕士学位论文，2013: 1-56.

[6] 邓永进．论民族旅游可持续发展的战略重点与主要措施[J]. 云南民族大学学报(哲学社会科学版)，2010，27(02): 62-66.

[7] Yang L, Wall G. Minorities and tourism: community perspectives from Yunnan, China[J]. Journal of Tourism and Cultural Change, 2009, 7(02): 77-98.

[8] Buultjens J, Gale D. Facilitating the development of Australian indigenous tourism enterprises: the business ready program for indigenous tourism[J]. Tourism Management Perspectives, 2013, 2(01): 41-50.

[9] 彭建，王剑．中外社区参与旅游研究的脉络和进展[J]. 中央民族大学学报(哲学社会科学版)，2012, 39(03): 133-141.

[10] Taylor G. *The community approach: does it really work*? [J] Tourism Management, 1995, 16(07): 487-489.

[11] Ying T, Zhou Y. Community, governments and external capitals in China's rural cultural tourism: A comparative study of two adjacent villages[J]. Tourism

[12] Tosun C. Expected nature of community participation in tourism development[J]. Tourism Management, 2006, 27(03): 493-504.

[13] Stone L S, Stone T M. Community-based tourism enterprises: challenges and prospects for community participation; Khama Rhino Sanctuary Trust, Botswana[J]. Journal of Sustainable Tourism, 2011, 19(01): 97-114.

[14] 罗永常．浅谈原生态少数民族社区文化旅游的适度开发——以贵州黔东南为例[J]. 贵州民族研究，2009，29(05): 98-102.

[15] Boley B B, McGehee N G. Measuring empowerment: Developing and validating the Resident Empowerment through Tourism Scale (RETS)[J]. Tourism Management, 2014, 45(01): 85-94.

[16] 杨主泉，白鹭．国内社区参与生态旅游研究进展述评[J]. 旅游纵览(下半月)，2013，3(04): 182-185.

[17] 袁荣珊．增权理论的内容及其产生的政治思想基础[J]. 法制与社会，2008，3(17): 234.

[18] 左冰，保继刚．从"社区参与"走向"社区增权"——西方"旅游增权"理论研究述评[J]. 旅游学刊，2008，23(04): 58-63.

[19] Scheyvens R. *Ecotourism and the empowerment of local communities*[J]. Tourism Management, 1999, 20(02): 245-249.

[20] Pring R. Philosophy of educational research[M]. London: Continuum, 2000, 33-54.

[21] McCulloch, K. Ontology, Epistemology and Educational Research[EB/OL].[2011-02-15] Edinburgh: The University of Edinburgh.

[22] 熊诚. 肇兴：侗家文化撩人心弦[EB/OL]. 贵州日报，http://www.cssn.cn/mzx/mzdqfz/201509/t20150917_2346048.shtml，2015-09-17.

[23] 杨洋，蔡溢，何立翔，殷红梅. 旅游开发影响程度判定下民族村寨社会文化差异性研究——以贵州肇兴侗寨为例[J]. 西北师范大学学报（自然科学版），2015，51(03)：105-111.

旅游发展背景下少数民族传统文化的传承与创新

——以西藏山南地区为例

朱普选　李鹏鹏①

（西藏民族大学管理学院，陕西 咸阳 712082）

【摘　要】在当前我国旅游业快速发展的背景下，少数民族旅游发展将成为少数民族地区经济发展的重要支柱产业。本文立足西藏传统文化传承创新的调查基础上，主要对西藏山南地区文化创意旅游进行分析，为西藏少数民族文化旅游提供发展方向，结合西藏现有少数民族文化资源和传统文化传承创新的模式，提出少数民族旅游文化发展的新路径。

【关键词】少数民族；旅游业；传统文化

费孝通先生解释文化自觉的历程是“各美其美，美人之美，美美与共，天下大同”[1]。对自身文化的欣赏，与其他文化共存，对于不同的人群在整个过程当中达到人文价值上的共识，最终达到“和而不同”的目的，西藏的文化传承创新也需要经历同样的过程。

在文化交流过程当中，文化的重要性可以唤起当地少数民族的文化自省力，这也会成为文化认同感，从而变成文化传承创新的动力。20世纪末，费孝通先生提出的“文化自觉”这一概念，用来表达当时世界经济全球化的思想反映。同时，也阐述了文化自觉是一个漫长的过程。首先，是对自身文化的理解和接触多元文化，才有能力在这个多元文化的世界当中确立自己的位置。然后，经过在多元世界里的适应，取长补短，重新构建一套同自己文化的秩序，联手发展的和谐文化环境。

我们一直注重文化传承创新，希望传统文化可以在新的时代保留并且流传。少数民族地区大多处于偏远地带，很少有人注重传统文化，因为大多数的传统文化就是他们的日常生活，他们不会特别留意。甚至有人认为传统文化消失也没有影响，还会认为是理所当然。

一、旅游发展背景下民族传统文化面临的问题

（一）传统文化的文化生态演变的不完整

西藏传统文化在特定的自然和人文环境下形成独特的风格，本次调查的山南地区都有其特殊的生存和生产。每个地区的相同点都是以农业为主，主要的经济来源均为种植业，以及相对数量的牧业。其传统文化经过新中国成立以来的民主改革和改革开放，经历了翻天覆地的变化，传统文化在改革过程当中发生巨大变化。根据克松民主改革第一村的老书记所说，他们的生产方式，在之前都是种植青稞，

① 朱普选（1964— ），男，陕西乾县人，博士，西藏民族大学管理学院院长、教授、硕士生导师，研究方向：青藏历史地理、旅游文化；

李鹏鹏（1989— ），男，河南洛阳人，西藏民族大学研究生，研究方向：青藏历史地理。

种地的时候都是牛和人来协同作业。但是现在生产方式就与以往不同，特别是改革开放以来种植物的品种丰富，有冬小麦、青饲玉米、大棚蔬菜、大棚水果等，而且现在的田地都是机械化作业，自己村子的人会购买联合收割机。也就是说，山南地区的克松村的生计方式开始升级，但是传统的生态模式也发生改变。

我们现在看到雅鲁藏布江流域旁边是一片生机勃勃的青稞和小麦，这是现代工业下的产物，传统的生产模式我们已经看不到。反映的是传统生产模式在演变过程当中的不完整性，会有部分的缺失。据此次调查，村里的老人说过去的手工生产品也在发生变化。过去会拿牛皮做一些生活用品和手工艺品，会做牛皮鞋、牛皮包，但是现在受到原料和手工技术的传承问题影响，逐渐开始没有人接班。现在克松村民也会去外边学习一些新的手工技艺，比如披肩、手包等，但是大多是商品性质的手工艺品，不是之前生存技艺的手工艺品。

总之，我们可以从山南地区克松村看到传统文化在生态演变的过程当中部分生存手艺的缺失，但是又有新的手工技术传入。随着社会的进步，传统文化的不完整性成为文化传承创新的突出特性。

（二）民族旅游经济发展"重经济轻文化"的现象

社会的发展需要文化传承创新，就目前我们调查的西藏山南地区，从侧面反映出来的是经济效益。旅游带动地区的发展最直接的就是经济利益，这是自改革开放以来国家发展的主要方面，也是西藏旅游发展的主流。但是注重旅游经济就会产生一系列的问题，这些问题在全国很多地方都会出现。比如贵州少数民族的苗绣，当地百姓知道有人收购，把旧的刺绣从衣服上裁下来出售，当游客进入后只对"老绣"感兴趣，年轻人就丧失了新开发刺绣的兴趣。[2] 这样的事情也会发生在早期文化旅游地区，山东杨家埠民俗旅游进入自主经营的市场化阶段，村里办起了以集体经济为主体的"民俗大观园"，一个封闭管理并且收取门票的景区，原本民俗文化变成舞台表演。由于旅游产品的结构发生了变化，利润的不均衡分配造成了村民与村办企业之间的矛盾。[3]

文化的传承创新不是单纯利润获得，在社会发展过程当中，经济利润一开始就显得很重要。但是在文化被经济弱化的同时，造成文化不可恢复的缺失是不合理的现象。这也就需要在维持经济收入的同时，怎样使得文化得以传承和保护才是最主要的问题。就调查来看，西藏山南地区的文化现象流失也较严重，例如我们看到当地人平时很少穿藏服。藏服作为旅游目的地最直观的文化现象，也成为流失最严重的文化。在社会实践过程当中，文化与经济应该拥有同等的地位，在文化开发的同时，必须合理引导，使得文化和经济协同发展。

（三）旅游经济与传统文化的不协调发展

经济注重利益收入，文化注重精神方面的传承。两者在具体发展的时候容易有失偏颇，单纯注重经济发展或是只注重文化发展，但两者有时候需要协同发展。因为经济利益占的比重较大，文化就会在次要地位，甚至根本不考虑。旅游经济与传统文化的协同发展是在一定条件下通过子系统间的协同合作与组织，从无序转变为有序的共同特征。[4]

文化和经济就变成统一体来发展，两者的发展忽视任何一部分都是不可以的。就目前的发展来看，经济的发展仍然是第一位，无论是政府还是个人都会比较注重经济收入。文化的发展被忽略，从长远的角度看，会造成社会发展的问题。

二、山南地区旅游发展背景下民族传统文化的传承

（一）传承传统民族文化主体传承人的重要性

旅游目的地的文化传承创新，特别是传统文化的传承创新离不开实践的主体人。人的特殊作用我们在前边已经有所提及，高素质的人对当地的发展又有不一样的促进作用。而且对于传统文化传承本身就是一件比较复杂烦琐的事情，不仅需要一代一代的人重复简单的步骤，而且需要高素质的人来进行有效的传承。我们知道西藏的文化自古以来都是通过喇嘛来传承，这一专职人员的水平和素质直接决定文化的传承的结果。

同样，对于我们目前调查的山南和林芝两个地区来讲，受到旅游的影响很大。西藏传统的文化有了很大的变化，为了适应文化的变迁，就像实际调查的结果一样，文化素质高的地区旅游和文化就发展得较好，这也是比较理想的状态。但是两地的实际情况还是有很大的问题，主要是缺少文化因素的注入。当地人对自身文化不够自信，也就造成传统文化的缺失比较严重，针对这一文化创新的问题，应该注重人才培养和有关学者的关注和指导。

（二）本民族文化与异族文化接触需要协调性

在西藏，少数民族文化由于地形和交通的特殊性，在历史上较为封闭，即使西藏内部也会形成与众不同的文化。举个例子，林芝地区的墨脱地处亚热带，也是西藏较为暖和、降水较多的地区，那里的人们爱吃辣椒，是西藏其他地区无法比拟的，可以和四川相提并论。当地门巴族的生活方式与藏族也是有所不同，但是这里有多个民族共同生活，又有相似的文化传统，这里的人都爱吃糌粑、牦牛肉，这就是他们有着共同的生活习惯。

大山深处的墨脱县有门巴族、珞巴族、藏族、汉族等民族，据此次调查采访的一位门巴族女婿说，当地文化受其他民族影响很大。举个特别的例子，他们那里早些年使用西藏最有名的石锅，但是后来汉族进入以后，带去大量的铁锅和高压锅，渐渐地他们那里也开始使用别的锅，石锅仅作为次要厨具存在，这实际上就是一种文化的协调发展。

相对于饮食文化，即使山南地区也发生变化。现在去西藏山南地区一些茶馆，流行的酒不再是青稞酒，而是拉萨啤酒。拉萨啤酒和其他地方的啤酒还不一样，它不是纯粹的麦子，里面原料会有大米。最后的味道是接近青稞酒，加入啤酒花显得会更加醇厚。这样的啤酒也成为他们现在更加喜欢的饮品，开始取代青稞酒的地位，最明显的是村子里小孩考上大学，到家里祝贺的时候亲戚朋友会带一箱拉萨啤酒来家里道贺，拉萨啤酒几乎可以取代传统青稞酒的地位。外来的文化也可以经过改造形成更加和谐的存在，这既是文化在创新过程当中的协调性，也为文化创新准备了条件。

（三）保护本民族文化的标志符号立足特殊性

每个民族都有自己的文化标志，大家一见到布达拉宫就知道这是西藏的文化标志，布达拉宫在西藏的文化地位和宗教地位都十分明显，西藏的旅游宣传画都会拿它来作为标志。

旅游目的地的文化是推动旅游活动和旅游经济发展的原动力。将旅游目的地的文化标志符号化必然是旅游目的地文化创新的重要手段，一个旅游目的地的文化标志符号足够出名或是有影响力，必然成为该地旅游兴盛的重要条件。我们大家一看到熊猫就会想到成都的大熊猫保护基地；一看到大白塔就会想到山西五台山的宗教旅游；一看到牡丹就是想起洛阳的牡丹花会。这些东西都是旅游目的地的特殊的文化标志符号。正是因为该地标志的特殊性而成就了旅游目的地文化的特殊地位。

西藏自治区的地方文化发展同样需要文化符号标志的突出设计，我们现在一看到布达拉宫就知道是西藏。但是，针对西藏自治区下面的山南地区的旅游发展，我们也要在旅游开发和规划初期就要考虑到特殊的旅游文化标志。这个文化标志会被作为当地旅游的代表，同时可以与当地民俗文化结合起到吸引力的作用，也可以保护当地民俗文化的特色。举个例子，山南地区可以说是西藏的主要人文旅游目的地，但是文化符号重视不够。可以设计特殊的文化标志或地标，扩大宣传力度并形成直观吸引力。

三、山南地区旅游发展背景下民族传统文化的创新

（一）旅游文化创新基本理念

旅游是一种享受过程，主要体现在食住行游购娱的过程当中。文化旅游更多应该是文化内涵和外延的渗入，使得游客或是旅游的主体可以在过程当中体会到与旅游客源地不一样的文化，在这个过程当中也就使得传统文化得到升华和凝练，也就是我们一直研究的文化传承创新。文化资源禀赋加上旅游目的地的比较优势形成的旅游吸引力，成为旅游文化的核心内容。调查的旅游目的地多是拥有这样的旅游资源，山南地区的桑耶寺、山南的雅拉香布雪山等人文与自然景观。这些都是区别于他地的旅游资源，旅游文化传承创新就是怎样将这些旅游文化延伸，使得这些旅游景区留住客人，怎样将当地现存民俗文化注入旅游活动当中，使得单一景点与文化结合提升自身文化创新力。

将当地文化特色产品变为旅游产品，深挖当地民俗文化特色。山南地区的雍布拉康、桑耶寺、昌珠寺等主要是以宗教文化为主的旅游项目，结合当地民俗特色，利用当地现有藏家乐的资源，将传统文化内容注入旅游体验项目。山南地区主要是人文风光为主，当地又开发民俗文化旅游。深挖林芝饮食或传统工艺成为下一步发展目标，同时注重地方特色民俗体验场的建设，使得民俗文化产品成为旅游产品。

（二）旅游文化创新内涵表现

旅游文化传承创新的内涵主要体现在表现形式和体验形式之上。文化的表现无处不在，西藏少数民

族最喜欢的锅庄舞、藏服、藏餐、建筑、节日、生活方式等都体现自身文化的内在表现形式。锅庄舞适合西藏独特的高原气候，人们在举手投足之间就起到健身养生的作用；藏服的独特的造型，既可适应早上严寒又可适应中午的炎热；藏餐的制作工艺也体现青藏高原的独特气候，气压低沸点低，会使用传统的石锅来起到保温的作用；我们也可以看到藏族的建筑也是有其独特性，墙体厚实，窗口窄小都是为了保暖御寒。这些传统文化的内涵反映了西藏文化的独特性，也成为旅游目的地吸引游客的主要动力。

旅游文化的外在表现形式主要体现在旅游文化体验形式上，我们目前看到的西藏旅游分为团队游、自驾游、骑行游等。团队游的游客大多是走马观花式的游览，游客在浏览过程当中也感觉有不舒适感，但是花了很多钱以后会有物超所值的感觉；自驾游的游客相对来说会时间充足，但是旅游流程会比较松散，体验效果也会美中不足；骑行游大多追求的是身体和心灵的锻炼，对于旅游资源不是太感兴趣。所以就目前的体验形式和我们调查的地点来看，主要值得改善和建设的应该是体验项目的建设，同时针对体验的类型进行分类。分为长期体验、中期体验、短期体验类型，主要针对体验项目的时间进行分类。然后，针对体验形式建立体验场域。可以按照体验类型建设，例如宗教体验场域、民俗体验场域、自然体验场域、探险体验场域、科研体验场域等。体验式场域，简单地说就是利用目前所开发的旅游项目，在其周边或是内部改造建设，注入大量当地文化传统特色，同时针对各个地区的自身特色建设，形成不同于西藏其他地区的文化体验式场域。体验式场域在某国非常流行，目前流行的某国综艺节目，大量地出现文化体验场，小朋友可以在里面学习某国传统文化，大人可以在体验场里进行各种文化体验。使得游客可以体验到不同旅游文化的特殊性，增强文化旅游的吸引力，同时可以有效地延长旅游时间，提升旅游项目体验度。

将旅游文化传承创新的表现形式付诸体验形式之上，可以有效开发山南地区旅游目的地的传统文化，也可以进一步形成体验旅游场域。

（三）旅游文化创新外在创造

旅游文化传承创新外在创造必须结合当地实际和外部文化的成功案例，形成旅游文化的文化创意产品，才可以在有效地提高当地经济收入的同时，使得传统文化得到传承和保护。目前西藏的文化创意园就是相似模式，但是文化创意园过于集中，且规模宏大，前期投资大，从充分利用西藏旅游资源角度看，这会使得西藏每个地方文化旅游产业都受到影响。但是上面提到的某国文化保护方式，形成的文化体验场，大多数位于历史文化旅游场所附近，在旅游的同时可以享受某国传统文化。同时将最热门的综艺活动加入文化体验场，使得创意文化产业得到双重宣传的效果，这样的旅游方式设计也可以同样运用到西藏山南地区的旅游开发当中。

目前，无论是西藏当地人还是有关学者都在注重西藏传统文化的保护与开发，对于一个传统地方的文化我们的意识有了很大的改变。改革开放30年，注重提高经济效益。我们现在在发展经济的同时，开始注重文化、生态、环境等方面的内容。我们这次的调研，同样不能单纯地对传统文化进行研究和开发，那样必然会发生单纯保护和开发，重复走“先开发后治理”的老路。在山南地区的克松村，也是西藏民主改革第一村。这里特殊手工艺品的销售就是用到了新的技术。据村子里的在西藏民族大学上学前教育的一位同学介绍，她的爸爸和妈妈擅长西藏传统手工艺——氆氇和藏式染色技术。她的妈妈在外边学会了用传统氆氇制作现代手包的方法，她的爸爸主要负责染色的工艺，她就用微信朋友圈来进行销售，同时下一步会开创淘宝店等新的销售手段。这就是新技术与传统文化的相互适应，新技术使她们家的手工艺品有很好的销量。新媒体、新销售、新平台会使得未来经营理念发生改变，而且改变传统的销售模式，由线下转变为线上销售和交流，这可以说是西藏传统手工艺品新的发展方向。正是她学习和接触这些新的传播方式，才会将这些东西实际运用到自己的销售中。唯一可惜的是这种销售方式在西藏还是规模很小。但是随着网络和新理念的发展，传统文化的创新和保护与这些新的技术和方式相互适应，一定会在未来的发展中起到意想不到的效果。

藏民族的服饰有多种类型，但最基本的藏袍却极为普遍，藏袍的结构宽大，穿时用带子系于腰间，在腹部形成一个较大的空囊，可装物品，在牧区藏袍多用优质羊皮制作，在农区则采用黑色氆氇制作，用彩色布条镶边。[5] 就目前调查来看，山南地区藏服的文化流失很严重。山南地区大多数人不穿藏服，有时为了旅游活动的需要，也会应付性地穿着，但是坚持时间不够长久。在山南雍布拉康调查的时候就是这种情况，当地领导说："去年旅游局给我们统一服装，叫从业人员必须穿。我们实行过一段时间，但是后来大家都不愿意穿了。嫌穿着工作不舒服，而且那些衣服和自己的藏装还不一样，搞得我们是穿着不舒服。我们现在也会在节日里面穿藏装，但是这种统一没有结合我们的实际，就造成这种不合适的问题……"这就是藏服的现状，结合当地的实际情况。民众不穿说明已经不适应生产生活需要，但是将其放入博物馆也会造成藏服生命力的丧失，将传统文化活化才是我们研究的重点。

说到文化创意产品离不开审美需求，也就是精神方面的文化需求。"爱美之心人皆有之"，在文化创意产品的创造过程当中，必须结合艺术再创造。西藏传统文化本身就是艺术品，在创造过程当中会形成新的艺术形式，也就成为文化创意产品的卖点。我们传统旅游的方式是将藏民服饰穿上来进行旅游活动，旅游目的地的藏服也有放在博物馆展览。其实藏服的展览制作过程也可以模仿芭比娃娃，将藏服缩小以后放入体验场里，游客可以在体验场制作缩小版的藏服，可以缩短制作的时间，不仅起到娱乐的功能，同时也有益于提高当地居民收入水平，为了将藏服制作成文化创意产品，当地居民对于传统文化会进行深层次学习，达到文化创新的最终目的，赋予文化产品新的生命力。

【参考文献】

[1] 费孝通 . 重建社会学与人类学的回顾和体会 [J]. 中国社会科学，2000(01):37-51，204-205.

[2] 索晓霞 .《并非两难的选择——云贵少数民族文化保护与开发问题研究》[M]. 贵阳：贵州民族出版社，2002.

[3] 王德刚，史云 . 传承与变异——传统文化对旅游开发的应答 [J]. 旅游科学，2006(04):1-6.

[4] 季玉群 .《旅游业经济—文化协同论》[M]. 南京：东南大学出版社，2011.

[5] 朱普选 . 西藏旅游资源的地域特色及其开发评价 [J]. 西藏民族学院学报(哲学社会科版)，2002(01):28-31，44.

[6] 马林，孙丽坤 .《民族地区旅游业发展论》[M]. 北京：民族出版社，2007.

扩集聚 防虹吸
——“两高”背景下黔南州旅游产业发展之路

张文磊 黄 娟①

（黔南民族师范学院旅游研究中心，贵州 都匀 558000）

【摘 要】高铁对于促进区域经济发展的作用巨大。黔南州作为贵州省第一个开通高铁的区域，面对着高铁影响下的旅游市场的转变，关键是要解决旅游业发展中最缺的强吸引力和资金两大核心问题，具体应该通过优化整体旅游形象，形成形象支撑系统；优化旅游资源开发的空间布局，轻重缓急有别；增强旅游业创新能力；提升旅游服务水平；互利合作共“虹吸”等方面扩大黔南旅游的集聚效应，防控“虹吸效应”。

【关键词】高铁；虹吸；集聚；旅游业；黔南

随着贵广高铁和沪昆高铁贵州段的相继开通运行，黔南进入高铁时代。高铁时代的到来，拉近了城市间的时空距离，使城市与城市的发展空间得到极大拓展，加快了区域同城化、一体化进程，对沿线区域经济的发展必将产生重要和深远影响；改变了传统的人流、物流运输方式，促进经济要素跨区域快速流动，加速了地区间的产业转移和现代商贸发展；促进了沿线城市联运协作，获取资源的渠道更加多元和宽广，跨区域资源配置和分享逐步成为趋势，为彼此借力发展、借梯登高创造可能。2020年前，贵阳至重庆、贵阳至成都、贵阳至南宁高铁将陆续开通。届时，贵州将成为北上南下、东进西出的高铁枢纽。就黔南州境而言，5条高铁有3条过境、2条紧邻。适应高铁经济新常态、把握高铁经济新常态、引领高铁经济新常态，扩大集聚效应，防控“虹吸效应”，是黔南州旅游产业应该思考的问题。

一、高铁对促进区域经济发展的重要作用

高铁的建设运营，不单纯是交通问题，更是经济社会问题，它重新定义时空坐标，改变人们的生产生活方式。自日本东海道新干线开通以来的半个多世纪中，高铁凸显出自身明晰的特点及对区域经济发展的重大影响，形成了独特的“高铁经济”现象。

（一）高铁的特点

高铁是指时速在200公里及以上的现代高速铁路系统。高铁经济泛指依托高速铁路综合优势，促使资本、技术、人力等生产要素以及消费群体、消费资料等消费要素，在高速铁路沿线站点实现优化配置和集聚发展的一种新型经济形态。

高铁具有显著的优点：全天候、大运能、低能耗、轻污染、效益高、安全舒适、方便快捷，高铁开通，短期内会给沿线带来旅游大发展机遇，带动

※ 项目基金来源：贵州省委重大调研课题（2015）“黔南高铁经济发展战略研究”前期成果之一。

① 张文磊（1972—），男，侗族，广东南海人，黔南民族师范学院教授；
黄 娟（1982—），女，布依族，贵州独山人，黔南民族师范学院副教授。

第三产业高速发展，长期内将带动整个区域经济的快速增长。

（二）高铁经济效应

高铁经济具有五大效应：一是同城效应。高铁成为城际干道上的公交车，出行便捷，人们可以在A城生活在B城工作，实现同城化。二是鲶鱼效应。高铁“倒逼”民航降价、公路调线，从根本上改变一个地方运输市场的竞争格局。三是拉动效应。带动沿线投资，推动沿线产业承接发展，出现新业态、新合作。四是聚客效应。刺激消费增长，直接带动沿线旅游、餐饮和零售行业繁荣发展。五是虹吸效应。高铁重新调整原有交通方式与产业布局，促使资金、人才、信息向发展环境优越、行政效能高的区域和核心城市聚集，使一些地方的人才、企业等流失。高铁经济效应，必然“倒逼”深化改革、扩大开放，促使地方政府主动作为，趋利避害。

二、黔南高铁基本情况

黔南处于贵广高铁的重要节点，是贵州省境内线路最长、设站最多的地区。贵广高铁又称贵广客运专线，时速300公里，从贵阳到广州，经黔南州、黔东南州，广西桂林、贺州，广东肇庆、佛山至广州南站，全程4小时。贵广高铁贵州段2008年10月开工，2014年12月正式通车运行，工程投资900多亿元，全长857公里，广东境内207.5公里，广西境内348.5公里，贵州境内301公里，其中黔南境内152公里，设龙里北站、昌明站、都匀东站、三都站4个站点。贵广高铁是西南地区最便捷的铁路出海大通道，是连接“一带一路”，实现长江经济带、珠江经济带、西江经济带、中孟缅印经济走廊“互联互通”的高速通道，大大缩短了西南与珠三角地区间的时空距离，提升了黔南区位优势。

沪昆高铁是国家“四纵四横”快速客运通道之一，也是中国东西向线路里程最长、影响范围大、经过省份最多的高速铁路，经由上海、杭州、南昌、长沙、贵阳、昆明等6座省会城市和直辖市，全长2264公里，为复线电气化铁路，设计速度350公里。沪昆高速在贵州境内全长559.5公里，设8个站点，其中，黔南设贵定北站一个站点。沪昆高铁贵州段的正式开通运营，不但使内陆省份贵州融入全国高铁网，也将有助于东中西部地区主要经济圈的连通。专家认为，沪昆高铁势必推动中部和西部省市快速融入东部发达区域，方便沿线民众出行，对促进区域经济社会协调发展，加快推进新型城镇化进程，具有重要意义。

三、高速铁路开通后旅游市场的改变

第一，在1000公里以内的旅游选择中，高铁比起其他交通工具更具有竞争力，游客“快旅慢游”的需求可以得到跨越式的满足。

第二，周末、小长假、长假、寒暑假等游客出游量暴增。例如，荔波2015年七、八月游客量暴增70%以上。

第三，选择自主和随意的散客游、自助游等出游方式的人群份额越来越多。例如，荔波2015年来80%的游客量属于散客。

第四，影响游客对旅游目的地的选择 。例如，广西贺州以前基本是粤港澳的游客，以高速公路300多公里的自驾游、团队游等。现在高铁开通后，贵州开始替代贺州，贺州变为过境地，客源分流。

面对高铁开通后旅游市场带来的新变化，黔南的旅游业应该有一个提升，两个“大转变”，即从满足游客的“慢游”上下功夫，提升“家底”认识，从低层次的观光型旅游产品向开发休闲度假产品和专题旅游产品转变，从满足团队旅游向散客旅游转变，扩大黔南旅游的集聚效应，防控“虹吸效应”。

四、“两高”背景下黔南州旅游产业发展应对措施

（一）思想上“扩集聚、防虹吸”——提升家底认识

黔南旅游发展最缺的是对旅游市场的强吸引力，制约的最核心因素是资金，今后的发展不能违背的是“生态”和“文化”两个关键词，保持这一清醒的认识当然重要，而解决这一问题的途径就更为重要。

1. 黔南旅游资源的家底

黔南旅游业的发展必须以自身的资源为基础进行提炼，才能凸显特色。黔南生态优异，文化旅游资源类型丰富，有名人文化、宗教文化、抗日文化、红色文化、商贸文化、少数民族文化、茶文化、酒文化、生态文化、科普文化、节庆文化等。虽然黔南的旅游资源都应该开发利用，但是不可能所有的旅游资源都能够成为黔南代表性的旅游资源，必须根据黔南十二县市的地脉和文脉来分析和提炼。根据黔南的地脉和文脉，其突出的、具有代表性的旅游资源的级别可划分为：一级——平塘大射电科普

文化、荔波世界自然遗产生态文化、三都水族文化、都匀毛尖茶文化；二级——瓮安红色文化 、福泉和贵定的佛道文化、长顺的夜郎文化、惠水的好花文化 、独山的抗战文化、龙里的体育休闲文化、罗甸的水玉文化。围绕这一资源家底，首先要聚合的是黔南的整体旅游形象，既塑造黔南在旅游市场上的鲜明的整体形象，又以整体旅游形象来吸引市场。其次，在黔南整体旅游形象之下统一规划十二县市的旅游形象，再围绕这些形象系统，根据不同县市所拥有的旅游资源，统一规划建设出支撑这一形象的、不同特色的、个性鲜明的旅游产品。再次，不同级别的旅游资源开发利用要轻重缓急有别。

在这一方面，桂林市提供了很好的范例。桂林市旅游规划的制定明确划入桂林市旅游发展改革委员会，与城建、交通、土地等职能部门达成共识，和相关职能部门建立联席会议制度。全市重点旅游产业或片区的规划是桂林市旅游发展改革委员会统一来做的，有专门的规划资金。在此之下，每个县打造一个针对市场需求的旅游品牌，各县各自定位（要求一县一特色、一个产品品牌），在发展改革委员会用三分钟时间讲出自己县的特色，强调差异化，避免同质化。

2. 黔南旅游发展的资金家底

黔南属于后发地区，受这一因素制约，旅游业发展资金的政府投入有限，因此，必须更加着力于市场投入。但是，在目前全国旅游热的大势下，各级地方政府对资本市场的争夺非常激烈，例如，桂林作为一个世界著名的旅游地，其后续发展也需要资金，但在市场中也时常碰到有米无炊的情况。因此，桂林市在规划制定后，规划落地有配套资金，有配套用地指标（50亩以下由旅游发展委员会统筹即可），先是政府牵头运作，以后逐步转化为市场运作。

可见，从行政职能部门整体考虑资源一体化管理，如土地、基础设施、投入的经费、形成的固定资产等是一个要解决的重大难题。要解决这一难题，还是要聚合，即将属于市场的旅游职能和资源统一聚集到公司中，按现代企业的制度进行运营，由市场来配置和优化资源，解决资金和产品问题。

（二）行动上"扩集聚、防虹吸"

1. 优化整体旅游形象，形成形象支撑系统

黔南从20世纪90年代开始，曾有过"地球绿宝石 风情黔南州"的整体旅游形象，其后又变为"生态之州 幸福黔南"，还有过"仙境黔南"的动议。但一个区域旅游形象的塑造既要彰显特色，又要在一段较长的时间内通过实际的开发建设和宣传去延续，否则会造成旅游者对区域旅游形象感受的不真实而使形象受损，也会因为传播对象的不明确、传播途径的简单化、传播内容的复杂化而对区域旅游发展造成事倍功半的结果。比如，都匀市从1999年开始至今短短15年就有近10个旅游形象出现，短时期内的多维定位，导致旅游形象标志无从诞生，缺少了人地感知的重要桥梁。景区打造无特色，行为多变。景观优化，旅游从业人员的素质提升，政府、企业和居民行为的管理和引导等目标不明，没有方向性，成效不明显，不知道该做什么样的旅游。结果就造成了旅游市场对都匀市旅游形象感知的模糊化，直接影响了他们对都匀的认知，继而影响他们对都匀的选择度（表1）。

表1　都匀市具有代表性的城市旅游形象网络感知度

时 间	旅游形象	数量（个）
1999年	高原桥城——都匀	47500
2004年	山水桥城、魅力都匀	22800
2007年	中国毛尖茶都——都匀	92000
2012年	全球绿色城市——都匀	351000
2013年	毛尖名茶之乡 高原养身绿洲	0

资料来源：2014年百度搜索后统计

因此，在高铁旅游大潮来临之际，要在“多彩贵州”的主体旅游形象之下，优化黔南整体旅游形象，形成鲜明的形象系统（图1），并用其作为开发建设和宣传的统一指导。

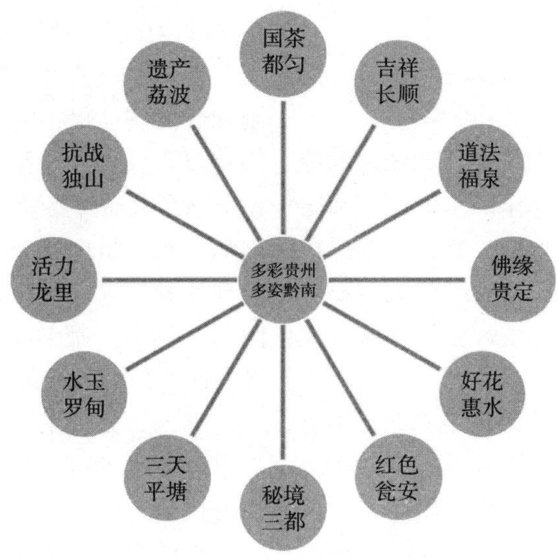

图1 黔南州及十二县市旅游形象优化图

2. 优化旅游资源开发的空间布局，轻重缓急有别

做好高铁时代下黔南州旅游产业的布局，要不铺摊子，集中全力抓重点，点滴积累建亮点。

①集中全力抓重点——“四足鼎立”

目前，天文旅游产业属于新兴的产业类型，黔南在国内开发天文旅游产业的市场非常广阔。国内天文旅游的相关研究还比较少，主要集中在天文旅游产业、天文旅游与农家乐、天文科普旅游地功能分区等三个方面，基本论述了该地区的发展现状及其问题和对策。因此，目前我国对于天文旅游产业的研究缺乏系统的理论体系，存在研究手段落后、认识不全等问题。而平塘乃至贵州省关于天文旅游业的发展还处在开发阶段，没有针对平塘天文旅游产业发展方面的研究。为此，黔南应该抓紧成立天文主题旅游课题组、围绕黔南的天文景观、自然观景地、天文史迹与文物、现代天文观测设施、少数民族宇宙观等进行调查研究，结合贵州天眼超算中心，以大数据为平台来创新天文旅游体验模式。近期应该集中一切资源，吸引外资，全力推进平塘大射电科普文化旅游区建设，在黔南境内再造一个对国内外旅游市场有强烈吸引力的世界级景区。

荔波旅游业已经向成熟迈进，本身已经具有造血功能，关键是自身如何以休闲度假旅游产品为导向，深化和提升旅游产品。

三都要结合黔南州民族旅游村寨特色不明显的问题探讨如何优化提升。可以抢抓先机，建设一个以水族文化遗产为核心的世界文化遗产乐园，与荔波一起，成为一个世界级的自然和文化遗产休闲度假旅游区。

桂林中医康体养生园紧邻高铁东站，占地2700亩，总投资120亿，集中医科学研究、中医文化体验、长寿之星互动、养生护理人才培养为一体，是桂林旅游转型的新标杆。都匀应以此为鉴，充分利用现有的中国茶文化博览园和毛尖镇进行都匀毛尖茶文化产品的升级换代，并结合都匀经济开发区即将建设的三线文化体验园、饶家文化体验园，以及都匀市以南沙洲绿地公园为核心，以剑江河为纽带的剑江休闲养生度假带进行快速而有针对性的多途径营销，用两年左右的时间使其从起步期直接跨越到兴盛期，使都匀市成为名副其实的“优秀旅游城市”，成为国家级的著名旅游目的地，成为黔南承接贵广高铁、南联黔南重要景区的第一旅游集散枢纽。

②点滴积累建亮点

对二级旅游资源，要通过小投入式的日积月累逐渐提升。每次增加一些旅游设施，要让企业、社区获得经济利益，改善社区的生态环境。在市场中寻找机遇进行突破，可以采取互联网中的众筹方式去筹集发展资金。

3. 增强旅游业创新能力

高铁时代黔南旅游业创新要抓住四个关键词，即“互联网 +”、企业、产品、人才。

在“互联网 +”方面，要快速打造全州统一的旅游电子商务服务平台，与电商合作，实现线上和线下的整合。因为现在的自驾、自助、其他散客对接待水平和服务设施的要求更高。实现智慧旅游要从目的地营销、景区质量提升、电子行程单、旅游大数据统计分析等方面统一考虑。

在企业创新方面，黔南州于2014年成立了国有的贵州锦绣实业有限公司，这一平台承担着黔南旅游资源整合、经营管理、旅游投融资等职能。但由于黔南的旅游资产目前还是分为州县两级，资源的价值怎么评估？资源怎么统一利用，新产品怎么开发和营销，收益怎么分配，旅游基金怎么运作等聚合问题困难重重，实操难度大，需要黔南州委州政府强力解决这一问题，使其和黔南旅游发展改革委员会一起成为推动黔南旅游跨越式发展的“文武双将”。逐步引入市场资本，转变为国有控股集团，推动其快速成长，上市。

在旅游产品的深度创新方面，例如，水族马尾绣因为传承人数量有限，又是手工加工，不能量产。产品价格定高了，买的人少。价格定低了又不能体现传承人的价值。如果鼓励校企合作、校所合作，利用国家科技研发基金，加上企业投入的研发基金，使用现代数字化技术解决创作前期的构图和色彩搭配问题，产品的生产时间就可节约1/5，成本也可以降低不少（马尾绣画图和色彩搭配设计的市场价格一般在100元左右）。这样，企业产量能提升，产值能增加。文化产业有了新发展，旅游业也有了独具特色的商品作为保证。源源不断的创新，使市场的竞争力和占有度随之增强，旅游产业实现了文化增值，文化产业也实现旅游增值。

在利用人才培养人才方面，和相关省市旅游发展委员会合作办班，培训旅游管理人员和从业人员。要与地方高校深入合作、常态化地合作，开展培训、论坛、旅游规划等工作。对在校学生的人才培养方案双方互动调研，根据黔南的旅游业发展业态进行调整。如桂林市根据自身的旅游业态发展需求进行课程设置动态增减，开设了专门的高铁乘务专业。

4. 提升旅游服务水平

①加快高铁节点城市旅游交通网络的建设，强化区域内旅游交通与高铁的高效对接

第一，交通部门体制要顺畅，重点解决条块分割和区域利益保护的问题。黔南由于政策阻碍，部门利益，长期没有批准旅游大巴进高铁站。各高铁站应该有直通重要景区（客源集散地）的大巴，区域内部的重点景区游客集散中心也要有旅游专线大巴实现便利转乘。另外，要解决城市公交运力浪费的问题。例如，都匀除了高铁快巴士以外，都匀市到开发区的公交车不允许进高铁站。

第二，充分重视散客的可进入性和可达性，以“互联网 +”促进旅游交通融合发展。首先，针对自驾游快速增长的特点，以及两广、成渝、江浙、京津等地游客的自驾偏好，通过贵州锦绣实业有限公司与神舟租车网等合作，整合黔南租车行业，形成各高铁、机场站点、节点城市与景区之间的便捷的租车服务网络。其次，在全国率先进行高铁站点旅游交通试点改革。如在高铁站点全面推行用滴滴打车等方式利用社会闲散资源弥补服务不足。最后，思考如何创新对上述服务行为的管理，使其与传统交通企业能够良性竞争，这样，既可以促进服务质量的提升，还可以解决在交通枢纽站点旅客被宰、被骗等负面影响。

②科学合理地选址建设旅游集散中心

高铁节点城市和旅游景区的旅游集散中心的选点设立要科学合理，既不增加原有老城区的交通压力，还可以促进现代服务业的综合发展，提高就业率和就业质量。例如桂林设置高铁站后，在城区（北站）设置游客集散中心不合理：首先，游客换乘时间长；其次，给老城区带来更大的交通压力，游客进出时间被延长。但其在高铁南站将原来高铁北站的货物分流值得借鉴。旅游集散中心的建设要规范化，建立一系列游客咨询服务体系，为旅游者提供吃、住、行、游、购、娱全方位的出行服务，同时也应提供语言、通信、咨询、预订、安全、救援、法律等各个方面的服务。

③管理考核要统一

例如，桂林结合高铁对全市旅游部门进行绩效考核：采取标准化管理，用一套指标体系在旅游目的地建设方面统一考核县委县政府和旅游局。公共

服务体系全市一个标准，不以县区差异而区分。

5. 互利合作共“虹吸”

要和“两高”沿线旅游城市抱团发展，开展区域合作，积极与沿线城市签订《旅游发展战略合作协议》，发展旅游联盟。通过结合各地优势，实现联合营销、互送客源、互相优惠、互相奖励、互相培养。

【参考文献】

[1] 贵州省人民政府 . 省人民政府关于加快黔东南、黔南、黔西南自治州交通建设发展的意见 . 黔府发〔2015〕13号 .

[2] 桂林市发改委 . 桂林市开展高铁经济带建设情况 .2015.

[3] 贺州市发展和改革委员会 . 贺州市参与贵广高铁经济带建设基本思路 .2014.

旅游开发制度选择与贵州民族传统村落的保护
——以贵州省雷山县上郎德的“集体主导型”旅游开发制度为例

李天翼　潘盛之[①]

（贵州民族大学民族学与社会学学院，贵州 贵阳 550025）

【摘　要】旅游开发一直被贵州众多民族村落进行村落发展与文化传承和保护的重要策略。经过多年的实践证明，通过旅游来推动地方经济、促进民生，乃至村落及其文化的保护与传承，有很好的效果。以“工分制”为基础发展起来的上郎德集体主导型旅游开发制度让村民在经济上获益匪浅，更难能可贵的是，该旅游开发制度对村落传统文化的保护起到了积极的作用，与民族传统村落强调社区发展、强调文化的传承与保护不谋而合，在这方面，上郎德无疑给我们提供了一个鲜明的案例。

【关键词】民族传统村落；民族文化保护；集体主导型

一、前言

近年来，民族传统村落及其文化的保护备受贵州社会各界的关注，也是贵州学界讨论的热点议题。众多学者从民族文化保护的重要性、政策措施等维度纷纷提出了自己的见解，在很大程度上促进了民族传统村落及其文化的保护。然而具体到民族村落，可供村民具体施行、操作简单的村落保护制度并不多见。而贵州省雷山县上郎德苗族社区的民族旅游开发却独辟蹊径，主要采用以“工分制”为基础的集体主导型旅游开发制度，实现了村民对旅游经济、管理、决策的全面控制。不仅确保了村落居民的旅游收益，也促进了民族传统村落及其文化的保护。

二、制度及旅游开发制度

（一）制度及旅游开发制度的内涵

制度是约束人类各种行为的规范。在人类学家马林诺夫斯基看来，制度是文化的重要构成部分。在制度经济学领域，凡勃伦认为：“制度实质上就是个人或社会对有关的某些关系或某些作用的一般思想习惯；而生活方式所构成的是在某一时期或社会发展的某一阶段通行的制度的综合，因此从心理学方面来说，可以概括地把它说成一种流行的精神态度或一种流行的生活理论。”[②]凡勃伦的这一定义可以理解为非正式制度意义上的。新制度经济学家诺斯指出：“制度是一系列被制定出来的规则、守法程序和行为的道德伦理规范，它旨在约束追求主体福利或效用最大化利益的个人行为。”[③]在旅游开发语境中，笔者认为，旅游制度就是旅游开发利益主体因经济利益而出现、决定各种开发活动和关系而展开的规范性框架。旅游制度的安排，可以被视为制度的操作化和具体化，包括制度的选择、设计与施行等内容。旅游制度的最后选择由各利益主体在旅游开发场域中的资本和权力博弈结果所决定。它可以是自愿性的安排、强制性的安排，也可以是旅游各利益主体经过博弈后的协商安排。

（二）贵州民族传统村落中的旅游开发制度

贵州是我国南方地区民族传统村落较多的省份

① 李天翼（1975—），男，苗族，贵州雷山人，博士，贵州民族大学教授，西江千户苗寨文化研究院院长；潘盛之（1963—），男，侗族，贵州锦屏人，博士，贵州民族大学教授。

② 凡勃伦：《有闲阶级论》，第 139 页，北京：商务印书馆，1964 年。

③ 诺斯：《经济史中的结构与变迁》，第 226 页，上海：上海三联书店，2002 年。

之一，据相关资料统计，贵州行政村落有20291个①，自然村落更是不计其数。其中，在拥有丰富的自然与文化旅游资源的黔东南、黔南和黔西南三个自治州，行政村落的数量就分别达到3384个②、1831个③和2081④个；贵州众多的民族传统村落，风光绮丽，文化独特，自然与文化旅游资源十分富集，为其开展民族旅游奠定了坚实的基础。

贵州的民族旅游开发始于20世纪80年代，至今已有近30年的历程。就整个民族村落开发旅游的历程来看，贵州民族村落中的旅游开发制度先后经历了计划经济型和市场主导型两个阶段，在前一阶段，民族村落的旅游谈不上真正意义上的开发，它更多的是一种自上而下的接待，缺少相应的市场行为；后一阶段始于20世纪90年代，伴随着我国从计划经济向市场经济的转轨而兴起，其旅游各种要素由市场自动调节。充分发挥市场在旅游资源配置中的基础作用。经过多年的发展，在开发制度上，如果从主导开发制度的主体力量来划分，贵州民族传统村落旅游开发制度可以分为家庭主导型、集体主导型、公司主导型和政府主导型四种。

表1　贵州民族传统村落旅游开发制度类型表

制度类型	开发主体	重要开发村落
家庭主导型	部分村民	贵阳市花溪区镇山村、紫云县中洞苗寨
集体主导型	全体村民	雷山县上郎德苗寨、凯里市南花苗寨和麻塘革家寨
公司主导型	公司	平坝县天龙村
政府主导型	政府相关部门	雷山县西江苗寨、黎平县肇兴侗寨

资料来源：笔者根据相关材料搜集整理

这些众多的旅游开发制度为民族村落旅游的发展以及村落文化的传承与保护起到了积极的促进作用。

三、上郎德村及其旅游开发中的“工分制”⑤

（一）上郎德村介绍

上郎德村位于贵州省黔东南州雷山县西北部，距省会贵阳260公里。全寨共128户，530人。1986年被国家文物局列为全国第一座露天苗族风情博物馆，1997年被文化部授予“中国民间艺术之乡”，2001年被国务院列为“全国重点文物保护单位”。作为贵州省较早的民族旅游开发村落，上郎德村苗族文化十分浓厚，是贵州省“巴拉河民族旅游示范项目区”规划的旅游村落之一。自20世纪80年代开始进行旅游接待以来，该村的旅游发展迅速。截至2010年，已累计接待游客超过百万人次。

（二）上郎德旅游开发制度中的“工分制”

“工分制”是我国人民公社化时期的一种生产与分配制度，是过去农村集体社员参加集体劳动获得劳动报酬的一种形式。后来，由于家庭联产承包责任制的出现，工分制也随之被废除。但自1986年进行旅游开发以来，上郎德村村委及其村民在旅游接待中，充分发挥自己的聪明才智，将“工分制”和旅游开发巧妙地结合起来，经过二十多年的完善与努力，开创出了一套完整的“工分制”旅游开发制度。

目前，郎德上寨苗寨的“工分制”旅游制度有以下几个特征：

1. 上郎德村的旅游管理机构主要是旅游接待办公室，其成员由村民自己选出，是本村旅游管理机构。

---

① 参见“中国广播网”：贵州行政村实现“村通电话 ”http://www.cnr.cn/guizhou/xw/gzxw/200711/t20071126_504637848.html 登陆时间：2010-06-09。

② 参见黔东南州政府办公室：《黔东南州 3384 个行政村全部开通移动电话》，载“贵州省人民政府网”，http://www.gzgov.gov.cn/shouye_tc/showzwxx.asp?id=39111 登陆时间：2010-06-09。

③ 参见黔南州人民政府网 ,http://www.qiannan.gov.cn/qngov/73468267456364544/20070207/368.html 登陆时间：2010-06-09。

④ 参见百度百科黔西南布依族苗族自治州 http://zhidao.baidu.com/question/144928941.html?si=1 登陆时间：2010-06-09。

⑤ 本部分参见笔者拙著《贵州民族村落旅游开发模式研究》，第 77—101 页，成都：西南交通大学出版社，2014 年。

村旅游接待办公室的职责主要包括接待游客、管理村落、对村民宣传教育、与上级旅游主管部门联络以及管理村里旅游收入与分配。旅游接待办公室成员均由全体村民选出。如果在管理和决策过程中，村民认为旅游接待办管理成员不公正不尽职，村民可以向接待办或村委反映情况，要求旅游接待办改进有关管理与决策。

2. 歌舞表演是社区最主要的旅游接待内容，本寨全体村民都有平等参与表演与分配权。原则上每个村民都可以来参加表演与参与分配。但由于部分村民外出打工或在外读书、工作等原因，目前能正常参与旅游表演接待的在300人左右。在外面读书或工作的村民回村时均可参与接待，但出嫁的姑娘除外。

3. 凭分记酬，按劳分配。村委规定，在旅游接待的表演总收入中，村委提留30%，用于寨上修桥补路，维护寨容寨貌以及与旅游有关的开支。其余的70%对村民按劳分配，凭工分计酬。每场旅游接待以家庭为单位，按家庭实际出工人数，记工分一次，多来多得，少来少得，不来不得，每月结账一次。旅游收入和分配情况定期公布，受村民监督。

4. 村民参加接待按"角色"和"着装"不同而工分不同（见表1、表2）。

表2　上郎苗寨旅游接待"角色"工分表

角色名称	桌长	迎客	芦笙	陪场	演员	学生	管理者
工分值	1	1	9	6	4	1-5	18

表3　上郎苗寨旅游接待"着装"工分表

着装名称	长衣	便衣	盛装	盛装加银衣	盛装加银衣银角
工分值	10	9	11	15	20

5. 在确保人人有平等参与旅游接待的基础上，"工分制"向普通群众、妇女、老人、小孩等弱势群体倾斜。例如参与旅游管理的旅游接待小组成员每人每场只能拿18分，而群众演员每人每场最高的可拿20分；作为演员的妇女如果能全程参与完整个接待表演，其工分数要高于参与全程表演的男性；上了70岁的老人和老年病号每场都有6分。

6. 为保证群众能按时和自始至终参与旅游接待，村里实行严格的工分票分阶段发放制度，村里根据不同参与人员制作不同分值的工分票，以穿戴是否整齐和是否按时到岗到位来分阶段发放，由有关人员负责各组（如老年组、妇女组、表演组、学生组等）工分票的发放和回收登记。

7. 每场表演散场后登记工分，然后月底分红。每场表演结束后，由各组发票人员负责收缴登记，再到村会计处汇总。村会计必须把每场接待中每户居民所得工分作登记，每月结算一次进行分红。会计须算出各户月总工分，再算出当月全村总工分和当月可分配金额总数，然后以当月总收入确定当月每个工分值多少钱，最后算出每户村民应分得的金额数。

四、"工分制"旅游制度对民族传统村落保护的正效应

（一）"工分制"旅游制度对村落经济的积极影响

由于"工分制"旅游开发制度的普遍性与平等性，上郎德村民对参与旅游的积极性非常高。旅游收入逐年增长。尤其自2003年后，随着贵州旅游业的迅猛发展，到上郎德村旅游的游客越来越多。近几年该村的每年旅游收入超过100多万元。现在，上郎德村平均每天都要旅游接待五六场以上。以2009年1月29日的数据为例，当天村民共接待了三个旅游团，团费收入1900，其中拿给村民分配的有1425元，当天共有117户村民参与抢工分，最高的每户可拿到38.66元。

表4　上郎德村旅游收入统计表（2009年1月29日）

项目名称	1	2	3	合计
表演收入（元）	700	600	600	1900
集体提成（元）	175	150	150	475
应分配额（元）	525	450	450	1425
总工分合计	2931	2647	2646	8824

资料来源：上郎德村旅游接待办公室

表5　上郎德村部分村民旅游工资发放额数表（2009年1月29日）

姓　名	工　分	金额（元）	姓　名	工　分	金额（元）
陈正德	63	10.87	陈光华	60	10.45
陈绍林	14	2.38	陈庆龙	24	4.19
陈国荣	0	0	陈通华	114	19.68
陈者送	53	9.19	陈勇金	129	22.33
陈正久	133	23.01	陈民军	81	14.02
陈正文	65	11.17	陈光和	138	23.94
陈忠正	12	2.04	文妮者	223	38.66

资料来源：根据资料整理

从以上数据可以看出，上郎德的“工分制”旅游开发制度给村民带来了良好的经济收益。仅1986年至1999年这十多年间，上郎德经济收入就由人均205元增至1500元，电视机由5台增至77台，缝纫机由20部增至97部，自行车由15辆增至62辆，手表由10多块增至400多块，银饰由15套增至118套，每套约值5000元人民币。如今，上郎德村的经济情况更是今非昔比，家家户户几乎都有电话和彩电，且大部分人家用上了液化灶和电磁炉。生活水平和周围寨子相比，应该说是最高的。

（二）“工分制”旅游制度对村落传统文化的积极保护作用

1976年，美国学者Dean MacCannell在其著作《旅游者：休闲阶层新论》中认为：由于制度化、程式化的现代生活及其所衍生的消极情绪，人们出游正是为了寻找和体验一种真实。对于民族传统村落而言，由于其自然景观和文化景观迥异于其他旅游项目，体现了文化真实性的存在。因而寻求“文化真实”就成了游客前往村落旅游的中心指向。自上郎德村进行旅游开发以来，大部分村民就意识到保护其文化真实性的重要性。“人家从那么远的地方跑到我们这里来，还不是冲着我们古老的风俗，（如果）这些东西没得了，人家肯定也就不来了。”“这些东西（指本寨文化）是我们苗族老祖宗留下来的，要是保护不好，人家就不来了。”村民朴实的话语道出了自己对保护传统文化的自觉意识。

由于“工分制”旅游制度的存在，上郎德村的村民人人都能受益。因此，每位村民都能自觉地对参与到对本村的文化保护中来。为了进一步加强本村文化保护措施，经过全体村民讨论，2001年1月村里制定了《上郎德村村规民约》(简称《民约》)，就文化保护规定了相应的措施。例如，《民约》规定社区内的吊脚木楼建筑物、杨大陆故居、民俗陈列室、杨大陆桥、花街路、寨门、水沟、水井、风景树木等寨容寨貌景观都是村民必须要重点保护好的对象。如果这些设施出现人为损害，责任人要受到50元以上500元以下处罚。同时，为了保护吊脚木楼的完整性，村里明文规定，在本寨内村民一般不得修建以砖代木的楼房，如想修建此类建筑，须到村里划定的区域内修建。因此在整个村落中，人们不会看到任何一幢砖瓦建筑。

歌舞是苗族传统文化中的重要组成部分，但在现代化的过程中，由于受外来文化影响，苗族村落歌舞文化处于流失的困境。但在上郎德社区，由于“工分制”旅游制度充分调动了社区居民对苗族传统歌舞传承与保护的极大热情，和别的苗族村落相比，这里的大部分男人都会吹芦笙，大部分妇女都会表演苗族歌舞。此外，为了鼓励本村儿童学习本寨民间歌舞，村里还制定了相关措施对之进行奖励，极大地鼓舞了社区儿童参与对苗族歌舞的传承。

吊脚木楼体现苗族传统文化的特色。但随着外来文化的影响，在一些苗族社区中，开始出现了一些砖瓦楼房，虽然人们修建砖瓦楼房这一行为无可厚非，但“传统建筑的拆除和改变，会导致社区居民历史感的消逝及族群魅力的逐渐丧失，人们的生命记忆和族群文化认同会趋于淡漠，应有的民族自豪感也难以唤回”①。旅游的存在，使上郎德村社区居民更加意识到传承吊脚木楼的重要性，当被问到“如果您想修建新房子，你会修成什么风格的住房时”，有80%的村民回答“修建吊脚木楼”，只有20%的人愿意“修建砖混住房”。

“工分制”旅游制度也让苗族民间传统工艺“后继有人”。上郎德村128户人家中，有85户参与了民族工艺品的销售，这些人家销售的工艺品虽然有部分是从附近的民族旅游工艺品市场采购来的，但也有织锦、绣片、银衣等部分工艺品出自当地妇女自己的手里，随着旅游的发展，游客对此类的工艺品需求量很大，这刺激了上郎德村妇女学习刺绣和制作银衣的积极性。在笔者调查的20位上郎德苗族妇女中，大部分都会刺绣和制作本族传统服装。虽然这些妇女制作民族工艺品直接目的是为了赚钱，但在客观上却对苗族传统民间刺绣起到了恢复、传承和保护的作用。

（三）“工分制”旅游制度拓展了村落传统文化的生存空间

早期的旅游人类学研究认为，民族文化旅游有着独特的特点，因而吸引了大量的游客，然而面对纷至沓来的游客，也会出现文化商品化、异质化等消极现象，甚至最终会导致当地文化的消亡。特纳（Turner）和阿西(Ash)认为：“那些在远离西方世界的地方发展起来的文化的审美、愉悦价值，很快就被游客优越的经济状况所吞噬……今天的旅游已经开始了消灭文化的工作。”②时至今日，持此观点的学者大有人在。然而，“文化的保存只有在文化传统与活生生的生活实践相结合中才能实现”。③在上郎德村的个案中，我们可以看到，旅游的存在不仅让文化传统不会轻易消失，而且还极大地拓展了民族文化的生存空间。

苗族服饰文化是苗族传统文化的精髓，苗族服饰种类繁多、工艺精湛，但就现在的情况来看，各地苗寨不管是苗族服饰的拥有量还是其使用频率，都在不断地萎缩。年轻一代已经对苗族传统服饰的穿戴缺乏足够的兴趣。在许多年轻人眼里，穿上这些古老样式的服装就意味着落后和不时髦，苗族传统服饰的生存空间也因此沦为逢年过节的象征性穿戴。然而，在上郎德社区，我们看到苗族服饰的生存景况却与上述情形极为不同，在这里村民每天差不多有一半的时间穿着各式的本民族服装。诚然，有人会认为这种穿着有损于文化的真实性（authenticity），但该村村民穿戴本民族服装的频率较高却是不争的事实。在村里刚开始接待旅游团队的1987年，全寨仅有18套银饰盛装，而如今拥有130多套，平均每户至少一套。村里女孩子，凡是能登场跳舞的都有银饰盛装，有的有两到三套，连出嫁时的盛装都准备好了。更重要的是，以前无人问津的苗族传统服饰，在旅游的刺激下，其潜在的商品价值得到了凸显，在上郎德村，经常有游客用不菲的价格购买传统的苗族服装。因此，“在对民族文化的开发利用中，人们就既是在延续过去，又是在使过去在现在中得到显现，是在建立一种制度”。也“正是在制度化的运作过程中，民族文化中的物质、制度、观念文化才获得了一个能够继续发展的场所”④。

五、结论

在过去的40多年中，旅游开发一直是贵州众多民族村落进行村落发展与文化传承和保护的重要策

① 孙九霞：《社区参与旅游对民族传统文化保护的正效应》，《广西民族学院学报》，2005年第4期。

② 宗晓莲：《西方旅游人类学研究综述》，张晓萍主编：《民族旅游的人类学透视》，第6页，昆明：云南大学出版社，2005年。

③ 马翀炜、陈庆德：《民族文化资本化》，第224页，北京：人民出版社，2004年。

④ 马翀炜、陈庆德：《民族文化资本化》，第224页，北京：人民出版社，2004年。

略。经过多年的实践证明，通过旅游来推动地方经济、促进民生，乃至村落及其文化的保护与传承，都有很好的效果。当前，在城镇化的背景下，如何通过一个切实可行的制度来达成民族传统村落及其文化的发展与保护极其重要，即选择一个什么样的开发制度，对当地经济、文化的发展与传承相当关键。从上郎德的个案可以看出，旅游仍是目前贵州民族传统村落保护与发展最有效的解决途径之一。通过“工分制”为基础发展起来的集体主导型民族村落旅游让村民在经济上获益匪浅，更难能可贵的是，这种集体主导型旅游开发制度对村落传统文化的保护起着积极的作用，这和民族传统村落强调社区发展、强调文化的传承与保护不谋而合，这对于当下如何进行村落保护无疑具有重要的参考意义，最后从传统村落保护的主体来说，在发展的过程中，选择什么样的民族文化保护与开发制度，也要以人为本，应权衡当地人的自主选择，在这方面，上郎德的集体主导型旅游开发制度无疑给我们提供了一个鲜明的案例。

【参考文献】

[1] 凡勃伦．有闲阶级论[M].北京：商务印书馆，1964.
[2] 诺斯．经济史中的结构与变迁[M].上海：上海三联书店，2002.
[3] 李天翼．贵州民族村寨旅游开发模式研究[M].成都：西南交通大学出版社，2014.
[4] 马翀炜，陈庆德．民族文化资本化[M].北京：人民出版社，2004.
[5] 张晓萍主编．民族旅游的人类学透视[M].昆明：云南大学出版社，2005.
[6] 孙九霞．社区参与旅游对民族传统文化保护的正效应[J].广西民族学院学报，2005(04).

旅游语境中畲族彩带变迁研究
——以浙江景宁县畲族彩带为例

邱云美①

(浙江丽水学院商学院，浙江 丽水 323000)

【摘　要】 彩带是畲族的传统手工艺品和实用品。近年来，随着畲族人口聚居区现代旅游业的发展，畲族彩带的传统功能和编织工艺也发生了变迁。旅游发展使已从民间衰落的畲族彩带走向公共领域兴盛，旅游语境下的公共领域使畲族彩带的部分传统功能得以强化，并赋予其新的功能。政府引导和市场需求是畲族彩带发生变迁的动因。

【关键词】 景宁畲族；彩带；旅游语境；变迁

畲族自称"山哈"，意指居住在山里的客人，主要分布在我国东南部的浙江、福建、广东、江西和安徽等地区。尽管畲族人口总体上杂居在汉族人口占明显优势、经济相对发达的我国东南沿海地区，但因"所居在丛菁邃谷，或三四里，或七八里始见一舍，无比屋而居者"[1]，山高路陡，交通不便，这种相对偏僻封闭的自然环境使得一些畲族文化得以保存。同时，1949年以前，畲民族近乎与世隔绝，难以受先进生产方式的影响。浙江省景宁县是全国唯一的畲族自治县和华东地区唯一的少数民族自治县。相对于其他畲族人口聚集区，景宁畲族自治县较好地保存了本族文化，其中彩带便是畲族文化中颇具民族特色的部分。景宁畲族彩带编织技艺现已被列入浙江省非物质文化遗产名录。彩带既是畲族的传统手工艺品和实用品，也是传统畲族服饰的重要组成部分。不少学者从畲族彩带编织工艺[2][3]、印染技术[4]、符号纹饰[5][6]等角度对其进行了研究。近年来，随着民族文化与旅游结合日益紧密，作为全国唯一的畲族自治县，畲族文化旅游自然成为景宁畲族自治县旅游发展的主题和打造的旅游文化名片。在畲族文化旅游发展中，颇具畲族特色的彩带在民族文化旅游产品开发、畲族旅游环境氛围营造等方面发挥着重要的作用。在传统畲族彩带文化与旅游产业融合日益密切的当下，对旅游影响下畲族彩带的变迁和传承进行研究是十分必要的。但在旅游语境下，畲族彩带的变迁、传承和保护尚未引起学者足够的关注。鉴于此，2012年7月、2013年8月、2013年和2014年"中国畲乡三月三"期间，笔者多次深入景宁畲族自治县的东弄村、鹤溪镇、大均"中国畲乡之窗"景区等进行了观察、调查，其中以东弄村为田野调查重点。

东弄村地处浙江省景宁畲族自治县鹤溪镇南部，距景宁县城5公里，因位于敕木山东峡谷，呈龙角形地貌，谷深如弄，故名"东弄"。据东弄村蓝氏宗谱记载，万历七年，族人先祖蓝昆山公带领族人从福建省罗源县塔底干坑村移居东弄村，至今已有438年

※　本文系国家社科基金项目"旅游发展与畲族村落文化变迁及保护研究"（项目编号：12BMZ054）和教育部人文社科规划项目"旅游影响下浙西南畲族文化变迁研究"（项目编号：12YJAZH104）的阶段性成果。

①　邱云美（1968—），女，浙江丽水人，教授，研究方向：民族文化旅游、生态旅游。

的历史。东弄村是国家民委1953年进行畲民族成分识别重点调查考证的村落。该村的蓝延兰①为浙江省非物质文化遗产项目——畲族彩带纺织技艺传承人，六岁开始跟随外婆学彩带编织，一直坚持到现在。作为景宁县畲族彩带编织的佼佼者，每次有客人到景宁县参观、调研彩带，都会找到东弄村蓝延兰家，她就在家里为他们展示彩带编织技艺。所以，东弄村是景宁彩带文化保护和传承得最好的畲族村落。彩带成为东弄村最有特色的非遗项目，现在该村正致力于“彩带村”建设。

一、畲族彩带的传统功能和编织工艺

畲族彩带又称带子、花带、腰带和字带，是过去畲族姑娘必学的手艺。在景宁有“男儿成年去学师，女子七八学‘耕’(织)带，九岁学捻‘曲’(麻)”②的说法，畲家女孩到了七八岁就开始跟着母亲学习编织彩带。彩带编织工具简单，没有特制的织带机，屋内屋外甚至田间地头都可以编织。正如经常出去展示彩带编织工艺的蓝延兰所说，“出去表演的时候我带的工具是最少最轻的。要是我一个人去，带的就是我自己每天换洗的衣服，织彩带的东西就是一根辊轴、两根彩带线和转子，又很轻，放在包里就可以带走，到了表演的地方，就放下来编织彩带，平时摆在那里就可以。但是他们要表演的时候一篮一篮的要带去很多”。传统畲族彩带在浙江景宁、莲都和福建闽东等不同地区，其材料、长宽、颜色、纹样等结构方面有所区别。如浙江景宁的畲族传统彩带以棉麻为主材料，彩带宽3—5cm，纹样宽1—2cm，长100cm左右，彩带周边用白色线织，在白底上用黑色线织成纹样。浙江莲都的彩带以丝绸为主材料，比景宁的更窄更长，宽度2.5—3.5cm，长度180—228cm，白底黑纹，纹样织在彩带正中央，宽度1—1.5cm。福建闽东彩带一般宽2.5—6cm，纹样宽1cm，长30—130cm。尽管畲族传统彩带的结构在不同地区会有所差异，但各个地区畲民赋予其功能是一致的。畲族彩带的传统功能主要表现在以下四个方面：

(一)生活实用品和服装配饰

作为生活的实用品和服装配饰，传统畲族彩带应用广泛，成为以前畲民生产生活的一种必需品。畲族人口主要散杂居于我国东南山区的半山腰或山脚地带，明清以前，“随山散处，刀耕火种，采实猎毛，食尽一山则他徙”的游耕和猎耕并举是其主要的生产和生活方式[7]。因生产生活环境主要是未开垦的密林深山，多荆棘枝挂，出门多佩带砍刀，畲民就用彩带把插砍刀的刀鞘系于腰间，作为刀鞘带。彩带也是畲民普遍使用的束衣带和裤带。束衣带即畲民所说的“蓝带”或“花带”。在浙南，畲族妇女尚青蓝衣，领襟用彩线绣边缘，不用纽扣而以布条打结固定，腰系“蓝带”或“花带”。1922年《浙江温州、处州间土民畲客述略》记载：“畲妇素不著袴，唯系青裙，今则惟景宁畲妇仍其故习，他邑者皆从汉俗矣。其衣用带不用钮，腰间围以二三寸赭色土丝织成之花带。”[8]除此之外，畲族彩带还被用作背包带、女子上衣腰部的装饰带、背小孩的背篼和拦腰裙带等。“拦腰裙”又称“拦腰”，是过去畲民的随身系带之物。在浙南景宁、苍南一带，畲族不论男女，在家做家务和下田上山劳动时都扎麻布围裙，让手脚格外利索；畲族妇女挑柴、背草下山，用拦腰护头；寒冷天气时，老人、小孩用它束身保暖，或者以扎在腰间的“拦腰”或“拦腰裙”掩盖“火笼”取暖，可谓是旧时畲民苦难生活的见证[9]。“拦腰”一般长一尺、宽一尺五寸，染青色或蓝色，镶红布拦腰头，订上彩带。[10]据蓝延兰介绍，一般初学时织得不够平整的、没有花纹的就拿来当裤带或腰带，有花纹的就可以做个拦腰带或盛装时束腰的装饰带。

(二)爱情信物

畲族彩带作为赠送的爱情信物来源于一个美丽的传说[11]。男女双方定亲时，男方由媒人公(以前畲族女人不做媒，做媒都是上了年纪的男子)陪同到女方家相亲，如果女方父母看中小伙子，媒人公就会撮合男女双方达成嫁娶意愿，不管男方送什么给女子，女孩则必定回赠一条自己亲手编织的彩带给男方作为定情信物，因此，畲族彩带又被称为“定情带”。到了结婚那天，新郎会用女方赠送的彩带，将新娘牵入洞房。寓意夫妻俩的爱情天长地久。正如《带子歌》所唱：“一条腰带三尺长，送给贤郎带身上；

① 蓝延兰：1968年6月出生于景宁县鹤溪镇东弄村畲族彩带编织世家，浙江省非遗畲族彩带传承人，念过两年半小学，六岁开始学织彩带，2008年建立了“蓝延兰畲族彩带艺术工作室”，在当地被誉为“彩带王”，她的彩带在1999年浙江民间艺术展上获特别金奖，多家新闻媒体分别以“彩带传人蓝延兰”、“畲族彩带飘四海”、“畲族彩带”等为题对其事迹进行报道。

② 雷光振：《景宁畲族彩带》，《东方博物》，2008年第4期。

真心相爱有情义，年长月月结鸳鸯。”[12]作为定情信物的彩带上往往织有象征爱情的动物图案如鸳鸯和龙凤文字等。民国时的闽东和浙南，还保留有待嫁少女用本人编织的花带作婚姻缔结信物的定亲习俗。其实在景宁的一些畲族村落，畲族的这种习俗一直保持到20世纪80年代①。笔者在东弄村访谈蓝延兰时，她说：“像我这种年龄的是一定要送的，我当时织了一条连体花纹的彩带，送给我老公保存着，我们结婚后彩带就是我们自己保管的，后来有人让我120元卖给他，我不卖，这可是定情的信物。”

（三）辟邪祈福的吉祥物

畲族彩带的纹样符号大多以畲族发展历史，以及山居、果实、狩猎、动植物等为素材，畲族女子在编织这些纹样时赋予其祈福纳吉的寓意，畲民认为织纹是“古传的字，是吉祥的”[13]。凤凰是畲族服饰中最具特色的民族文化元素，也是畲族彩带中最常见的纹样。彩带中的凤凰“希望女孩子长大以后能像凤凰一样美丽、善良、能干，被世人称赞，同时也希望凤凰般的女儿能够嫁到富庶人家，过上甜蜜美满的生活”[14]。而“带首的‘女’字，畲家俗称‘宗蛔’（即蜘蛛），意为妇女要像蜘蛛那样居守于一网之中，不避风雨，辛苦经营，挑起重担，建立美好的生活”[15]。“在闽东畲族中，保留着这样的风俗：人死后，可穿着‘凤凰装’式样的民族盛装下葬，唯独不能用彩带作陪葬品。畲族老人解释说，畲族彩带是辟邪的吉祥物，不能给死人带到阴间去。”[16]在景宁县畲族村落同样有类似的习俗，“在景宁敕木山畲族村，20世纪80年代以前，还有这样的风俗，人到年老病故后，穿着结婚时的衣服下葬，意即婚时带来、死时带转（回），唯独不能用彩带作陪葬……彩带是辟邪的吉祥物，不能给死者带到阴间去，同时也是畲族世代传承下来的图腾缩影”[17]。畲族彩带在历史发展过程中，被畲民不断赋予许多美好的愿望，衍化为祈福、辟邪的吉祥物。如平时系于腰间的腰带，是藏于身边护身的“护身带”；传给子孙的“子孙带”，是希望子孙健康平安；馈赠亲友时，则被称为“如意带”，祝福亲友吉祥如意等。

（四）民族发展历史的载体

畲族是一个只有语言没有文字的民族，文化传承大多依靠口耳相传。传统畲族彩带的意符纹样，景宁当地的畲民称其为“甲骨文”，来源于古代畲民生产生活、居住环境和发生事件的抽象意会，将畲民的山居、狩猎、果实、祭祀、祈求平安等生产生活内容以文字或符号的形式表现出来，承载着极为丰富的政治经济、历史文化、社会人文和自然环境的相关信息，极有可能是畲族交流中所运用的语言的书面形式的一个表现[6]。以彩带纹样作为信息传递的载体，不容易受到外来文化的影响，更能保留其真实稳定的信息，相比语言更具持久性。

畲族彩带纹样主要有三种类型。第一种是以假借汉字的斜体来组成织纹，称为“字带”。1949年以前，畲家妇女没有接受教育的机会，所以不识字。彩带的织纹图样或文字是个别畲族男子书写或绘的，女子照样织成。[17]如以汉字“井”的斜体表示水源；“正”字斜体表示日间工作等。到了近代，随着畲民生活稳定和经济发展，一些畲族村落办起了私塾，部分畲族女孩有了识字的机会，她们把织带工艺与汉字结合，以汉字为主要纹样的字带也逐渐增多。所以，畲族汉字织纹彩带（字带）几乎是与我国近代社会同期出现。[13]景宁的畲家女子喜欢在彩带织上汉字，汉字的内容也往往与当时的社会文化环境有关。如封建社会时期，彩带上的汉字常为“三元及第”、“百年好合”等。1949年以后，常见的文字内容是“自力更生”、“社会主义好”、“保家卫国”等。改革开放后，彩带成为景宁畲乡商业广告的载体。笔者在蓝延兰家看到织有“中国人民保险公司浙江省景宁县分公司”、“畲族自治县惠明茶叶开发有限公司”的特色彩带。第二种称之为“花带”，纹样以会意方式表达事物内容，并作为一种较为固定的格局被保留下来。如用连续的山形表示老鼠的尖牙或锯齿，意为顽强生存、无坚不摧；用“X”表示光芒四射，象征太阳等。第三种是几何变形的织纹，也称为“花带”，是以几何纹样的类似变形表示一些抽象的观念和现象。如以水波纹代表天长地久、范围宏大；由菱形单元变化而组成的纹样表示女性或与女性有关的事物等。

二、旅游影响下畲族彩带的功能和编织工艺变迁

随着时代变迁和畲民生产生活方式的变化，彩带在畲民社会生活中逐渐失去了实用功能；畲汉通

① 蓝延兰结婚的时间是1983年。

婚以及畲乡青年社交方式的多样化，导致畲族姑娘自织彩带作定情信物的传统习俗也已不复存在。现代畲民认为这种织带对他们的社会经济生活已没有实际意义，大多数畲家女子早就放弃了编织彩带的手工艺，少数会织的人仅在表演活动中作特色示范，变成特殊的手工艺技术。[16]但近年来，畲族文化旅游发展使畲族彩带又重新引起畲乡人民的重视，旅游使畲族彩带发生了一系列变迁，也催生了畲族彩带一些新的功能。

（一）畲族彩带的装饰功能不断强化

从20世纪60年代起，畲民身上完整的畲族传统装束已经少见……随着时代进步和人们价值观念的变迁，现代畲族人将彩带用作订婚带的习俗几乎不见。[18]然而，1984年6月，随着景宁畲族自治县成立，畲族文化符号的表达和选取开始受到政府层面的关注，整理、挖掘和保护畲族文化成为彰显景宁为畲族自治县、突出畲族特色的重要举措，使带有畲族特征的文化符号被着力地调动和渲染。[19]尤其是近年来随着旅游经济的发展，畲族文化旅游成为景宁畲族自治县旅游产业发展的一张文化名片。景宁对畲族文化旅游主题的明确定位，使畲族彩带的装饰功能被不断强化，传统畲族彩带的纹饰符号成为营造畲乡文化旅游环境氛围、塑造旅游目的地形象的重要元素。在政府推行的畲族服饰上，彩带作为服装配饰被镶在服饰的领头、袖口、口袋等部位作贴边，或做裙子的飘带等，以凸显服饰的畲族特征。同时，原来只用于服装配饰的彩带也被移植到其他公共场所和空间，以营造畲乡文化旅游环境氛围。如在各种场合的畲族歌舞表演中，彩带是使用最频繁的道具；在传统畲族体育的器械设施、城市沿街的灯柱、公交站点亭子、宣传广告、旅游景区解说牌等诸多公共基础设施和旅游设施上都可以看到彩带的纹饰和符号。依据国家民委和财政部2009年共同发起的少数民族特色村寨保护与发展试点工作，2012年景宁县民宗局编制了《景宁畲族自治县“民族特色村寨”建设项目实施参考方案》(以下简称《方案》)，在《方案》的主要任务“特色民居保护与发展工程”中提到：“在墙上镶嵌畲族彩带”，“中堂上前廊栏杆、在民居适合处镌刻或镶入彩带、畲等字样、图案，协调融入畲族文化特有元素”[20]。因此，现在在畲族特色村寨的墙体、窗户、门框等上面，都可以看到畲族彩带的文化元素，感受到浓浓的畲族特色村寨文化旅游环境氛围。

（二）畲族彩带实用功能的变化

随着现代社会经济发展和人们生产生活方式的变化，原来由畲民自己制作的一些生产生活用品可以很方便地在市场上购买，也有一些生产生活用品现已退出历史舞台。传统畲族彩带作为背小孩的背篼、拦腰裙带、束衣带、背包带、裤带和刀鞘带等的实用功能在现代畲民生产生活中已不复存在。随着传统畲族彩带实用功能的弱化，年轻一代畲家女子也不再去学彩带编织，蓝延兰可以算得上是景宁最年轻的彩带编织艺人。随着旅游业发展，畲族文化对外交流的机会增多和政府对畲乡文化品牌的重视，畲族彩带在多种对外交流场合、仪式中成为畲族文化的象征。1994年，畲族民间艺人蓝陈启①随团参加日本福井市民间艺术祭（节）民歌交流活动，并现场表演畲族彩带编织技艺，她编织的畲族彩带引起日本人关注并想高价购买。回国后，如何开发利用畲族彩带也引起了政府和部分畲民的思考。传统畲族彩带在民间作为吉祥物赠送亲朋好友时，也就像普通物品赠送一样没有什么特殊或象征性的仪式。现代彩带从民间走向公共领域，成为整个畲民族的象征之后，政府、学者和畲族文化精英也开始对畲族彩带的实用功能和赠送仪式给予关注。“彩带作为畲族民间工艺品，目前倒是很吸引来宾重视，是否能像藏族‘献哈达’一样形成风俗，值得我们去开发。”[21]大家觉得要赋予畲族彩带一定的赠送仪式。2008年景宁县旅游局提议，为了开发畲族文化旅游商品，提高畲族彩带的实用性，建议蓝延兰用毛线类的现代材质编织彩带，蓝延兰就尝试用开司米和毛线，以传统畲族彩带的花纹和手工织法，对彩带进行加宽加长，创作编织了宽20cm、长2.5m的彩带。她觉得这种彩带在赠送客人时可以像“献哈达”一样挂在脖子上，冬天可以当围巾，具有实用性，于是把它叫作“彩带围巾”。为了保持传统畲族彩带特征，“彩带围巾”的纹饰主要以甲骨文为主，也有根据客人需要编织字带。“彩带围巾”问世后，政府部门在举办一些与民族文化相关的活动或研讨会时，每次都将其作为吉祥物以“献哈达”的形式挂在嘉宾的脖

① 蓝陈启：1938年正月出生，浙江省景宁畲族自治县鹤溪镇双后降村人，国家级非物质文化遗产（畲族歌王）传承人。

子上赠送。目前，“彩带围巾”因用手工编织比较耗时，最快两三天织一条，产量有限，还没有拿到市场去销售，主要以定制为主，或者一些游客到东弄村旅游时，会到蓝延兰畲族彩带工作室购买。

（三）畲族彩带编织工艺的变化

传统畲族彩带在材料、颜色、纹样、结构和规格等各方面都有自己的特点。清代以前的彩带就分为黑、白、红、黄、蓝五种颜色，“织绩木皮，染以果实，好五色衣服”[22]。畲族人民采取山间植物提取天然染料染成五色织线，其中黑色用山栎皂和当地一种黑土混合染，红色用蔷草根染，黄色用山黄栀的果实染，蓝色用一种叫蓝靛的蓝草叶取汁染。在五色中，以黑、白为主色，其中彩带纹饰部分就以黑、白两色织成，纹饰清晰，简洁朴素。彩带两侧则辅以对称的彩色经线，颜色艳丽，赋予彩带美好活泼之感。而且对当时条件极为艰苦的畲族人民来说，黑色既耐用，又易清洗，是最为实用的颜色。20世纪60年代以前，景宁畲族妇女织带原线料的颜色还是用上述土方法提取植物颜料自染的。[17]20世纪70年代以前，编织畲族彩带所用材料以畲民自己生产的棉纱、麻线或蚕丝为主，用一种畲语称之为“棉垂”的专用工具合股以“Z”向捻为一根成线。纹样大多以楷书斜体的形式织于彩带正中央，宽度1.5—2cm。虽然现在用的毛线要比以前的麻线粗一点，彩带上的花纹也比以前简化了，织起来会快点，但像蓝延兰这种快手编织一条彩带最快的也要两三天，有些复杂点的一般要一个星期，费时最多的一条用了40多天；同时，手工编织的彩带色彩、纹样受到限制，像桃花等一些复杂的图案织不出来。不管是在数量上还是在审美价值上，手工编织的彩带难以满足旅游市场对彩带的需求，所以蓝延兰手工编织的彩带主要以定做为主，或是一些游客慕名到蓝延兰畲族彩带工作室购买，现在市场的销售彩带基本是机器编织。机器编织彩带速度快，色彩丰富，能编织出像桃花、凤凰等比较复杂的花纹、图案，但与手工编织彩带比起来，机织彩带不够平整，有正反面的区别，反面看不到纹样，没有手工编织的结实。现在机织的像3cm左右这种窄一些的彩带主要做服装衣领、袖口、口袋等部位的配饰花边。

旅游语境中畲族彩带的功能和编织技艺发生了很大变迁。一方面，畲族彩带在畲民日常生活中的传统功能逐渐消失；另一方面，作为畲族具有代表性的文化元素，畲族彩带被提取之后登上了“公众舞台”，成为畲民族的重要象征，在公共领域与现代社会需求产生了新的对接，实现了传统与现代的有效结合，使其功能发生了变化。旅游语境使原已退出畲民生活的彩带既传承并强化了部分传统功能，也在旅游文化产业的大平台上，通过接触、交流、借鉴和磨合，实现了其功能上的创新。

三、影响畲族彩带变迁的主要因素

文化变迁不但受其所处的自然环境影响，也深受其所处的社会文化环境影响。对畲族彩带而言，其主要影响因素为行政因素和市场因素。

（一）行政因素的影响

根据田野调查，畲族彩带发生重大变迁的时期是在2008年前后。在景宁畲族自治县“十一五”规划中，当地政府就确定“把发展旅游业作为长期发展战略的重大决策部署”，作为全国唯一的畲族自治县和华东地区唯一的少数民族自治县，畲族风情旅游成为景宁旅游发展的重要主题和旅游营销的文化金名片。为了凸显畲族旅游主题形象，畲族文化符号的表达和提取备受政府层面关注。尤其2008年5月浙江省委、省政府出台《关于扶持景宁畲族自治县加快发展的若干意见》(浙委〔2008〕53号)(后文简称《意见》）的文件，为景宁畲族自治县发展进行了五年规划。《意见》明确提出：“力争到2012年，使景宁经济综合实力进入全国120个民族自治县前10位，接近全省基本实现全面小康社会，并成为全国畲族文化发展基地。”“充分利用畲乡秀美的自然风光和独特的民族文化与民族风情，加快开发特色旅游项目和产品。”①在《意见》的支持、引导下，景宁县政府成立了“景宁畲族自治县建设全国畲族文化发展基地办公室”，并于2008年10月编制出台了《全国畲族文化发展基地建设纲要（2008—2012)》(后文简称《纲要》)。《纲要》提出：“按照‘畲族文化有形化、文化载体项目

① 中共浙江省委、省政府：《中共浙江省委浙江省人民政府关于扶持景宁畲族自治县加快发展的若干意见》（浙委〔2008〕53号），中国景宁新闻网，http://zt.jnnews.zj.cn/whjd/ny.asp?id=547。浙委〔2008〕53号文成为全国第一个省级专项扶持一个民族自治县加快发展的政策；2012年，浙江省委、省政府再次专门为扶持景宁畲族自治县发展出台《关于加大力度继续支持景宁畲族自治县加快发展的若干意见》（浙委〔2012〕115号）文件。

化、文化成果精品化’的三项原则，大力推进‘全国畲族文化发展基地’建设，全面实施‘畲族文化氛围工程、畲族文化产业工程、畲族文化保护工程’三大工程。”先后投入2.3亿资金对鹤溪镇景观进行改造，使县城建设成为对外展示畲族文化的重要窗口。作为三大畲族特色元素（彩带、凤凰、畲族图腾被认为是畲族三大特色元素）之一的彩带，因其既具有装饰功能又具有实用功能，在畲族文化氛围工程和畲族文化产业工程中扮演了重要角色。彩带从畲民家中搬到了舞台、博物馆和旅游景区等公共领域，彩带上的纹饰符号也被抽取出来用在畲寨民居墙体、城市各种公共设施装饰上。同时，景宁畲族自治县还采取了一系列措施对彩带文化进行开发利用和保护传承。一是将畲族彩带申报为国家、省、市非遗项目，落实保护措施和经费。2007年，景宁畲族彩带编织技艺被列入第二批浙江省非物质文化遗产名录。二是培养畲族彩带传承人。蓝延兰原本在大均“中国畲乡之窗景区”从事婚俗表演工作，为了有更多的时间编织和教学，做好彩带传承工作，景宁县相关部门上门动员她放弃大均“中国畲乡之窗景区”的演员工作。2007年，蓝延兰放弃了大均“中国畲乡之窗景区”的演员工作，在家里专门从事彩带编织创作。在省、市、县民宗部门的资助和指导下，2008年蓝延兰在自家房子一楼建立了“畲族彩带艺术工作室”，2009年被评为浙江省非物质文化遗产项目——畲族彩带纺织技艺传承人。为开发具有畲族特色的旅游商品，在景宁县旅游局的提议和要求下，蓝延兰创新传统彩带编织技艺，编织了既有浓郁民族风情的传统畲族彩带，又有实用价值的“彩带围巾”。景宁县还在县民族小学配置畲族彩带编织女教师，建立畲族彩带传承班定期培训。现在彩带编织已由以前畲族女子必学的手工艺转变为游客体验民族文化的旅游项目。

（二）旅游市场需求的影响

传统畲族彩带的创作者是土生土长的畲家女子，她们编织彩带完全是为了自用，因而不受市场需求的制约，在设计和制作过程中她们可以随心所欲、别出心裁，从实际生活出发，把身边环境中的山间花草、林中鸟雀以及象征江河的彩条图案和象征农田的方格图案等编织到彩带中，因而显示出鲜明的民族艺术特色。旅游发展使畲族彩带走向市场。在市场经济环境下，畲族彩带为适应旅游市场需求和自身发展，必然会汲取其他民族的优秀文化并对其自身文化做出相应的改变。游客购买彩带的目的主要有两种：一是进行收藏，二是赠送亲朋好友或作为到畲乡旅游的纪念。以收藏为目的的购买者注重彩带的质量和彩带所承载的传统畲族文化内涵，所以会购买手工编织彩带，他们会愿意出相对高的价格购买。蓝延兰手工编织的“彩带围巾”价格在100—300元，花40多天织的彩带卖到1500元，但需求量小。蓝延兰认为：“一条花两三天时间完成的手工编织彩带才卖到100多块钱，我们觉得蛮便宜啦，但是买家觉得蛮贵了，就是100多块钱买了这样一条彩带哦，我们要花三天多时间来做，三天100块钱、一天只有30多块钱已经不值钱了，如果出去打工的话一天七八个小时做了就有100块钱。”更多的游客仅将畲族彩带作为一般旅游纪念品购买，他们主要注重彩带的美观、色彩的鲜艳以及彩带的价格，对彩带是手工编织还是机织不太关注，一般会购买价格在20—30多元的机织彩带。畲族彩带的材料成本虽然不高，但如果手工编织彩带，非常费工费时，导致手工编织彩带的生产成本大幅提高。为了适应旅游市场对彩带数量和价格等方面的需求，作为畲族特色的手工编织艺术品开始转向由机器批量编织的文化产业。现在做畲族服装花边的彩带一般在义乌定制定做，或一两块钱一米从义乌市场购进，一件衣服用机织彩带花边只要十多块钱，如果用手工编织的彩带花边一件衣服要100—200元。但从义乌批量购进的彩带花边是很难体现畲族文化元素的。笔者在调研期间曾向几位身着畲族服饰的当地人了解，服饰的彩带花边中有哪些纹样是体现畲族文化元素的，他们也不知道。为了既能满足市场需求又能体现畲族彩带特色，蓝延兰有了自己的想法：“机器一个小时能织出几百米，畲族彩带现在能织的花纹有六十多个，但义乌那边他们能织的花纹只有五六个，五六个花纹重复织，很难体现我们畲族彩带特征。以后（我）会买机器做彩带花边，彩带自己设计，用彩带的花纹来做产品，再推销。我也会把手工编织技艺保持下去，要传承畲族彩带的技艺一定要靠手工。走向市场就要用机器，但是要传承还是要靠手工的，手工、机器结合才能使畲族彩带文化和彩带产业一起发展。”旅游提高了畲族彩带的知名度，为彩带新价值的实现提供了平台，但保持畲族特色才是彩带实现可持续价值的根本。

四、结语

传统畲族彩带作为一种手工艺品、实用品和民族文化的载体，曾经在畲族人民的生产生活和社会发展历史中扮演了重要角色，其变迁反映出畲族人民的生活环境和生产方式的变化，折射出畲族人民内心的宗教情结、社会观念和审美意识等的演变。在全球化时代，畲族传统彩带文化（也包括畲族传统婚俗、山歌、体育、医药、建筑等文化）不可能在封闭的环境中生存。政府推动引导和现代旅游市场需求促使彩带从畲民家中走向公共领域，从衰落走向现代复兴，使大家重新认识到畲族彩带的价值，并赋予其新的功能。旅游商业开发可能对畲族彩带文化起到了宣传作用，但这不一定是对这种文化的传承和保护。为实现彩带文化开发利用和传承保护相协调，一方面我们可以合理利用畲族传统彩带文化的魅力，为地方旅游经济发展提供吸引力，但决不能因过度地追逐市场效益，而牺牲传统彩带文化的保护和传承。另一方面，只有让畲族群众形成文化自觉，建立文化自信，才能主动、正确地处理本族文化与外来文化的关系，才能有意识地保持自己的文化坚守，并主动地保护和传承下去。这是畲族彩带文化传承和保护的根基所在。内源式发展才是畲族彩带文化发展的基本动力，所有来自外部的助推力都应通过内因在发展中发挥作用。

【参考文献】

[1] 蒋炳钊．畲族史稿 [M]. 厦门：厦门大学出版社，1988：230.

[2] 金成嬉．畲族传统手工织品——彩带 [J]. 中国纺织大学学报，1999(04).

[3] 叶桦．景宁畲族彩带民间工艺艺术研究 [J]. 四川理工学院学报，2007(04).

[4] 吴薇薇，汤慧．浙江畲族传统彩带的民俗文化与染织技术 [J]. 浙江理工大学学报，2006(02).

[5] 沈毅．畲族彩带艺术和蓝延兰 [J]. 浙江工艺美术，2000(Z1).

[6] 邱慧灵．浙江景宁畲族彩带中的符号纹饰研究 [J]. 前沿，2011(22).

[7] 施联珠，宇晓．畲族传统文化的基本特征 [J]. 福建论坛（文史哲版），1991(01).

[8] 胡先骕．浙江温州、处州间土民畲客述略 [J]. 科学，1922，7(03)：280.

[9] 雷必贵．苍南畲族习俗 [M]. 北京：作家出版社，2012：208.

[10] 景宁畲族自治县民宗事务委员会．景宁畲族自治县畲族志 [M]. 景宁畲族自治县内部发行，1991：81.

[11] 柳义城．景宁畲族自治县志 [M]. 杭州：杭州人民出版社，1995：119-121.

[12] 施联朱．畲族风俗志 [M]. 北京：中央民族学院出版社，1989：98；128.

[13] 沈毅．畲族彩带艺术和蓝延兰 [J]. 浙江工艺美术，2000(Z1).

[14] 肖芒，郑小军．畲族"凤凰装"的非物质文化遗产保护价值 [J]. 中南民族大学学报，2010(01).

[15] 中国人民政治协商会议松阳县委员会文史资料组．松阳文史资料第4辑 [M]. 地方文史出版社，1989：50.

[16] 余海珍，邱慧灵等．畲族彩带文化的传承与保护 [J]. 装饰，2009(12).

[17] 雷光振．景宁畲族彩带 [J]. 东方博物，2008(04).

[18] 陈栩．浅谈福建畲族彩带的保护和传承 [J]. 厦门理工学院学报，2009(01).

[19] 马威．嵌入理论视野下的民俗节庆变迁 [J]. 西南民族大学学报（社科版），2010(02).

[20] 景宁畲族自治县民族宗教事务局：《民族特色村寨建设项目实施参考方案》，2012年1月。

[21] 雷先根，杜鹃声．雷先根研究畲族论文集 [M]. 自印书，2002：51.

[22] 施联朱．畲族 [M]. 北京：民族出版社，1988：63.

西江千户苗寨“政府主导型”民族村寨旅游开发模式及其成因分析

孙美璆①

（贵州财经大学西南地区经济发展研究院，贵州 贵阳 550600）

【摘　要】本文站在经济学、人类学的角度，对西江“政府主导型”旅游模式做了概括的介绍，并从偶然事件、政府推动、现行可选的旅游制度、寨子规模等因素对该模式进行了成因分析。

【关键词】千户苗寨；政府主导型；旅游开发模式；成因分析

民族村寨旅游是游客对民族村寨社区进行自然与文化的参观与访问活动。异文化体验是民族村寨旅游的核心。近年来，民族村寨旅游在我国西部省区得到了迅速的发展。依托丰富的民族文化资源，一些民族村寨纷纷进行了旅游开发，贵州省雷山县西江千户苗寨就是众多成功开发民族村寨旅游的村寨之一。自2008年以来，由于采取以“政府主导”的旅游开发模式，政府在旅游规划、管理、收益等方面占据了主要地位，这对提高当地财政收入、促进当地经济发展起到了很大的作用。同时，政府发动村民积极参与旅游开发，村寨居民收入比以前大有提高，生活逐渐有所改善。西江政府主导型旅游开发已经开始引起了学术界的重视，开始有学者对之进行研究。不过，就目前我们掌握的情况来看，这些研究基本上是围绕其发展现状、民族文化的保护与传承以及经济影响等方面来进行的，鲜有对这种“政府主导”模式形成原因的分析。为此，本文就其成因进行探讨。

一、西江旅游景观及其“政府主导型”旅游发展模式

（一）社区介绍

西江位于贵州省黔东南州雷山县境内，距离省会贵阳约260公里，距离雷山另一著名民族旅游村寨——郎德约30公里。据2010年西江镇政府统计，西江现有1285户，共5120人，是全国最大的苗寨。西江系苗语 Dlib Jangl 的汉语音译，在苗语中，Dlib 是苗族古代氏族名称，Dlib Jangl 合起来就是“西氏族居住地”[1]。历史上，西江曾一度被译为“鸡颈”、“仙祥”、“鸡江”。1942年，经西江侯兴华、侯教之等本寨乡绅提议，由鼓藏头和寨老们讨论，决定更名为“西江”，这样的称呼更接近于 Dlib Jangl 的苗语语音，更接近于穿寨而过的白水河。清朝雍正年间以前，西江属于“化外生苗”之地，乾隆年间，清廷武力开辟苗疆，设置“鸡讲司”，属丹江厅；1914年国民政府设立丹江县，西江属丹江县管辖；1941年撤销，并入台拱、八寨县；1944年析出，改称雷山设治局。1950年改名为雷山县。自此，西江为雷山县一个直辖村镇。

西江地处苗岭主峰雷公山山麓，海拔为833米。这里群山环绕，日照时间短、湿度大、坡地多、平地少。整个西江苗寨依山而建，近千栋吊脚楼，鳞次栉比，蔚为大观。白水河在寨中流淌，每当晨雾暮霭时，勾勒出一道美丽的苗寨景色。以妇女裙摆长度划分，西江苗族属于“长裙苗”。由于历史、地理、环境等因素的影响，西江苗族的文化依然保留着较为浓厚的苗族原生态文化，这为西江发展民族原生态旅游创造了良好的条件。

① 孙美璆（1971—），女，汉族，吉林长春人，博士，贵州财经大学西南地区经济发展研究院副研究员。

（二）西江苗寨旅游景观及其项目

作为全国最大的苗寨，西江旅游景观主要包括生态自然景观与民族文化景观两个部分，自然景观主要有梯田、山水、寨型等；文化景观主要包括苗族吊脚楼群、生产与生活习俗、岁时节庆等。

西江苗寨景观分类及其内容

序号	旅游项目	内　容
1	寨容寨貌	向游客展示苗族吊脚木楼、风雨桥
2	拦路酒	向游客展示苗族酒文化，包括十二道拦路酒
3	苗族博物馆	分若干展厅展示苗族物质、精神及其制度文化
4	歌舞表演	向游客展示苗族各种歌舞文化，有芦笙舞、板凳舞、敬酒歌、飞歌、情歌等，游客可参与
5	吃农家饭	向游客展示苗族餐饮文化，包括苗族特色饮食，米酒等
6	自然景观展示	游客可参观附近山水、田园、梯田等自然风光
7	村寨夜景	通过灯光效果，向游客展示千户苗寨的夜景之美

资料来源：根据田野调查材料整理

二、旅游开发中以政府为主导

（一）政府主导旅游规划

自1982年贵州省人民政府把西江列为乙类农村旅游开放区以来，西江的旅游一直由政府主导。省、州、县各级政府及其有关部门为西江的旅游发展制定了不同层次的旅游规划。2002年，由世界旅游组织、国家旅游局和贵州省旅游局共同编制的《贵州省旅游总体规划》的“空间发展战略·凯里镇远旅游区结构规划”中，就已经明确把西江作为A级开发重点，并认为该旅游结构区“景观千姿百态，以文化遗产为主，尤其体现在苗族传统村落的建筑形式和苗族的歌舞表演上。苗族妇女身穿镶嵌着精致银饰的色彩斑斓的刺绣服装，更是一道格外引人注目的美景”[①]。2004年，由黔东南州人民政府和黔东南州旅游局制定的《黔东南州旅游发展总体规划》(修编稿）中指出，要充分利用其丰富而独特的旅游资源的潜力，大力发展旅游业，将建设民族文化和生态旅游大州作为目标，逐步使旅游业成为其经济发展的支柱产业和主导产业。在该规划中，将西江旅游产品形象定位为“千户苗寨”，并将西江列为重点建设布局的国家级民族村寨。[②]

2008年，第三届贵州旅游产业发展大会在西江举行，这给西江旅游发展带来了前所未有的跨越，游客猛增，为此雷山县人民政府、雷山县旅游局专门制定了《雷山县西江旅游发展策划》，对西江苗寨的空间做了相当详细的布局。

（二）政府主导村寨旅游形象建构

旅游形象是在人们心目中对旅游目的地的感知印象，是旅游对外宣传的主题。纵观西江旅游发展的历程，雷山县各级政府主导了西江苗寨旅游形象的建构与宣传，其旅游形象口号也经历了从“千户苗寨”、“天然民族风情博物馆”到“全省最大苗寨”、“全国最大苗寨”、“看西江而知天下苗寨”、“世界最大苗寨”的历程。

① 世界旅游组织、国家旅游局和贵州省旅游局编：《贵州省旅游总体规划》，贵阳，贵州人民出版社，2004年。

② 黔东南州人民政府、黔东南州旅游局编：《黔东南州旅游发展总体规划》（修编稿），2004年。

西江旅游形象建构历程表

时　间	形象定位	内　容
20世纪80年代至20世纪90年代	“千户苗寨”、“天然民族风情博物馆”	在西江旅游发展的初期阶段，该定位在各级政府的对外表述中最为常见，在黔东南州编写的《黔东南苗族侗族自治州概况》中是这样概述西江的：“雷山县是远近闻名的歌舞之乡。境内西江千户苗寨素有‘天然民族风情博物馆’之誉。”
20世纪90年代至21世纪初	“全省最大苗寨”、“中国最大苗寨”	在这一阶段，外界对西江逐渐广为人知，各级政府对西江的表述开始着力建构“全省最大”、“全国最大”的西江旅游形象。在该县2006年制定的旅游发展规划中，则强调了充分利用“中国最大的苗寨”这一定位表述。
2000年至今	“看西江而知天下苗寨”、“天下西江”	西江在这一时期，旅游效益也逐渐凸显。2008年7月20日，作家余秋雨到西江，写下了《以美丽回答一切民族，看西江而知道天下苗寨》一文，后经各种媒体宣传，在一定程度上引起了人们对西江的极大关注，“看西江而知天下苗寨”也成为雷山各级政府对西江旅游形象定位喜闻乐见的一句宣传口号。
2000年至今	“世界最大苗寨”	2008年第三届贵州旅游产业发展大会在西江召开后，雷山县各级政府更加强化了西江的旅游形象定位。在各种旅游宣传文本上，逐渐强调“世界上最大苗寨”的形象建构。如在2008年的《雷山西江旅游发展策划》文本中，就重笔突出了“世界最大苗寨”的西江旅游口号。

资料来源：根据相关资料整理

（三）政府主导旅游开发

和贵州境内的其他少数民族村寨一样，在2008年以前，西江苗寨的旅游开发依然处于自发的状态。20世纪80年代到90年代，到西江的游客为数不多，关注西江的更多的是各类专家学者、文艺采风人员。到了20世纪90年代中后期，到西江的游客开始增多。真正让西江旅游“火起来”和政府直接参与西江旅游开发，是在2008年第三届贵州省旅游产业发展大会于西江苗寨召开之后。贵州省旅游产业发展大会是贵州省委省政府发展贵州旅游产业、建设旅游大省的新举措，其目标是每开一届大会，打造一个景点，每年举办一次。

为了迎接第三届贵州省旅游产业发展大会在西江召开，雷山县人民政府随即开始了对西江的旅游开发。当时，由于离第三届旅游产业发展大会的召开还剩不到半年的时间，雷山县人民政府和西江镇人民政府召开了关于西江旅游产业发展的“村民意见征求会”与“动员大会”，向村民广为宣传。为了搞好村寨旅游建设，政府还投入巨额资金对西江进行大改造，包括游方街、表演广场、沿街店面和吊脚楼群的改造包装等，投资高达亿元。就这样，政府主导的西江苗寨旅游开发模式拉开了序幕。

（四）政府主导旅游管理

2008年第三届贵州旅游产业大会在西江召开后，雷山县人民政府及其旅游主管部门不仅主导了西江的旅游开发，还主导了西江的旅游管理。2008年10月20日，雷山县委县政府成立了以县委书记吴育标为组长，县各级行政单位主要负责人，包括西江镇镇长唐秋玉在内共40人组成的雷山县西江景区旅游产业发展领导小组，该领导小组下设西江景区管委会，管委会承担领导小组日常事务工作，直接对领导小组负责。管委会主任由雷山县人民政府副县长张双红同志兼任，下设1个办公室6个工作组，即办公室：负责后勤工作；景区秩序维护组：负责西江景区内的整脏治乱、交通秩序、环境卫生工作；旅游市场拓展组：负责景区的宣传、导游、农家乐、表演、旅游产品推广、旅游协会的成立等工作；经贸招商组：负责景区的外来客户、河滨道楼房拍卖、旅游观光车以及招商引资等工作；民族文化保护与开发组：负责西江千户苗寨民族博物馆、家庭博物馆、文工团工作；规划与建设管理组：负责规范景区内基础设施、民房、设计方面的工作；消防及安全保卫组：负责景区的消防及安全工作。管委会常驻西江苗寨，和西江镇政府分工协作对村寨景区进行日常管理。

2009年，为了规范西江的旅游管理，成立了西江景区管理局，局长由西江镇党委书记唐秋玉直接兼任，从管理的角度来说，镇党委书记兼任旅游景区管理局长，避免了管理机构和权限上的叠床架屋，提高了管理效率。

当然，除了景区管理局对于整个西江苗寨的旅游直接进行管理以外，西江镇人民政府相关部门也直接或间接对村寨旅游进行各种管理。

（五）政府主导旅游收益

在把旅游当作支柱产业以前，雷山县是一个国家级贫困县，其财政收入也主要依靠“木头财政”，20世纪90年代中后期，随着国家“天保工程”的实施，“木头财政”收入逐渐式微。其后，为了寻找新的经济增长点，依托县内丰富的民族文化旅游资源，雷山县开始了旅游产业的开发。1989年2月25日，雷山县人民政府下文，成立了旅游规划小组，由杨昌洲副县长任组长，小组直接负责雷山县的旅游发展工作。1994年9月10日，雷山县旅游局正式成立，并于同年10月14日，召开了首届旅游工作会议。1996年11月，国家召开中央经济工作会议，明确提出“西部大开发”战略。2002年8月31日，贵州省人民政府通过了《关于加快发展旅游业发展的决定》，明确提出要把旅游业培育成贵州新的支柱产业，把贵州建设成为自然风光与民族历史文化相结合的旅游大省。在这样的背景之下，西江旅游业发展迅速，游客人数逐年增长。

2008年9月，第三届贵州旅游产业发展大会在西江召开后，随着凯里到西江旅游公路的开通，大大缩短了凯里到西江的行程，于是游客量大增，在当年的国庆黄金周，到达西江的游客就多达10万人。在2008年以前，由于没有政府的直接开发，出入西江的游客是不收取门票的，旅游受益的直接主体是村民及其社区，因为游客进寨后的旅游花费基本都在社区及其村民内部。但2009年4月，雷山县人民政府发出公告，决定在西江苗寨收取门票，从此旅游受益直接主体变成政府，从而导致了旅游利益主体的改变。

三、西江“政府主导型”开发模式成因分析

在西江的旅游开发中，何以出现“政府主导型”开发模式？笔者认为与偶然事件、政府推动、现成可选的旅游制度以及寨子规模有关。

（一）偶然事件

马克思指出：“如果‘偶然性’不起任何作用的话，那么世界历史就会带有非常的神秘的性质。”[2]这充分说明了偶然性在事物发展必然过程的作用。恩格斯也指出：“偶然不仅是必然的表现形式，而且还是它的‘补充’，也就是说，并非每一偶然都一定是必然的体现。正如马克思在青年时期就十分重视伊壁鸠鲁那个不遵循必然规律的原子偏离运动一样，我们在历史研究中也应注意各种不同性质的偶然，它所带来的种种后果，和对必然的影响和关系，这样历史才能成为活生生的有血有肉的人所创造的历史，而不是呆板的公式和枯燥的规律，也才不是宿命论或自由意志论。”在旅游开发制度场域，因偶然性或偶然事件而促成的旅游开发并不少见。比如2001年江泽民同志考察了江西省婺源县江湾镇，其后，婺源县政府和江湾镇政府着力打造“伟人故里——江湾”，投入大量资金和资源用于建设江湾景区，该景区一期工程总投资就达4600万元，这或多或少地改变了江湾的旅游发展轨迹。西江的旅游开发的快速提升也经历了类似的际遇。西江，这个号称全国甚至全世界最大的苗寨，虽然早在20世纪80年代就被贵州省列为对外旅游开放区，但在2008年9月第三届贵州旅游产业大会在西江召开以前，其发展步伐十分缓慢，旅游开发一直不温不火。真正让西江旅游火起来、实现质的飞跃的，还是因为第三届贵州旅游产业大会在西江的顺利召开。当时和西江争办第三届贵州省旅游产业大会的地方很多，为了使这次大会落户西江，县、镇、州各级领导群策群力，终于赢得了这次大会的成功举办。为了迎接这次大会的召开，各级部门对西江投资了多达3.7亿元的资金，从而让西江在贵州景点中脱颖而出。可以说，正是第三届贵州旅游产业大会落户西江这一偶然性事件，才促进了西江的规模化开发。没有第三届贵州旅游产业大会的召开，就不会有今天西江红火的旅游局面。

（二）政府推动

政府推动是西江政府主导型模式形成的另一个重要因素。“政府主导型旅游发展战略是当今世界许多国家政府所采纳的旅游发展战略。”[3]就世界旅游发展现实情况来看，世界各国政府都不同程度地参与了旅游开发。在美国、法国、英国等欧美发达国家，

由于实行的是高度自由化的市场经济体制，其旅游业的发展模式主要采用市场调节和市场主导，政府在一定时期内对旅游业不施加或者很少施加影响，基本由市场“看不见的手”来自动调节旅游产业的各种资源配置。尽管如此，为了确保旅游产业的健康发展，这些西方国家也对旅游进行一定的宏观管理与调控。在东亚社会，由于历史、文化、市场等原因，政府主导旅游的程度比西方政府对旅游的松散管理一般要高。

就西江旅游开发模式而言，县、镇、州乃至省各级政府是主导其开发的强大推手。早在20世纪80年代末，贵州省委省政府就把西江列为全国对外开放区；在20世纪末21世纪初中国兴起的旅游产业中，雷山县委县政府就为西江制定了全面的旅游规划，并且把西江列为雷山县“一山两寨一河”（一山，即雷公山；两寨，即上郎德苗寨和西江千户苗寨；一河，即巴拉河旅游带）的开发重点。为了迎接第三届贵州旅游产业大会在西江的召开，各级政府积极搞项目、投巨资，为西江后来的旅游发展奠定了坚实的基础，在旅游管理体制上，也由雷山县政府积极主导，采用了国家投资、政府经营的方式。

（三）现行可选的旅游制度

诺斯指出：“制度是一系列被制定出来的规则、守法程序和行为的道德伦理规范，它旨在约束追求主体福利或效用最大化利益的个人行为。”[4] 1995年，诺斯进一步指出：“制度是社会博弈的规则，是人所创造的用以限制人们相互交往的行为的框架……或更严格地说，是人类设计的制约人们相互行为的约束条件。”[4] 笔者认为，在旅游开发语境中，旅游制度就是旅游开发利益主体因经济利益而出现，决定各种开发活动和关系而展开的规范性框架。

自旅游业产生以来，世界范围内先后出现了政府主导型和市场主导型两种旅游制度。在经营层面上，旅游制度可以细化为国有控股经营制度、私营经营制度、集体经营制度和家庭经营制度。对于中国来说，旅游业的真正起飞与发展是在20世纪80年代以后，对于旅游制度的建构与形成经历了村民自发经营制度、集体经营制度、国家经营制度和民营经营制度等制度。西江在进行旅游开发的时候，正是处于这些多元旅游制度并存的时期。有了这些现成的旅游制度，经过政府的有力主导，政府经营模式就成了西江发展旅游优先考虑的旅游制度。

（四）寨子规模

寨子规模过于庞大也是导致西江选择政府主导旅游开发的重要因素。前文提到，上郎德和西江同属一个苗族文化支系，且地理位置较近，在旅游发展模式中，上郎德走的是“集体主导、集体经营、集体管理、集体受益”的道路，但西江却在模式选择与上郎德大不相同。究其原因，重要的因素就在于上郎德苗寨规模较小，全村仅有100多户的人家，大家同属一个宗族，社区内部认同度较高，凝聚力强，各种异议较少；相比之下，西江有1000多户的规模，社区内部有东引、养蒿、平寨、也通、南贵、乌嘎等苗寨，大家虽然在地缘上是同一鼓社，但却分为许多不同的宗族，社区内部认同度较低，一有什么事情，各种异议较多，意见难以统一。因此在西江很难产生集体主导型旅游开发模式。可见，政府主导型旅游管理更适合规模巨大的寨子。

【参考文献】

[1] 李锦平．苗族语言与文化[M].贵阳：贵州民族出版社，2002：219.
[2] 马克思，恩格斯．马克思恩格斯选集（第4卷）[M].北京：人民出版社，1972：393.
[3] 王娟．政府主导型旅游发展战略的经济学解释[J].旅游学刊（第16卷），2001（03）.
[4] 诺斯．经济史中的结构与变迁[M].上海：上海三联书店，2002：226.

贵州民族地区建立“文化旅游发展创新区”的创新路径研究

唐志明[①]

（贵州师范学院贵州教育发展研究中心，贵州 贵阳 550018）

【摘　要】创建“文化旅游发展创新区”是国发2号文件对贵州明确的四大战略任务之一，贵州具有丰富的民族文化旅游资源，只有加强“品牌创新”、“营销创新”、“制度创新”和“政策创新”等创新路径，才能更好更快地实现贵州创建“文化旅游发展创新区”的任务，从而促进民族地区的经济发展、人民群众的脱贫致富以及各民族的团结和谐。

【关键词】贵州民族地区；文化旅游；发展；创新路径

一、问题的提出

改革开放30多年来，包括贵州省在内的我国广大西部地区经济发展状况的确有了很大变化。但我们也要清楚地看到，在西部经济得到很大发展的同时，东部发达地区更是在迅速地发展，所以东西部的发展差距依然存在。对于贵州这样一个多民族、欠发达、还正处于工业化和城镇化进程的内陆省份来说，如何加快经济发展、增强经济实力、缩小与东部发达省份的差距，是我们不得不面临的难题。最近，为进一步促进贵州经济社会又好又快发展，国务院出台了《关于进一步促进贵州经济社会又好又快发展的若干意见》的文件，为贵州经济社会实现跨越式发展指明了方向，贵州少数民族地区也因此迎来了新的发展机遇。

二、贵州民族地区建立“文化旅游创新区”的优势

在贵州创建“文化旅游发展创新区”是国发2号文件明确的四大战略任务之一。就内部条件来说，贵州是一个多民族多文化的省份，对于完成这一任务有着得天独厚的条件。而旅游业是号称全球最大的产业，尤其文化旅游业，因其低污染、高产出、就业广、扶贫效果快等原因，更是受到国内外的高度重视，对于贵州民族地区来说，发展民族文化旅游可起到惠民生、调结构、小污染、促团结、强发展的作用。就贵州民族地区创建“文化旅游创新区”的内外在优势来说，主要体现在民族众多、风格迥异、文化多彩、内容厚重、开发较晚、后发效应强等以下几个方面：

到目前为止，全省共有3个民族自治州，11个自治县，此外还有252个民族乡。全省共有56个民族，其中世居民族有苗族、布依族、侗族、土家族、彝族、仡佬族、水族、回族、白族、瑶族、壮族、畲族、毛南族、满族、蒙古族、仫佬族、羌族等17个，全省少数民族人口占全省总人口的36%左右。由于历史、地理等原因，这些民族都有各自不同的历史背景与文化传统，有各具特色的文化个性与文化特征，文化差异性较大。众多民族的、迥异的文化为旅游的开发创造了良好的条件。

人类学家李亦园认为，文化可以分为可观察的文化和不可观察的文化，可观察的文化包括物质文化、社群文化和表达文化。[1]贵州各民族文化源远流长，

---

① 唐志明（1965—），男，苗族，贵州松桃人，博士，贵州师范学院贵州教育发展研究中心主任，教授，研究方向：旅游学、历史学研究。

丰富多彩。由于地理环境特殊，五大古老族系长期交往，造就了贵州各民族丰厚的物质文化、社群文化和表达文化。具体而言，这些文化包含了丰富的民族建筑、民族节日、民族歌舞、民族信仰、民族饮食等内容。文化多彩，内容厚重的贵州民族文化是创建“文化旅游创新区”的重要基础。

贵州民族地区的旅游开发始于20世纪80年代，经过近30年的开发，贵州民族地区旅游已初具规模，旅游产业占贵州民族地区的整个产业结构比例有所提高，目前贵州三个民族自治州已经把旅游产业列为本区域重点发展的支柱产业。和省内、省外其他发达州县相比，贵州民族地区的旅游产业发展明显滞后。但只要开发得当，经济欠发达地区的发展往往具有后发优势。具体对贵州民族地区而言，后发优势可体现为旅游资源的非破坏性、旅游先进开发手段和制度的模仿性和产业结构易调性等。因此，贵州民族地区未来的旅游开发有较强的后发效应。

三、构建贵州民族地区“文化旅游发展创新区”的创新路径

贵州民族地区旅游业是贵州整体旅游业的一个重要组成部分。要实现贵州民族地区旅游业又好又快、更好更快地发展，实现党中央、国务院对贵州创建“文化旅游发展创新区”的目标要求，我们认为，必须加强文化旅游发展中的创新意识，并且用创新思维来指导贵州民族旅游发展中的各项工作。具体来说，这些创新路径主要有以下几点：

（一）品牌创新

从企业的角度来说，品牌就是企业或品牌主体一切无形资产总和的全息浓缩。在此，我们认为，旅游品牌就是某地独有的，能够为旅游者认知、认可的名称或符号。贵州民族地区要大力发展旅游业，就必须有强烈的旅游品牌意识，这就需要我们对旅游品牌进行建构与创新。这不仅包括提炼、设计、归纳特定的民族旅游项目名称、符号，更重要的是要挖掘和提炼旅游品牌。从符号学的角度，旅游品牌也可以视为一套符号体现。

全世界的旅游者都在阅读着城市和风景文化，并把它们看作符号系统。在现代旅游活动中，特定旅游品牌符号对游客起到重要的引导作用，例如在罗浮宫这样的旅游品牌，旅客常被蒙娜丽莎“永恒的微笑”所吸引；长城的旅游品牌，人们常有“不到长城非好汉”的感慨。因此，旅游品牌符号的创新在旅游发展中具有十分重要的意义。旅游品牌的转型与创新，可以让旅游目的地及其文化充满了生机。就国内的旅游品牌创新来看，已经有许多著名的成功案例，例如《印象·刘三姐》、“云南印象”和“香格里拉”等。这里值得一提的是“香格里拉”旅游品牌的创新与建构。下面我们来看“香格里拉”这一旅游品牌是如何构建的：

“香格里拉”作为符号的出现，是1933年美国小说家詹姆斯·希尔顿在小说《失去的地平线》中所描绘的一块永恒和平宁静的土地。小说中首次描绘了一个远在东方群山峻岭中的永恒和平宁静之地“香格里拉”。讲述了一个英国人因飞机失事后来到一个雪山环抱、物产丰富、人民安居乐业、人与自然和谐共处的极乐世界。小说一经出版，立即风靡世界。云南、四川和西藏等地都认为自己就是小说中的香格里拉。1995年春，云南旅游集团公司一位导游在一次考试中看到“香格里拉”这个词汇是源于喜马拉雅山麓的一种方言，凭着做旅游项目策划的职业直觉，他认为这片空白市场潜藏着巨大的商机。然后他带着这个策划来到了中甸。由于当时国家对保护天然林工作的逐渐重视，迪庆州传统的“木头财政”难以为继，迪庆州的经济跌到了谷底，领导班子正着急为这个生存环境艰辛的地方寻找一条新的出路，因此这个旅游项目的策划得到了州领导的初步认同。1996年4月，由新加坡报业集团、新加坡国家电视台和旅游界人士组成的新加坡寻访香格里拉考察团一行12人抵达中甸，对迪庆进行了为期五天的游览和考察。这次考察为中甸向香格里拉的转变迈出了关键的一步。考察结束以后，新加坡的电视、广播、报刊等大众媒体对迪庆做了大量的图文报道，香格里拉在云南迪庆这一讯息开始为大众所知晓，人们都在议论在中国云南发现了香格里拉。1996年12月，由云南省政府组织的、在云南找寻香格里拉的考察项目正式启动。1997年9月14日，云南省政府在中甸召开了新闻发布会，郑重地宣布“举世寻觅的世外桃源——香格里拉就在云南迪庆”，国内外的各大媒体纷纷对这一消息做了报道。2001年12月，后经海内外多方学者多方考证，认为小说中的“香格里拉”原型就在云南迪庆藏族自治州境内。2002年5月，国务院正式批准云南迪庆藏族自治州州府中甸县更名为香格里拉县。于是，香格里拉就成了迪庆的新称谓，香格里拉就成为闻名于世的旅游品牌，其经济、社会和文化效益空前明显。[2]仅在2011年，迪庆州的旅游总收入就高达70亿元。

从“香格里拉”旅游品牌的建构可以看出，旅游地的品牌化对于民族地区的旅游业有着至关重要的作用，它可以引领整个民族地区旅游业的发展，是实现旅游产业化和规模化的基础，同时也是实现民族地区贫困群众脱贫致富的基础。这几年来，贵州民族地区在省委省政府的领导下，在各级部门和民族地区人民的共同努力下，先后涌现了“千户苗寨”、“多彩贵州”等民族文化旅游品牌。但和周边省份相比，贵州的旅游品牌数量还较少，品牌质量还有待提高。贵州是一个多民族的、文化厚重的省份，如果我们强化品牌创新意识，如果能在17个世居民族、3个自治州、12个自治县都树立自己的民族旅游品牌。那么，实现贵州民族地区的“文化旅游发展创新区”就指日可待。

（二）营销创新

营销是旅游的核心。只有通过营销手段，旅游才能形成旅游流，只有规模化的旅游流，才能产生可观的旅游收益。纵观这几年贵州旅游的发展，贵州已经基本实现了“旅游大省”这一目标，但距离“旅游强省”还尚有一定的差距。在创建贵州民族地区的“文化旅游发展创新区”的过程中，必须扬弃以前传统的旅游营销模式，而拓展新的旅游营销策略。

结合贵州民族地区旅游业的发展实际，我们认为营销创新应该有整体营销、景点营销、节庆营销、媒介营销、网络营销、名人营销、文化谜题营销等多种形式：

整体营销，主要以多彩贵州作为旅游整体，凡是涉及贵州民族旅游整体形象的媒体、公关、营销宣传，都应该在多彩贵州的形象定位的统一指导下，统一部署，统一营销，形成全省一盘棋的营销态势。

景点营销，各民族地区景区景点的市场营销，根据各景点的民族、文化、生态的不同亮点，在统一的营销策略和营销目标之下，应突出主题、提炼看点，运用各种媒体、宣传及传播形式等，继续进行营销分解。

节庆营销，贵州富有特色、极具民族特点的节日很多，据不完全统计，贵州各民族节日多达1000个，我们要充分利用好、发挥好这个优势，积极以民俗节日作为营销手段，在继续办好苗年节、鼓藏节、三月三、六月六、火把节、大歌节等重大节日的基础上，深挖其他民族传统节日，让大节不断，小节常有，台上表演，台下参与，积极吸引游客参与；加大对大型节庆的包装、宣传，使之品牌化，便于吸引游客；利用节日相同、村寨过节的时间不同，充分利用好节日时间布局，做好民族节日的营销工作。

媒介营销，应积极运用报纸、电视、电台、户外、网络、LED终端、业内宣传、人际口碑等营销媒介，继续提升、宣传、打造贵州旅游这个品牌。

网络营销，鉴于互联网时代，人们出游很多情况下均要依托网络，了解旅游目的地的情况、既往旅游者的游记或评价等，建议民族地区的旅游要着重考虑运用低成本高效益的网络渠道展开营销。另一方面要注重口碑营销，也就是利用一些名人、意见领袖的评价，来巧妙地提升民族地区旅游的品牌知名度和美誉度。与开心网、新浪网、腾讯网等国内知名网络媒体开展网上虚拟旅游节目，增强我省民族地区旅游在游客中的影响力等等。

明星营销，这里所说的“明星”主要指的是那些在体坛、文艺等方面有较高吸引力和关注度的知名人士。现代社会是一个娱乐化、明星化的社会，明星的所作所为都会对大众有重要的影响。心理学已证实，由于知名人士具有较高的受众度，使得别人倾向于模仿他们的特质而产生“晕轮效应”。因此，明星到哪里旅游、在哪里度假自然也引起人们的极大兴趣，利用明星的影响力来提高民族旅游地形象或达成游客对旅游地文化展演的了解也屡见不鲜。比如2007年7月，贵州都市报策划了“原生态的力量——一个策划人眼中的贵州”大型文化访谈活动，邀请国内著名文化学者余秋雨行走黔东南，在黔东南之行结束后，余秋雨先生在他的博客中推出《黔东南考察手记》，引来了许许多多网友和读者对黔东南原生态文化的浓厚兴趣和无限向往。在西江这一民族旅游景点中，余秋雨《以美丽回答一切》、《西江，美丽超乎想象》等笔墨着力书写了这个全国最大的苗族村寨。就在当年国庆黄金周期间，余秋雨考察黔东南时留下的“余秋雨线路”炙手可热，包括西江在内的民族旅游景点声名鹊起，大受游客追捧。

文化谜题营销，就是以文化为载体，通过设立一定的谜题，吸引游客积极参与的旅游营销方式。比如河南省结合电影《少林寺》的牧羊姑娘这一主题，举办了“寻找牧羊姑娘”的旅游谜题，收到了很好的旅游营销效果，最近几年，我省炒作的“最美女旅游局长”、“千户苗寨荣誉村民”等都可以被视为文化谜题营销的手段。

（三）制度创新

制度是约束人类行为的规范。在制度经济学领域，凡勃伦认为：“制度实质上就是个人或社会对有关的某些关系或某些作用的一般思想习惯；而生活方式所构成的是在某一时期或社会发展的某一阶段通行的制度的综合，因此从心理学方面来说，可以概括地把它说成一种流行的精神态度或一种流行的生活理论。”[3] 凡勃伦的这一定义可以理解为非正式制度意义上的。新制度经济学家诺斯指出：“制度是一系列被制定出来的规则、守法程序和行为的道德伦理规范，它旨在约束追求主体福利或效用最大化利益的个人行为。”[4] 在民族旅游开发语境中，我们认为，旅游制度就是实现和决定各种旅游开发活动和关系而展开的规范性框架。旅游制度的创新安排，可以被视为制度的操作化、具体化和多元化，包括制度的选择、设计与施行等内容。

贵州省民族地区最近几年的旅游开发制度主要以政府主导为主。其中，作为近年来民族村寨旅游开发的主流模式，“政府主导型”的西江，由于政府拥有着巨大的财力、物力和人力，在各级政府的不懈努力下，短短几年，在贵州的各个民族旅游景点中脱颖而出，甚至打出了“云南有丽江，贵州有西江”的口号。作为旅游中的重要倡导者，政府在旅游政策、旅游发展中有着不可比拟的得天独厚的优势，但我们也应该清醒地看到政府主导型的西江旅游开发也有着许多的弊端和不足。

创建民族地区“文化旅游发展创新区”的主旨之一，就是促进民族地区经济得到发展，人民群众能脱贫致富，因此，在贵州民族地区未来的旅游发展中，必须重视旅游制度的创新。在开发模式上，除了注重政府主导的旅游制度外，还要积极鼓励社区主导、村民主导、公司主导以及公司加政府加农户的旅游开发制度；并且通过旅游运行机制的探索，创新有效的运营机制，实现旅游收入政府、公司、旅行社的合理分配，扩大普通群众的积极参与，积极引导他们对旅游发展的各种参与，实现旅游收益中的政府、公司、旅行社、旅游参与员工的多赢，实现旅游资源、产品效益的最大化，做到民族地区的旅游发展“人人参与、人人受益”。

（四）政策创新

旅游是一个环环相扣的体系，除了品牌创新、营销创新、制度创新以外，在创建贵州民族地区的“文化旅游发展创新区”的过程中，还须注重政策创新。这就需要各级政府及相关部门及时建立和完善一套包括政府财政投入政策、产业项目基本建设投资政策、社会集资政策、税收政策、信贷政策、旅游发展基金政策在内的完整、系统的民族文化旅游产业政策，构成全方位、多层次的政策体系，从而为民族地区旅游产业发展创造良好的环境。如鼓励社会和个人兴办民族文化旅游产业的投资政策；相应的低息贷款和贷款贴息政策；减免税或税款返还政策；鼓励社会各界捐资赞助民族文化旅游公益活动的税收优惠政策；允许建立旅游产业发展基金的政策等。完善的产业政策必将进一步调整和优化民族地区旅游产业结构，对调动各方面积极性、繁荣民族文化旅游市场起着重要的作用。

四、结论

在贵州民族地区创建“文化旅游发展创新区”是党中央、国务院对贵州省民族地区的战略要求。大力发展民族文化旅游不仅能提升民族地区的经济发展，促进民族地区群众的脱贫致富，而且通过民族文化旅游的发展，各民族之间会逐渐相互欣赏、认可，故民族文化旅游能使各民族关系不断融洽，也对我们建设民族团结进步、繁荣发展的示范区有着积极的作用。只要我们牢牢把握文化旅游发展中的品牌创新、营销创新、制度创新和政策创新等四个创新路径，并将创新思路贯穿于我们民族文化旅游工作，相信在不久的将来，贵州民族地区的经济发展、人民群众的脱贫致富以及民族的团结和谐一定大放异彩。

【参考文献】

[1] 李亦园．我的人类学观[M]// 周星，王铭铭主编．社会文化人类学讲演集．天津：天津人民出版社，1996：57.

[2] 杨筑慧，熊燕．从“中甸”到“香格里拉”：一种地方文化的重建[M]// 陈理．民族历史文化资源与旅游开发．北京：民族出版社，2007：193.

[3] 凡勃伦．有闲阶级论[M]. 北京：商务印书馆，1964：139.

[4] 诺斯．经济史中的结构与变迁[M]. 上海：上海三联书店，2002：226.

贵州布依族音寨"金海雪山"旅游审美分析

邢启顺[①]

（贵州省社会科学院，贵州 贵阳 550002）

【摘　要】"金海雪山"彰显壮阔的形象美、极致的色彩美、人与自然的和谐美。"金海雪山"审美感知是从审美幻象到审美实现的感知过程。色彩、形状引申的审美幻象是异常美妙的，浓烈的色彩和壮阔的形状必须在旅游生活的审美感知过程中得到实现。"金海雪山"审美文化是民族生态旅游审美文化。"金海雪山"的尽美文化空间应着力于审美幻象的艺术化、审美过程的舒适化、审美实现的自由化。

【关键词】金海雪山；旅游审美；乡村旅游；民族文化产业；布依族

在贵州省贵定县盘江镇，有音寨、落海、竹林堡等十四个布依族村寨，是典型的布依族村寨聚群，以音寨为代表，有"中华布依第一寨"、"全国农业旅游示范点"、"贵州省乡村旅游师范村寨"等称号。在音寨村，家家户户都有一个传统：田里种植油菜，油菜花开时节成为油菜花海；房前屋后的山坡上种植李树，形成李树林。阳春三月，油菜花和李树花同时盛开，满山遍野的金黄色油菜花海与雪白的李花辉映成"金海雪山"胜景。

在全国十大油菜花海景观中，"金海雪山"榜上有名，是典型的以农业景观为主要特色乡村旅游。短短十多年时间，"金海雪山"已经成为贵州乃至全国的知名品牌景点，深究原因，除了自然景观资源基础和人为经营管理策略以外，主要在于"金海雪山"品牌概念本身所带来的旅游审美效应所致。

旅游审美是个众说纷纭的学术新概念，因为"旅游"和"美或审美"是两个难以统一界定的概念。比较有代表性的界定认为："旅游审美是指旅游主体在旅游活动中精神上追求愉悦享受的心理过程。"[1]这是把旅游的要点概括在其中，追求心理过程的动态心理感受。"美学研究的是具体的感性思维或形象思维。"[2]也就是纯粹的通俗的说法：美的感觉。"人类的审美活动是一个复杂微妙的心理过程。审美效果的充分获得，需要审美者全身心的投入、专注地进行审美凝神关照，通过视听等五官的感知、思维的联想、情感的交流、深入的领悟和理解等多种审美心理活动的交相引动机制，逐步地获得美感，即由第一层次在生理基础上感官'悦心悦意'的中级美感，最后达到在精神、情感和理性上的'悦志悦神'的至高审美境界。"[3]旅游审美就是在旅游过程中感觉美的心理过程。

一、"金海雪山"本体审美意境

在云卷云舒的蓝天之下，银装素裹的绵绵群山之中，环出一片金海，一条清亮的瓮城河，将金海分割成太极之眼。金海微波泛起，那是金黄色的油菜花海的细浪，雪山摇摇浮动，那是酥李花海漂浮的雪花。此番胜景，独在阳春三月显现，美其名曰"金海雪山"。或诗云：

云卷云舒蓝天下，摇摇酥李雪花飘。群山环出太极眼，银装素裹更妖娆。阳春三月显胜景，金海雪山名远遥。诗意栖居何处去？音寨醉花山语聊。

贵定音寨"金海雪山"因何而得名？且看最精彩的描述：

春风吹来，音寨河两岸金黄色油菜花盛开，大地一片金黄。李花如雪，菜花如金，白色、黄色交

※　本文系2012年度国家社会科学基金项目"西南民族文化产业发展模式研究"（批准号：12XJY010）阶段性研究成果。

① 邢启顺（1976—），男，汉族，云南大姚人，贵州省社会科学院副研究员，研究方向：民族经济、民族村镇旅游和民族文化产业。

相辉映，更有粉红色的桃花点缀其间，翠绿色的树丛衬托其底，布依山寨隐约其中，绚烂的色彩，旖旎的景致，华丽的气质，交织成一幅人间仙境。

那漫山遍野的雪白李花，好似在山坡上覆盖了一层厚厚的白雪，就像是一座座雪山；那一望无垠的金黄色油菜花，十里镏金，就像金子铺就的海洋。[①]

所谓“金海”，就是金色的油菜花海；所谓“雪山”，就是酥李花覆盖的雪白群山。春天里有冬天，冬天环绕着春天，真是奇美胜景！

胜景自然引来游客无数，花香同时吸引蜂蝶纷飞，“澄黄金海醉春风，洁白雪山绕蜂蝶”，此番趣味，只在此处有。赞誉音寨美景，还因为这里展示了“青山绿水鸳鸯岛，翠柏银杏布依家”的诗情画意和奇美景观。看的角度不一样，所得美景也不尽相同，如果在寨中欣赏，便是“村前碧水绕金带，寨后青山列玉屏”，村前有碧水，寨后列青山，显出山水相依的自然美。

胡克铨《盘江音寨行》的七律：

十里明河一叶舟，盘江烟雨布依楼。远山斜黛闲云皱，古树成荫细草幽。桥畔牧娃驱畜走，岛环轻浪逐波流。纵横沃野铺金秀，歌舞迎客庆丰收。

舟中赏景，别有一番风味：人移景动，远山近草，多处美景，净收眼底，目不暇接；人文风情，留下布依村寨淳朴民风在观光者记忆深处。

“金海雪山”美在何处？其一，壮阔的形象美；其二，极致的色彩美；其三，人与自然的和谐美。

壮阔形象，通过“海”与“山”凸显。海的广阔，在人们眼中都是极其壮阔的形象，无数诗文，赞美大海的深不可测，无穷无尽，波涛汹涌。这里遍野的油菜花海，观之即有壮阔之美。山的雄壮，山的绵延，观之即有景仰之情，漫山雪景，怎么不让人称绝。壮阔之美，是自然征服人类视力感官，让人类普遍感受到的自然之大美。最大是天，是茫茫宇宙空间，没有穷尽；其次是海，深不可测；再次是大地，孕育万物，生生不息。三者，古今中外，无不赞美其壮阔之美。“金海雪山”四字之中，已有人类三大壮阔美景之二，实为罕见之美。

人类视力所及万物，首观其形，再看其色，三察其动静。色，即“色彩”。这是人类特有的感官能力，也是人类感知外部世界特有的认知能力。从现代色彩学角度说，红黄蓝是三原色，以此为基础构成的白色是各色的混合。金黄色在黄色的基础上更加鲜亮，类似黄色，但比黄色要鲜亮。白色是一种包含光谱中所有颜色光的颜色，物理学里通常被认为是“无色”的，白色的明度最高，无色相，黑色与之类似，明度最低，因而黑白相对，纯白是理想的完全反射物体，纯黑是理想的完全吸收物体，中间色是灰色。黑白灰三色通常也隐喻三种人生：黑色代表颓废消极的人生，白色则代表积极进取阳光的人生，灰色则处于黑白两种色彩的边缘和中间。

金色象征高贵、光荣、辉煌，所以皇族通常用金色制作衣饰，大多数国家的皇族都以金色为基调。在许多国家，因为黄金的颜色是金色，所以金色代表金钱、财富。白色象征无比的高洁、明亮、神圣、和平、善良、信任和光明。白色明亮干净、畅快、朴素、雅致与贞洁，使人联想到冰雪、白云、棉花，给人以光明、质朴、纯真、轻快、恬静、整洁、雅致、凉爽的感觉和高远的意境。

“金”、“雪”正好运用人类色彩感官极致的色彩美，构拟了一幅完美的自然景观。这样一幅景观，不是应用色彩科学层面的“黄”、“白”的命名，而是使用“金”、“雪”两种最能代表两种色彩的物，使人产生审美联想，并将物的象征意义韵语含在名中，从而构成“金海雪山”更加丰富而耐人寻味的遐想空间。这样的命名不是纯粹科学意义的，而是纯粹美学意义的，不是求真的，而是纯美的。

“金海雪山”之美，还在于人与自然的和谐美。在“金海雪山”中的瓮城河，在山海之间分出阴阳，那是孕育音寨美景的母亲河，李花千顷，良田万亩，都是音寨人的造化，得益于这湾河水的滋润，“金海雪山”的和谐美，核心便是人与自然的生态文化景观之美。如以下美文所绘：

音寨寨前河流，总称瓮城河，音寨前之河段，就叫音寨河。河面宽阔，水质良好，水量丰沛，水流舒缓，水清见底，碧波澄澈，是天然的游泳荡舟之所，老少咸宜。河中有两座长形岛屿，一左一右对称排列，被称为鸳鸯岛，河之左大岛面积有一万多平方米，绿水掩映，岛上梓木、柏树、杂树成林，

① 《金海雪山——贵定打造乡村文化旅游品牌实例》，中共贵州省委宣传部编：《贵州文化改革发展案例选编》，贵阳：贵州人民出版社，2013年。

绿草茵茵，岛堤边垂杨弯柳，随风飘拂。河之右小岛，沿河弯曲，古树杂树，形态怪异。河中两岛，互相映衬，水光岛色，天然成趣。①

极目远眺，在"金海雪山"如画风景之中，点缀些青瓦白墙，覆盖在翠绿的茂密树荫之中。布依族民族风情和民居建筑，浑然融为一体。音寨人生活在其间，怡然自得。有词句云：

音寨美，桃李竞芳菲。"金海雪山"迎客地，布依村寨牧童归。袅袅数烟炊。(李鲲鹏)

古树、古桥，尽显古寨遗风。白墙、青瓦，点缀金海雪山。人与自然和谐之美，是音寨"金海雪山"至上之美。

二、"金海雪山"审美实现心理过程

审美本体如何被感知？这需要从审美主体和审美对象之间的具体感知过程进行解析。"金海雪山"是作为审美本体自然存在的，是审美对象的主要内容。游客作为审美主体，通过旅游生活感知审美对象，这个过程是动态的过程，是主体对本体的寻找，具有憧憬的印证过程和心理满足途径。"旅游生活是最普遍的也是最容易进入的审美的艺术化生活，旅游审美活动正演绎着人类精神生产为最高方式的人类的未来生活。"[4]"金海雪山"是事先被告知的审美存在，对主体而言，是一幅美好的景象，是未被审美主体进行审美实现的幻象。在旅游生活中，"生存空间转换中感悟生命"[4]，也感悟着美。因此，"金海雪山"审美感知是从审美幻象到审美实现的感知过程。色彩、形状引申的审美幻象是异常美妙的，浓烈的色彩和壮阔的形状必须在旅游生活的审美感知过程中得到实现。

一般而言，审美感知和审美感受是审美实现的初级阶段，是通过人体眼耳鼻舌身的切身体验得到的，继而升华为情感，是审美主体对审美本体的个体化印象，是审美实现的综合情感，深刻的情感体验从表层深入到心灵深处，达到精神的升华，甚至到达信仰的层面，直达尽头。爱恨情仇、悲喜交加，理解和感悟自然与生命。因此，旅游审美中，"感受和知觉属于第一层次的旅游审美感受，是悦耳悦目的直接感受；情感属于第二层次，是悦心悦意的审美领悟；理解属于第三层次，是悦神悦志的精神升华"[5]。"金海雪山"在审美主体的审美实现过程中分为三个层次：未见其形色，先有其情状；得见其形色，融入其情景；感知其情景，领悟其精神。"人化的自然是人类生命的故乡，人与人化自然有一种与生俱来的亲切感，有一种情境与心境上的感应，人们总是希望在与之亲近的过程中，获得灵感和顿悟，摆脱人事羁绊，获得心灵的自由和解脱，因此旅游便是使人类饱受污染的精神得到栖息的最佳方式。"[6]听说"金海雪山"，充满壮阔美的幻象在脑海中形成，并逐渐促成旅游动机，通过旅游生活来实现，最终变成一种旅游生活行动。

"金海雪山"实景映入眼帘，立即引入各种心理感应。实景不如幻象，言过其实，心里失落；实景正如幻象，名不虚传，心里满足；实景超越幻象，百闻不如一见，大喜过望。每个审美个体，心理体验是复杂的，情感多样，即时而逝。当身临其境，融入其中，美不胜收，景致超越"金"与"白"两种色调，还有"绿"与"红"，以及"青"与"灰"，实际是"山"与"海"之间的各种色彩，仿佛生命经历中的各种色调，有主有次，有深有浅，幻象中的极美在审美实现中是浓厚而多彩的体验。"异化中自觉追求诗意栖居。""旅游审美的途径成为一种直接关涉当代人生命感悟及其价值实现的文化重建活动。"[7]每个游客不一定有如此精神领悟："旅游审美心理所涉及的各个方面，包括旅游审美需求与动机，旅游审美意识，旅游审美个性，旅游审美感受的心理因素及层次。"[8]在"金海雪山"旅游生活中，审美而得的精神升华是多样多元的极致。

三、"金海雪山"尽美文化空间

"金海雪山"审美文化是民族生态旅游审美文化。"民族生态审美研究是生态美学研究的一个重要的领域。因为人与自然的关系、人与环境的关系往往是以民族与自然的关系、民族与民族之间的关系而加以体现的。"[9]追求"审美地存在、诗意地栖居"。从审美幻象到审美实现的心理感知过程中，是自然的极致美。

而在审美实现中，才偶然间得到民族生态之美。

不仅有"红的桃花"，还有白墙灰瓦点缀在"金海雪山"之中，还有绿的底色被覆盖在金色和雪白之

① 《清纯秀美的布依音寨》，http://www.gog.com.cn，2007年3月7日。

下。弯弯的音寨河静谧地流淌，还有两岸垂动的柳条，扶摇蹁跹，微风荡过，金海浮起浪涛，白雪纷飞而下，顿足仰面想张臂拥抱……这种大美之中的动感美并不一定在审美幻象中既存，而是身临其境才有所得。

人文生活之美又是另外的收获。“为何如此之美?”享受之余这样慨叹发问。这样的自然之美源自民族生态之美，说透了，是这里的民族文化的创造和积淀，是布依族村寨里的人们创造了这一切，或者说，这已经超越了当时当地，是人类文化共同的作品。那里的手工技艺，那里的美酒，那里的餐桌，那里的歌声，那里的服饰，那里的音律，一切都融入民族生态审美之中，是旅游生活才从审美幻象到审美实现的，这是另外一种审美空间。

游客忘情地沉浸在审美享受之中，却难逃世俗的枷锁。审美实现是有条件的，是服务的交换，遵循经济法则。因此，审美实现有限的享乐，是不能尽情地理性选择，自由的审美是通过不自由的交换实现的。

“金海雪山”的尽美文化空间着力在三个层面：审美幻象的艺术化；审美过程的舒适化；审美实现的自由化。具体而言，将“金海雪山”当作一个可以精雕细琢的艺术品，尽显中国自然山水的园林之美。旅游生活是旅游审美过程的主要形式，让实景超越幻象，欣赏自然之美的极致，更得到民族生态的人文之美，人文风情尽显人类伦理典范。要让自由审美成为至上的审美境界，也让交换服务成为自由审美的理性工具。

【参考文献】

[1] 郑小云，殷红梅．近十年来旅游审美心理研究综述 [J]. 理论与当代，2010(11).

[2] 朱光潜．西方美学史 [M]. 北京：商务印书馆，2006：2.

[3] 刘茜．论中西方旅游审美的差异 [J]. 广西大学学报（哲学社会科学版），2006(06).

[4] 章海荣．从哲学人类学管窥旅游审美 [J]. 思想战线，2002(01).

[5] 周敏慧，陈荣富．从中国古代山水诗谈旅游审美心理 [J]. 商业经济与管理，2001(11).

[6] 刘茜．论中西方旅游审美的差异 [J]. 广西大学学报（哲学社会科学版），2006(06).

[7] 章海荣．从哲学人类学管窥旅游审美 [J]. 思想战线，2002(01).

[8] 周敏慧，陈荣富．从中国古代山水诗谈旅游审美心理 [J]. 商业经济与管理，2001(11).

[9] 黄秉生，袁鼎生．民族生态审美学 [M]. 北京：民族出版社，2004：1.

"一带一路"背景下桂林古桂柳运河及会仙湿地的边政丝路旅游文化价值重构

梁福兴[①]

(桂林理工大学旅游学院，广西 桂林 541004)

【摘 要】桂林古桂柳运河——相思埭，是唐长寿元年(692)在桂林漓江与柳州柳江之间广袤的岩溶湿地里，通过疏浚河道、人工开凿而成的古老运河。其首先作为"粮饷戈甲征南"的军事通道出现，随后成为"边藩使臣交通"、"惠贯通商漕运"、"泄洪排灌兴农"的粤西内河丝路而存在。它与桂林北面的秦凿兴安灵渠相互连通，并与南海江山岛唐凿潭蓬运河遥相呼应，成为管控西南、兴边稳边、沟通蕃外不可或缺的关键孔道，直至民国初年随着陆路交通的发达，逐渐淤堵断航而退出历史舞台，前后延续时间长达1300余年。在"一带一路"背景下，深入研究、科学认识、系统发掘和创新利用古桂柳运河及会仙湿地这一南方古代丝绸之路节点上的历史文化遗产和岩溶湿地人类共有生态家园自然遗产，已经显得非常必要而且急迫。目前在桂林国际旅游胜地建设过程中，对古桂柳运河及其周边会仙湿地的历史人文价值、自然生态价值和旅游文化价值的认识，多数学者已考虑到船游观光、湿地保护、风情展示、古迹游览、泄洪排灌等综合经济资源开发利用的益处，但尚未从国家战略、西南边政、地区稳定、民族团结、南海和平和人类共有精神家园的角度阐释其意义和内涵。本研究通过对古桂柳古运河及会仙湿地从秦汉时代到民国初年的重大事件和王朝国家战略等历史文献信息资源进行梳理，结合田野调查，阐释其作为"国家边政要道"和"岭南丝路咽喉"，在"中国—东盟"时空背景大格局下的文化符号象征意涵，重构古桂柳运河及会仙湿地的旅游文化价值，试图为其纳入"一带一路"重大项目建设，提供学理依据和决策参考。

【关键词】桂柳运河；会仙湿地；"一带一路"；边政丝路；旅游文化；价值重构

一、盛唐开凿相思埭沟通西南与两宋时期边地动荡

(一)李靖收复岭南与唐朝开启南方丝绸之路

1. 收复岭南九十六州与安抚政策。唐朝是中国历史上豪迈大气且富有进取精神的辉煌朝代。唐开国大将李靖不费一兵一卒收复岭南九十六州后，吸取隋代冼氏夫人随诏岭南诸酋首的经验，设帐主政桂州总管，遵唐高祖之命派人四出招抚岭南各路大首领，桂州李袭志、高州冯盎、贵州李光度、钦州宁长真等纷纷前来桂州纳土献印归附，李靖分别委以相应官职[1]。当年李靖即着手在独秀峰南侧修筑桂州"子城"，随后增修"外城"和"夹城"，均得力于被招抚为桂州刺史的李袭志及其所部能工巧匠的鼎力效命。武德五年(622)五月，李靖在桂州置监铸钱，所铸"开元通宝"迅速通行于岭南和东南亚地区。武德六年(623)，钦州总管宁长真向朝廷进献合浦大珠，昆州刺史沈逊、融州刺史欧阳世普、象州刺史秦元览进献筒布。

2. 粤西羁縻制度与西南边疆通路。贞观四年(630)，唐朝西南民族地区推行土酋羁縻制度，粤西

※ 本文系2013年度国家社会科学基金西部项目"壮族传统文化信息资源与文化创意产业融合发展研究"(13XTQ001)。

① 梁福兴(1963—)，男，壮族，广西桂林人，桂林理工大学旅游学院副教授，研究方向：民族文化与旅游。

（今广西）壮侗民族聚居区共设置羁縻州50个，羁縻县51个，羁縻县下设峒，由地方首领自治自理，激发了地方酋首效命唐王朝的积极性和主动性。贞观十二年（638），桂州都督李宏节遣军整修从上思、思明州通往安南的道路；贞观十三年（639）六月，渝州（今重庆）侯弘仁开辟由牂柯（今红水河），经西赵，出邕州，沟通安南和桂州的道路。但是关山阻隔，陆路艰难，唐使臣、官吏过灵渠从桂州（今桂林）经漓江，过桂水，下梧州，再溯黔江、柳江辗转500公里水路才能到达西南边地。寻找并开辟去往西南边疆近便通道，成为大唐王朝国策的急迫任务。

（二）唐武周开凿桂州相思埭与西南边政战略

1. 国力强盛发展与桂柳运河开凿。随着“大唐盛世”时代的到来，桂州快速兴盛发展成为粤西重镇，四方八面的珍宝、贡物、钱粮、盐米等物资汇聚而来、集散而去。唐武周长寿元年（692），“相思埭”工程在桂州（今桂林）西南侧20公里处的岩溶湿地上开凿。据估测，当时的会仙湿地总面积约65平方公里，渺无人烟、湖泽遍布、水草丰盛、树木参差[2]。“相思埭”按照距唐朝900年前秦军开凿的兴安灵渠为基本模型，通过引水、分水、筑坝、蓄水、凿渠、建陡、提水、通航的办法，以今狮子山暗河出水口为源头，引水至洋塘筑坝蓄水，并设东西二陡门成分水塘，向东凿渠引水汇入良丰河，经良丰河过柘木入漓江；向西疏通广袤湿地的相思水（今相思江），经铜鼓水（今洛清江）入榴江（今柳江）。运河全长15公里，共设陡门18处，渠宽10—100米不等，丰水期可通行中型木船或铜船。渠置陡夫、铺役，官府定期发给饷银，负责看管堤坝，清淤防堵，蓄水开闸，绞纤拉船，护船过陡等，维护运河正常运行使用。会仙湿地，从此开始屯驻外来移民并垦殖。从语言学考证，“陡”即“门”；“埭”即“堰坝”，分别与壮族词汇“门”（tou24）、“堵坝”（tab31）读音语义相同，说明秦凿灵渠、唐修相思埭，当时当地壮族先民曾参与设计或开凿这两项伟大的水利工程。

2. 河海航运捷径与西南蕃外交通。因“相思埭”在今临桂县境内，连通了桂水（漓江）和榴江（柳江），近现代桂林人习惯称之为“桂柳运河”、“临桂陡河”、“古桂柳运河”或“桂柳古运河”[3]。以桂州（今桂林）城为中心，兴安灵渠在东北，沟通漓水和湘水，去往中原长安；相思埭在西南，沟通桂江（今漓江）和榴江（今柳江）。一个“相离”（湘漓）一个“相思”，同在漓水、桂水、榴江（相挽相留）上，南北贯通，东西往来，相依相挽相连，缩短航程509公里。从漓江西岸的柘木，经良丰河，过相思埭，出相思江，入洛清江，去往柳州，全部航程仅150公里，且避开了“桂江大峡谷”和“黔江大峡谷”下行上溯布满礁滩骇浪的数百里险滩河段。路近、时短、水畅、船稳，经相思埭往来桂西、桂西北、黔南、滇南和交趾、南海的船数、货量、人流自然就大。相思埭兼具分洪、排灌、养殖、捕捞等多种功能。它与兴安灵渠，共同构筑了连通长江—湘江—桂江—柳江—都柳江—红水河—郁江—邕江—南流江—南海—左江—右江等水运的岭南内陆水上丝绸之路，对于西南边疆管理和土地资源开发，起到了非常重要的作用。

3. 桂柳运河灵渠与南北三大丝路。据史学家钟文典考证，唐代桂州通过漓江水系通往各地的“丝路”交通线主要有三条：①桂州—长安线。此线自秦汉以来一直是粤西沟通中原的交通干线。主要经过桂州—永州—衡州—潭州—岳州—鄂州—襄州—邓州—商州—长安（或邓州—鲁阳—汝州—洛阳），沿路设有驿站，方便各地向中央王朝进贡珍宝、粮税、特产、货物和商人往来贩运财货。②桂州—廉州线。此线从桂州出发，沿漓江及桂江水路过昭州（今广西平乐）、富州（今广西昭平）到梧州，再溯浔江经藤州（今广西藤县）入绣江，换乘车马经玉林平原，下南流江，到达北部湾畔的廉州，然后向交趾（今越南）、天竺（今印度）、大食（今伊朗）等东南亚、南亚、西亚国家往来交易；也可从梧州顺西江水路到达广州，与交趾、天竺、大食等外藩国家商人交换香药、珍宝、奇货运回桂州，再向京城长安、洛阳输送。③桂州—渝州线。贞观十三年（639）夏，渝州（今重庆）人侯弘仁开辟牂牁道，经西赵（今贵州遵义或都匀），出邕州（今广西南宁）以通交趾、桂州。除以上三条主要干线，以桂州为中心，唐代桂州境内各州县均已形成有路可通的水陆交通网络。[4]

4. 开拓西南边疆与社会经济繁荣。唐凿相思埭后所能发挥的作用和受重视程度，可从以下紧密相关事件及其暗含史实加以证明。建中四年（783），桂州各关奉旨开征关税，陆地关验货值征收，沿海廉州关开征舶脚税；贞元二年（786），李去思任容州刺史，招募兵丁4000余人，开垦屯田500余顷；贞元四年（788），朝廷下令岭南开采银矿，并禁止钱币流出岭南；元和十年（815），柳宗元任柳州刺史，释放债奴、凿井取水、开荒植树、造船修城、革陋兴学等，四年后死于任所；元和八年（813），李吉甫著《元和郡县图志》，成书标述有粤西（今广西）各地银、丹砂、水银、锡、铁等稀有金属矿场、坑冶等情况；唐宪宗至唐文宗时（806—840），棉织品桂布、桂管布饮誉长安，被列为贡品，布价大涨，麻织品贵州（今贵港）纻布，容州、郁林葛布，贺州、宾州蕉布等皆列为贡品，大量销往中原和海外；咸通八年(867)三月，安南都护、静海军节度使高骈凿除海路暗礁，钦廉沿海航道通畅；咸通九年（868）三月，高骈募工领军开凿钦州江山半岛潭蓬运河“天威遥”；咸通九年（868）九月，桂州刺史鱼孟威募集民工五万人大修灵渠，40里长堤与18处陡门，可通百斛之舟；咸通十五年（874），高骈派海门防御使杨俊疏浚整治南流江上游马门滩，以便浔江、郁江、柳江入海；唐昭宗时（889—904），刘恂《岭表录异》成书并大量记载岭南、粤西、域外各种奇货、珍宝、逸闻，大大激发了中原移民南下开拓岭南的梦想和热情。

5. 极度屯垦拓殖与唐灭祸起桂州。唐朝中期，王朝鼓励粤西各地自由采银、采金、采珠、采铁、采锡、铸钱，但不能自由流出岭南，官府统征；严禁各羁縻酋首蓄奴、掠口、攻伐；组织军民屯垦、拓荒、修路、筑坝、开渠、引水发展农业，征收粮税，岭南粤西发展迅速。唐朝后期，强烈的好奇心、贪占欲、征服感导致政治腐败，将帅文臣寒心，羁縻酋首离心，军民土著恐慌，商旅役夫抱怨，全国各地暴动起事不断，而朝廷动辄数万、十数万兴兵镇压，其中桂西西源黄峒反复暴动并持续百余年。长安三年（703）十一月，桂州始安（今临桂）郡首领欧阳倩聚众数万起事；天宝十二载（753）五月，唐玄宗命岭南五府军队攻击南诏，试图打通岭南、四川、贵州等地前往云南、缅甸、泰国、印度等东南亚地区国家的通路，引起南诏恐慌并联合西源蛮峒首领黄少卿等大举兴兵反唐；咸通九年（868）七月，桂州徐泗籍戍军对超期留戍不满，推举庞勋为首，劫夺武库兵器，武装结队北还，引发10万桂林戍卒起事反唐，导致黄巢起义大军攻入京城长安、洛阳，史称“唐王覆灭，祸起桂州”。

（三）宋元时期运河驿路与广西社会经济发展

1. 宋代频繁征南与水运驿路开辟。宋代是一个战乱频仍的朝代。广西腹地、边境始终不能稳定，连续发生了危及政权稳定和国家安全的重大动乱和战争。每次边地动荡，南下官军几乎都要通过古桂柳运河运送军兵粮饷，以便近道驰援或远途奔袭。咸平二年（999）抚水州（今环江）饥民多次起事，宋真宗镇压并与酋首蒙顶等和解；景德三年（1006）左右江36峒酋首进攻邕州，曹克明招抚和解；景祐三年（1036）交趾入侵边地思陵州（今龙州等）诸峒，大肆劫掠烧抢而去；宝元元年（1038）二月，安化州酋首蒙月光率众攻击宜州和融州，冯伸己说降平息；庆历四年（1044）环州区希范、蒙赶起事反宋，杜杞毒酒诱杀平定；皇祐元年（1049）依智高归宋无路，建立“南天国”并挥师横扫两广各地，狄青率军南下偷渡昆仑关大败侬军举族西迁；熙宁八年（1075）交趾10万大军劫掠边海，边民死者五万余人；熙宁九年（1076）交趾进攻邕州并屠城，居民死者58000余人。宋王朝修整水路，开辟驿路，镇边通商，至南宋时（1127—1276），以静江府（今桂林）为中心的驿路总长一万多里。

2. 运河船货往来与丝路延伸发展。两宋王朝重视广南西路农、工、商、贸的兴盛发展。绍兴三年（1133）二月，升桂州为静江府，时称“西南会府”。桂柳运河与兴安灵渠一样，得到了持续不断的修浚。熙宁四年（1071）至九年（1076）广西各地兴修水利897处，灌溉农田2738顷，桂柳运河应包括在内。每年广西有苎麻17490匹、商税岁额近10万贯、金锭值钱25万缗、朱砂3386斤、岁贡钱物91984贯（匹、两）、官卖官运海盐33万石、赋布77万匹、官买战马1500匹等国家重要物资，半数需要从桂西经桂柳运河和兴安灵渠，运往京城和北方各地。西南产续布、柳布、象布、古县布、融州榷茶、宜州铅粉、古县铁器等，都源源不断经过桂柳运河行销中原。元丰三年（1080），知南丹州莫世忍过桂柳运河和兴安灵渠进京向宋王朝纳贡银块、香料、狮子和马匹，宋神宗赐其“西南诸道武盛军德政官家明天国主印”及南丹州刺史印。绍兴二十四年（1154）七月，南丹州酋首莫公晟通过古桂柳运河进京献马30匹，并派部族700余人随行，至静江府与经略司属官歃血为盟，示愿归附朝廷，宋高宗诏封莫公晟以南丹州防御使致仕，封其子莫延沈为银青光禄大夫、使持节南丹州诸军事、南丹州刺史、武骑尉，其余各首领一并推恩授职。由此，南丹莫氏土司前后执政地方军政事务900余年。

二、元明清时期的古桂柳运河及其湿地发展变迁

（一）元时期的古桂柳运河与岭南边政形势

1. 元站赤交通与海上丝路往来。元朝称“驿路”为“站赤”，全国各地遍设站赤传递运送物资，凡是军政大事，要求做到“朝令夕至”。元朝政府非常重视海盐采办运销。至元十三年（1276）六月，刚刚占领广西沿海地区的元朝政府，马上设立广海盐课提举司，办盐24000引（盐引，即贩运食盐许可证）。在唐宋时期钦廉海岸盐场的基础上，发展官商合作形式的海盐贩运业务。至元三十年（1293）九月，元朝政府在廉州设立海北市舶提举司，取代沿海巡检司；次年，裁撤海北市舶提举司，复设立沿海巡检司，加强海陆贸易运输管理。元朝时期，从海路前来钦廉港口贸易的阿拉伯商人数量众多，阿拉伯商货及海盐，多数经过古桂柳运河和兴安灵渠向北输送，中国北方的丝绸、瓷器和广西珍珠等向海外船运销售。

2. 桂柳运河水站与旱路综合设置。《元经世大典·站赤》载：“至元三十年（1293）十月，湖广省咨本省签省高正议咨，议拟广南西道站赤便益事，内一项：静江在城旱路，至理定县（今鹿寨境内）横塘站，元设四站，为系经八十里山，地面险恶，马匹难以走递。因此，由苏桥、大石、三里至横塘又设水站四处。使臣顺水乘坐站船至横塘，却行骑，坐铺马，旱路前去巡南。若自静江为头设立水站，至江口分路，西抵庆远，南至邕州。”[5]记载说明，元朝以桂林为水路航运的头站，至苏桥入洛清江大石、三里、横塘水站，下至雒容江口入柳江，去往广西西部各地。这条水路正是唐宋时期一直沿用的“桂柳运河”航道。至正十一年（1351）七月，广西大水，静江路南北二陡渠决堤。至正十五年（1355）肃政廉访使也儿吉尼主持修理灵渠，古桂柳运河也可能得到了修整和启用，否则漓江至洛清江水站就得废止。

（二）明代靖江王城与古桂柳运河周边的堡寨

1. 扩建靖江城与宣德大修相思埭。据唐凌教授考证，明代桂林靖江城，已发展成为“西南都会”。元末桂林城池得到加固，明初朱棣构筑靖江藩王府时，同时增筑了南城至宁远桥（今南门桥）方圆12里多的外城，明代诗人包裕描绘城内“如流车马门前度，似栉人家水一围”，街巷纵横，居民辐辏。围绕靖江城，周边县城也有了较大发展。如宋代昭州治所平乐县城，宋治平初年城周仅一里，明洪武中期作为平乐府治，因“旧城狭隘，不足容军”，拓广为方圆3.6里，成府江要塞。其他县治城镇在元明筑城时，方圆2—3里不等[6]。桂林漓江和平乐桂江的水运压力很大，桂柳运河需承担来自桂中、桂西和桂西北的水运压力，其中军兵、粮饷、盐铁、铜锡等运输是重点。洪武二十六年（1393），朝廷在靖江鼓铸，桂林铜铁原料需求很大，需要从柳庆、宜州运来。洪武二十九年（1396）二月，朝廷行盐地方，规定钦廉盐在湖广出售，需经桂柳运河北运。洪武二十九年（1396）监察御史严震大修灵渠，相当部分货物来自桂柳运河。宣德八年（1433）七月记载，因动乱、镇边和盐、铁、铜等运输需要，明朝政府征调桂林中、右二卫军及临桂县民众，修理临桂、东西、七星等陡门15所，另3处陡门可能还完好使用。

2. 府江古田之乱与运河周边堡寨。明朝（1368—1634）276年间，广西仅有27年未见动乱征伐事件。明朝政府在全国推行“卫所屯田”、“驿铺立堡”和“边藩土司”制度，北方各地藩将大肆圈地建造田庄，造成流民纷纷南迁，大量涌入大瑶山周边夺地垦荒，引发“府江之乱”、“大藤峡之乱”、“古田之乱”、“八寨之乱”和“田州之乱”，危及内地和边境安全。桂江、黔江水运要道长期受阻遭劫。明万历、成化、嘉靖年间，朝廷先后多次调用数万、十数万官军、土兵、俍兵大征，试图打通桂江水路、黔江水路、钦廉海路和左右江通道。据杨芳撰《殿粤要纂》记载，明万历年间临桂县境有：烂桥堡、八字堡、碧崖堡、白竹堡、大木堡、塘头堡、牛岗堡、茶店堡、羊角堡、寒净堡、洪山堡、石门堡、笔架堡、思庄堡、冷峒堡、太平堡、神峒堡、苏桥堡等18处以上，堡寨半数分布在桂柳运河沿岸区域，并在“桂柳古道”设两江哨和两江巡司控扼桂林—临桂—永福要冲[7]。据笔者考察，桂柳运河南侧漓江—大埠—罗锦—寿城一线，现存五尺石板铺设的“桂柳秘道”一条，沿线现存“明村”、“大埠”、“大岗埠”、“七十二寨门”、“武龙筑路碑”等地名及堡寨村落遗存，与《殿粤要纂》图描的“民村”、“大木堡”、“武隆（土司）”等惊人一致。“桂柳秘道”可控平乐“府江之乱”北上靖江城；而成化十三年（1477）官军大修永宁州石城（今寿城），又可控桂柳水陆东进靖江城。但是，正德十五年（1520），古田韦朝威等还是进逼靖江近郊，短时切断桂柳通道；嘉靖四十三年（1564）十二月，古田韦银豹等突袭靖江王城，夺走库银四万余两。隆庆五年（1571），朝廷调集10万土俍官军大征古田，并屯戍桂柳运河、会仙湿地和古田一带。

3. 捕象贡象象阵与海番商货钦运。自秦汉时象郡捕象、驯象、贡象惯制确立后，历代皇朝、地方酋首、土司官吏、外藩使臣、海陆商人等都曾通过灵渠或桂柳运河北运大象、象牙、犀角、翠羽、珍木、奇香、金银、器物等朝觐贡物前往京城献纳。北宋侬智高为求归附，曾倾尽所有将黄金、大象、珍宝和信函送至邕州请求南下重臣代为递送朝廷，终被压制不递。洪武十八年（1385），太平府十万大山地区象群损毁庄稼，官军两万人前往驱捕，并专设驯象卫指挥使司。洪武十九年（1386）十一月，朝廷专使到思明府察访大象活动范围，并绘成地图呈报朝廷。明末清初，清顺治九年（1652），南明大西军以象阵在兴安严关突击清军，死伤遍野，浮尸蔽江[8]。洪武二十七年（1394）、三十一年（1398），安南海寇与倭寇侵扰钦廉，朝廷实施“海禁”，禁止民间使用番香、番货，并规定广西自产香木不准越岭买卖。永乐十四年（1416），廉州番使商贾甚多，朝廷下诏增设廉属驿站，向北经南流江可通桂柳运河。成化二十年（1484）十一月，驻靖江布政使司珍宝囤积过多，朝廷敕令除银两、钱钞、硝黄等外，金器、珍珠、珊瑚、鹤顶、玳瑁、象牙、香药、珍木等悉数运送京城。

4. 水陆混合交通与水驿递运衰落。在正常安稳年月，明代漓江、桂江、桂柳运河和灵渠主要运送过往官员、商旅、使臣、海盐、钱粮、财税、铁锭、铜锭、锡锭、药材、香料等，具有稳定西南，保护海防，增强中原与广西、南海、东南亚等地区交往联系的作用。崇祯年间，桂柳运河与桂柳陆路并行。崇祯十年（1637）徐霞客周游桂林63天后，离开桂林，经桂柳驿路到苏桥，然后乘船经永福、鹿寨水路到雒容，在雒容换马到柳州，行程比全走水路近一半。崇祯年间（1628—1644），邝露著《赤雅》记载：“由漓（今漓江）通铜鼓水（今洛清江），自东徂西入永福，六陡，冬月涸绝不行。予过陡时，水长月明，如层台叠壁从天而下。”当时桂柳运河依旧通航。邝露所见6陡，比唐宋时18陡、明宣德八年15陡，少记12陡和9陡，此时运河可能荒废过半。洪武二十三年（1390）正月，朝廷赈济广西水驿、递运所伕共57089户，钞10.8万锭。到崇祯年间，水驿、递夫已难有此待遇。

（三）康乾盛世桂柳运河整修与城乡社会发展

1. 七修桂柳运河与西南稳边战略。据唐凌教授考证，清代是桂柳运河运输最繁忙的时期，修筑次数最多，见于史籍记载的有七次，且全部集中于“康乾盛世”阶段：雍正七年（1729）、雍正八年（1730）、乾隆四年（1739）、乾隆十一年（1746）、乾隆十九年（1754）、乾隆二十九年（1764）、乾隆三十年（1765），包括疏通河道、加高堤岸、新建修复陡门、铺设陆路纤道、派设陡夫渠目等[9]。桂柳运河强化了清代粮饷戈甲运输、惠贾通商往来、调洪排灌兴农、行政外交管控等四大作用。清初粤西腹地设置了40个土司，桂柳运河成为经营西南民族地区的政治枢纽，也是沟通钦廉安南及南海诸国的外交节点。清朝以国家政权的力量，补充完善了桂柳运河及其沿岸的交通网络体系，不断推进移民垦边运动。但是清代七次修桂柳运河，都是因为安南侵边，倭寇劫掠，安南内乱等稳边急需而匆忙修筑完成。雍正十三年（1735），“王师赴黔征苗，粮饷戈甲，飞轮挽运，起桂林经柳州者，胥是河通焉”。因另有漓江桂江水路可走，桂柳运河修筑缺乏兴安灵渠那样的长远战略眼光，陡、堤、渠、塘、路、桥等设施修筑的质量都不高，维护系统也不够完善，用时负荷过重，闲时衰落过快。

2. 泄洪排灌兴农与运河维护管理。雍正七年（1729）金鉷《广西通志》载：“（临桂陡河）水既归流，因时蓄泄，农民灌溉之余，又设鱼梁，令获汗池之利，民咸便之。”雍正八年（1730），鄂尔泰《重修桂林府东西二陡河记》载：“若乃舟楫之便利，惠贾通商，则自灵渠而北，曲赴湖南；自鲢鱼陡而西，直际黔省之古州（榕江）。”雍正八年（1730），两广总督杨应琚《奏陈陡河工程善后条款事》载：“惟是北陡（兴安灵渠）为三楚两粤之咽喉，南陡（桂柳运河）实桂林、柳庆（今柳州、宜州）之脉络，通商集谷，洵属要津；蓄水溉田，更资利赖；今自经修复以来，舟行无阻，田亩滋膏，商旅耕农，往来无虞。”并奏议“应将南陡即令临桂县苏桥镇巡检……督承陡军、渠目实力防护，以期工程坚固”。[10]雍正九年（1731）张钺《重修兴安临桂二陡河记》载：“乃若临桂陡河，激流上下，咫尺悬殊，石梁石埂，比栉触碍，治固与灵渠无异也。然昔时所建鲢鱼陡，不过陂岸碎石，仅存故迹，此外一无泄蓄水具，工巨费倍，殆有甚焉。今自鲢鱼陡而外，太平、黄泥诸陡，共建以闸水者二十；碍船之石，凿去者百四十四处；又为开广河路，如石槽中贯，需其出而养其源，不溃不竭，而自临入永之江，脉络始贯矣。沿江一带，复修建桥梁十余座。又自临桂至雒容，驿路嵚崎，并皆修凿。”[11]此次修整和新建的22个陡门，自分水塘以东，有泥糊陡、磨盘陡、鸦鹊陡、老虎陡、马溜陡、社公陡、新河陡、窑门陡、门坎陡、牛尾陡、七星陡、庙门陡、太平陡、太平脚陡共14陡；自分水塘以西，有鲨鳅陡、门山陡、鲢鱼陡、鲢鱼脚陡、高桥陡、磨盘陡、黄泥陡、黄泥脚陡共8陡。这是自唐凿相思埭以来最完善的一次大修。今分水塘石柱镌有"乾隆廿年春月建东分水闸"字样。西渠尚有插花屏岔河一条，可宣泄汛期洪水，形似灵渠泄水天平。东西二渠各陡专设陡军、渠目、陡夫、铺役等负责维护管理，官府专拨饷银费用支持。今存光绪十五年（1889）六月立《临桂县告示碑》尚有"禁睦洞陡河拦筑堤坝，如有故违，严加惩究"等内容。

3. 惠贾通商丝路与南海稳边通道。"康乾盛世"共134年，桂柳运河沟通"五省一海多国"。柳庆矿产、钦廉珠盐、滇黔香药、安南珍木、海外奇货等，悉数经运河、驿道、桂林北上散销。广西转运使张钺曾感慨道："灌溉有资，利济有赖，宁为吾粤之民，与接壤之滇、黔、衡、楚，永蒙泽润也。"乾隆十四年（1749），桂林有炉20座，年铸钱9.6万串，所需铜、铅、白蜡等46万多斤，多数从西南民族地区运来；乾隆三十五年（1770）三月，从柳庆等地运至桂林的存铅达170.5万多斤。同年，清廷命广西拨银120万两，护送四川用于军务。除边境入侵、倭寇扰乱、难民冲击、走私猖獗等特殊情况禁海、闭关外，清政府始终保持南海丝路和边关商贸畅通。康熙五年（1666），清廷敕令镇南关进出货物免税；乾隆二十年（1755），安南米云集廉州；乾隆五十五年（1790）四月十五日，安南国王阮光平及随行大臣吴文楚等入镇南关赴北京觐贺乾隆帝八旬寿诞，两广总督福康安陪同，广西按察使汤雄业护送，广西巡抚陈用敷设宴饯别，往返皆经桂柳运河；乾隆五十七年（1792）十月十六日，清廷准借库银12万两接济李念德承办临（桂）全（州）各埠盐运，盐船常年往来于桂柳运河与钦廉盐场之间，李成为桂林最大的盐商。

（四）清中后期桂柳运河圩镇及湿地垦殖变迁

1. 广西人口增长与会仙移民垦殖。清《广西通志》记载：乾隆十四年（1749），广西共有368.78万人，比顺治十七年（1660）11.57万人，多357.20万人，105年增长31.87倍；比康熙二十四年（1685）17.95万人，多350.83万人，64年增长19.91倍；道光十年（1830）751.50万人，比乾隆十四年（1749）多382.72万人，81年间增长了2.04倍。乾隆四十一年（1776），广西耕地恢复到10.17万顷，比顺治十七年（1660）5.4万顷增加近一倍。乾隆五十年（1785）广西粮食大获丰收，广东、湖南商人络绎前来贩卖米谷。嘉庆五年（1800）广西财政收入65.49万两，盐引、田赋、矿产、关税是主要来源，其中海关税银12.33万两，占全年财税总收入18.93%，贡献率相当高。移民屯垦繁衍和丝路通商往来，是广西耕地恢复、人口增加和财税增长的主要原因。如今会仙镇5.23万人口，如按清代人口增长率估算，清代会仙镇约有1.61万人。除明代及之前迁居繁衍的李、刘、白、唐、秦等姓氏村民人口外，清代会仙各村圩可能已超过一万人。这些因凿修运河、守陡服役、征调屯垦或手工商业而来的移民，多数与湘赣粤籍有关，少数与桂西及本土壮瑶融合有关。道光七年（1827）十二月，清廷就曾令广西各府、州、县及土司，妥为安抚湖广、江南等省水灾难民及外来山民。

2. 康乾运河遗韵与会仙周边圩镇。唐凌教授认为，漕运、农桑、屯垦和商业移民，是桂柳运河沿岸地区社会经济繁荣的根本。他考察研究并系统复现了古桂柳运河沿岸的圩镇与码头、泊湾与货坪、商道与桥梁、会馆与仓库、庙宇与社坛等分布情况。认为运河西北侧的两江、苏桥、庙头、四塘，及运河南侧的良丰、会仙、六塘、窑头等，均系较繁荣的圩镇。明代谢晋诗"大圩江上芦田寺，百尺深潭万竹围；柳店积薪晨爨后，僮人苳叶裹盐归"，形象地描述了明清时期相似圩镇盐米、布匹、山货、特产交易和民族风情的生动场景。据笔者调查发现，已崩塌的良丰古石桥上下河段大小码头遗址遗迹多达六处，附近靠河村庄几乎每村都有用于泊船装卸、挑水洗衣和行舟捕鱼的古码头遗址。据唐凌教授考察发现，清代遗存22个陡门下方，都有过船停船的泊湾和装货卸货的货坪，小者十多二十平方米，大者上千平方米。龙头山村河段泊湾依河汊水网布列，高山村附近鲢鱼陡泊湾不但多而且大，竹园村泊湾更是随处可见。分水塘和会仙桥的货坪石堤河坝非常坚实。码头与圩镇间的商道宽4—5米或1—2米不等，或铺石板，或踩踏而成。现存会仙新桥、乾隆桥、官塘桥、高桥和铜桥及其他村际小石桥，沟通了四通八达的水网和星罗棋布的村落。会馆是商业的驿站和商人的使馆，会馆及其商铺、货坪主要集中在柘木、铜鼓、良丰、雁山、会仙、罗锦、六塘、苏桥等圩镇。神灵护佑和心灵慰藉的需要形成了随处可见的寺庙和社坛。良丰街沿河两岸四条街，原是木结构瓦房，火灾是最大威胁，火神庙就建在码头街口；圩市码头常见关帝庙，彰显商业忠义与诚信；分水塘货船水手最集中，设有龙船庙；社公、土地、龙神，原来几乎每个村庄、码头都可见到。

3. 守陡村落繁衍与运河村碑实录。据彭少华等人考察发现，竹园村碑和社门岭村碑分别记载着"清嘉庆二十一年（1816）"和"民国十三年（1924）"两村刘姓两次因山场争讼等历史事实。据了解，社门岭村从竹园村分支而来，其先祖刘梦侯父子四人于明代从江西吉安来到运河以守陡为业，建村时竹林茂密，故称"竹园村"。向东陡门分化形成"社门岭村"、"刘家村"，向西陡门分化形成"新村"、"旧村"等五个刘姓村庄[12]。两块碑的记载，涉及"东陡门"、"西陡门"、"社门岭"、"都司岭"、"渠首"、"陡夫"、"铺役"、"陡大"、"铺后"、"守陡"、"牧牛"、"割草"、"完税"等众多信息，基本还原了自明代至民国时期，古桂柳运河移民屯垦、守陡管护、繁衍发展、人多地少、争讼求存的历史演变过程。争讼事实说明，到清代中后期，古桂柳运河和会仙湿地区域的人地关系容量已到极限。据相关文献记载，类似现存高桥村《陡河收费约定碑》、蓝家村《和安寨碑》等涉及村镇、泊湾、货坪、官人、商旅、船夫、军队、农民、流民、渔夫、挑夫等劳作生活、生产交易及流民、垦殖、封禁、防匪、护商、革弊、封船、豁免、交易、诚信、土地、职责、寺庙、公地等方面的规约碑刻很多，现多已散失或破坏而不存。

4. 周边战乱频仍与运河湿地烽烟。道光十一年（1831）前后，两广各地鸦片泛滥，清廷严令浔州、梧州、平乐等与广东毗连的各府知府严查并销毁，相似情形同样蔓延到了桂柳运河和会仙湿地；道光二十六年（1846）秋，北海商人开辟北海至澳门、香港的定期帆船运输航线，洋货经桂柳运河等水路进入沿河各圩镇，传统手工商业受冲击；道光三十年（1850）六月二十一日，天地会陈亚贵等率3000多人直逼桂林，黔、滇、湘三省6000官兵经灵渠、桂柳运河赶来镇压；咸丰二年（1852）二月十九日，洪秀全、杨秀清等率太平军绕道六塘圩横过会仙湿地和桂柳运河，在城南将军桥炮伤乌兰泰致死，并围攻桂林城一个月；咸丰七年（1857）二月初七日，大成国陈开、柳州李文茂率部汇合与清军激战于临桂、阳朔交界处的桂鱼塘；咸丰九年（1859）七月二十九日，石达开率部10万余人经灵渠围攻桂林，九月十日撤围经桂柳运河和会仙湿地开往庆远方向；光绪三十年（1904）六月初七日，岑春煊从广州督军经桂江抵桂林，调桂军陆荣廷、滇军龙济光、粤军王瑚各营经桂柳运河云集柳州、庆远围剿会党。同治七年（1868）十月三十日，清廷接越南国王进表，广西巡抚苏凤文、提督冯子材督军分道并进越南，合兵夹击刘永福黑旗军吴亚终部，黑旗军退入越南境内；光绪九年（1883）二月二十六日，越南国王请求清廷派兵援助抗法，接受改编的黑旗军在越南河内纸桥设伏大败法军。现存会仙七里坪堡寨和沿河古村石墙石门等防御建筑遗存不少。"鸦片战争"和"咸丰之乱"将会仙湿地和桂柳运河笼罩在一片战火硝烟当中，昙花一现的种桑养蚕、缫丝出口兴盛，并不能挽救清朝的危局。

三、民国古桂柳运河衰危与当下会仙湿地乡村旅游

（一）桂柳运河人文浸染与会仙湿地豪族军风

1. 蛮荒湿地蜕变与临桂人文浸染。"粤西蛮气之直"、"衡湘楚气之实"、"八桂军气之锐"、"临桂文气之盛"、"湿地农气之清"、"运河商气之重"……在会仙湿地和桂柳运河沿岸，处处都能强烈感受得到。远古蛮荒时代，会仙湿地周边出现了城南甑皮岩人、李家村庙岩人、临桂大岩人，他们所面对的，是一个雾霭箐深、猛兽出没、渺无人迹的原始蛮荒湿地；秦汉三国至隋，西瓯军把会仙湿地林莽当作抗秦保命的庇护所，而大秦帝国则将其看成开疆拓土的处女地；隋唐把漫天水网开辟成为挺进边藩开拓进取的桥头堡；明清则将其真正建设成了岭南粤西通往南海诸国的内陆水上丝绸之路……当唐朝在会仙湿地凿出相思埭203年后，唐乾宁二年（895），会仙湿地北面原本同样是湿地的桃花江边山脚下，突然出现一个殿试状元赵观文；赵观文殿试状元12年后的唐哀帝天祐三年（906），裴谐中榜眼进士第；时隔643年后的明嘉靖二十九年（1550）吕调阳廷试中榜眼；又时隔173年后的清雍正元年（1723），会仙湿地边上的四塘横山村冒出一个"三甲进士"陈宏谋；再时隔97年后的嘉庆二十五年（1820），陈宏谋玄孙陈继昌再次"三元及第"；21年后的道光二十一年（1841）四月，龙启瑞状元及第；再隔24年的同治四年（1865），于建章榜眼及第；又是24年后的光绪十五年（1889）三月，张建勋状元及第；三年后的光绪十八年（1892）三月，刘福姚状元及第[13]。清末，桂柳运河逐渐衰落，会仙湿地垦殖过甚，而运河湿地北面的临桂反而榜眼状元辈出，赵观文、陈宏谋

等带点“蛮气”的耿直文风濡染着运河湿地的各个乡村。

2. 乱世豪族崛起与湿地军风兴盛。柳宗元、黄庭坚、苏东坡、周敦颐、范成大、秦观等中原文人过往灵渠漓江，塑造了临桂人“修身齐家治国平天下”的儒家精神人格；浩荡军旅、垦殖移民、冒险船商经由桂柳运河，激发了会仙湿地多元族群的乱世豪族梦想。原居于会仙湿地南端南边山村的唐氏，因尚武中举发达而移居良丰河上游大岗埠，轰轰烈烈兴建起庞大家族村落唐氏庄园，并在村前村后雇人垦殖湿地田园、修筑石渠水坝、建造石桥寨墙、培植果园古树，成为漓江明村—虾歳—武龙—大岗埠—大埠—雁山—罗锦—寿城洛清江“桂柳秘道”咽喉要地上的团练豪族。同治八年（1869），这个拥有数千团丁的豪族头领唐仁及其儿子唐岳，更加轰轰烈烈地大兴土木建起了“岭南第一园林”——雁山园。据说唐仁因“错杀同僚”而“神秘消失”。唐岳死后，家族不振，后人只好将雁山园卖给两广总督岑春煊。岑春煊出身右江土司岑氏豪族，是“一门三总督”的老小，历任广东布政使、甘肃布政使、山西巡抚、四川总督、云贵总督、两广总督等职，在西林县那劳村建有“宫保府”，其大哥岑毓英是云南巡抚、云贵总督，二哥岑毓宝是云贵总督、云南布政使。岑春煊坐镇雁山园，控扼桂柳运河，桂粤滇黔川湘越南尽括囊中，进可攻退可守闲可隐。岑春煊购得雁山园后，桂军陆荣廷、滇军龙济光、粤军王瑚、孙中山等大批军界政要都曾出入于此共商军国大事。雁山园由此催生了湿地运河新桂系巨头李宗仁、白崇禧和中共开国将军李天佑等后起的八桂军风，这种军风与“粤西蛮气”有着一脉相承的关系，是“蛮气”文风的另一种表现。

（二）陆路发展与桂柳运河水运交通作用废弛

1. 驿路超越水运与公路铁路冲击。随着桂林—临桂—永福驿路交通不断改善，运河行船速度慢、路途远、时间长、效率低，还充满种种不确定性危险，缺陷不断暴露出来。明代崇祯年间，徐霞客前往柳州之所以绕过运河湿地，就是出于这样的考虑。早在光绪三十二年（1906）七月十八日，广西官绅陆嘉晋等68人就曾呈请商务部，要求广西铁路由广西筹款自办，设立广西全省铁路有限公司，公推广东提学使于式枚为总理，拟集资1000万银圆，修筑桂（桂林）全（全州）线、桂（桂林）梧（梧州）线、桂（桂林）邕（南宁）线、邕（南宁）龙（龙州）线。这一计划虽然没能实现，但它预示着延续1300年的古桂柳运河即将终结。1915—1919年随着旧桂系陆荣廷修筑邕（南宁）武（武鸣）路52公里、龙（龙州）水（水口关）路33公里、龙（龙州）南（镇南关）路55公里公路通车后，1921—1922年由马君武主持的邕（南宁）柳（柳州）路和孙中山亲莅的桂（桂林）全（全州）路也在启动当中[14]。1926年新桂系主政黄绍竑责令广西建设厅筹划五大公路线路：北横干线西林至怀集；南横干线龙州至梧州；西纵干线南丹至钦州、北海；中纵干线三江至陆川；东纵干线黄沙河至梧州；特别线路百色至思恩、凌云，并于1929年建成28段总长2025公里公路，包括南宁—柳州—桂林—黄沙河纵线和富川—贺州—钟山线。到1937年上半年，广西全省拥有公路干、支线77段，里程总长4409公里，初步贯通全省主要城市，沟通与粤、湘、黔、滇等省及法属安南（越南）的联系，还深入到省内许多县乡，仅桂西、桂西北地区路网稀疏。1935年广西境内来（来宾）合（合山）铁路，湘桂（衡来段）铁路，黔桂铁路（大湾支线）开通。公路、铁路很快取代江河水路交通，桂柳运河便逐渐淡出人们关注的视野[15]。

2. 桂柳运河终结与会仙湿地残存。据毛村老人们回忆：民国初年，桂柳运河分水塘边小山上的龙船庙香火依然很旺，行船走水的老板和船家，都喜欢上去拜拜龙王爷。木排、官船、商船来来往往，各个陡门下面的泊湾都有停船透困（歇息）的人。从苏桥圩或柘木圩过来的木船、铜船、竹排都要在分水塘一带停留，有的还要过夜。闲得没得事做，就吹吹唱唱……寻花问柳的、吹大烟的、耍子赌钱的都有，还蛮热闹。四塘、良丰、会仙、六塘、苏桥，都是圩场，有的几条街，赶街人多、热闹，都跟陡河有关系。这边八九十岁的老人家，年轻时候都在陡河上拉过船，拿谷围当板子挡水、放水。贩盐的、运糖的、装油箩的、送米粮的、搭苏杭杂货的船都有。船重水浅，要人拉才走得动。一天拉下来，屋里就有了柴米油盐钱。“一天不过船，一屋望穿眼”讲的就是这个道理。据刘方玉研究员调查：抗日战争时期，军需物资运输繁忙，湘桂、桂柳、黔桂铁路运输能力有限，广西省政府曾经考虑过继续启用桂柳水路联运的办法改善交通运输的状况，派出工程测量人员实地勘察设计。后因战事急变，桂柳水路联运方案成为泡影，疏浚运河的计划未能实施[16]。“相思棣最后一次通航漓江是1958年，大批民工乘坐

20多艘木船前去支援甘棠江青狮潭水库建设。此后，只有区间的农艇和小船行驶了。"[17]据说1962年前后，当地村民还在运河东段行船运货来往桂林城，后来公路网络通了，逐级递运的运河逐渐淤堵破败，失去了对外通航的能力。

（三）桂柳运河沧桑遗存与会仙湿地乡村旅游

1. 桂柳运河圩镇与古村沧桑遗存。据笔者考察，古桂柳运河目前基本处于残破遗址状态，各陡均已废弛，虽然几个陡门尚能排灌，但残存河渠杂草丛生，水葫芦泛滥蔓延，掩堵河湖水域。尚存的寺背桥、官塘桥、乾隆桥、铜桥和其他河汊小桥、石板路，现在都已岌岌可危。泮塘村水源严重不足，枯水期铁壳船小艇往来于湿地湖汊运河遗址之间，触手可及船底淤泥，伸手刮捞即可抓起河蚌或福寿螺。毛村附近河堤，到处坍塌切断，灌木丛里随处可见村民掏挖诱捕野生鱼类的"窝塘"。东渠至良丰河沿岸的安龙、新陡门、社门岭（东陡门）、竹园、良丰、大埠头、良丰农场、奇峰镇、于家、湖子岩、柘木等村镇，都失去了运河古村特色。只有一些残存的瓦房、码头和坍塌的古桥，还在昭示运河原态的风景，筒子楼在运河边上整村拔起。大学城在良丰河上下河段夹河而建，水印长廊度假村在漓江口对岸大圩一溜摆开。西渠沿线的王家、江头、江岸、老汴塘、汴塘、新汴塘、全村、凤凰岭、福定桥、枫木塘等湿地村庄，同样失去了运河古村韵味，残存瓦房、石板路、石街巷夹杂在高耸的水泥楼房之间苟延残喘，村边湖塘淤堵污染严重。每到雨季，湖泽水网一片汪洋。苏桥工业园区在西渠出口拔地而起，临桂新区在运河北侧二塘已成规模。湿地集雨范围内污染威胁严重。

2. 会仙湿地的水天泽国生态家园。据《美丽的会仙》介绍，集山景、水景、古运河、湿地生物和湿地文化为一体的会仙湿地，是目前全世界面积最大的岩溶湿地生态家园。拥有大大小小1000多个由沟渠、湖汊、汴塘、水网连接构成的会仙湿地，是一个依然生机勃勃的水生动植物种群系统[18]。据生态学专家调查统计，会仙湿地已发现的原态野生和逃逸野生的维管束植物有105科220属293种，浮游植物有6科79属24种，陆生脊椎动物有4纲23目67科234种，鱼类有6目16科39属46种，底栖动物30种，浮游动物95种。历史上原生会仙湿地，最大面积约65平方公里，经过1300余年不断伐木开荒排水垦殖，目前天然湿地已缩减到不足6平方公里。尤其是近50年来，更大面积的天然湿地被当地政府鼓励开荒垦种、围塘养殖、填埋造地、建村铺路、围垦蚕食，天然湿地越来越少，原生物种大量衰减，福寿螺、小龙虾、凤眼莲（水葫芦）等外来物种疯长成灾，湿地生态环境及其物种多样性受到严重扰乱。"漓江水域之肾"原有保持水源、净化水质、维护生物种群多样性的生态功能急剧下降。2012年2月20日，"广西桂林会仙喀斯特国家湿地公园"成立，已划定保护面积为2500公顷，范围涉及临桂县会仙镇的睦洞、四益、新民、山尾、文全、马面等6个村委以及该县四塘乡的大湾村委、雁山区的竹园村委，共47个自然村，2.2万人。公园保护核心区面积586.75公顷，包括以睦洞湖133.3公顷湖泊水面为中心的龙头山、分水塘、狮子山、冯家鱼塘、分水塘至相思江之间的古桂柳运河等沼泽湿地河湖范围。保护区将通过新建或修复堤围、重建睦洞湖节制水闸，修复相思埭22陡门（有说24陡门）等措施，拦蓄洪水，引入渠水，抬高恢复湿地水面，确保会仙湿地永久滋润，自然修复生态功能。禁止在湿地范围新挖鱼塘、毁林毁草、破坏生态，保持岩溶湿地生态及文化环境独特性、多样性景观不被破坏[19]。

3. 会仙湿地与古桂柳运河乡村旅游。会仙湿地运河美景，史称"会仙百里芙蓉长壁"，至今仍刻写在分水塘边石头上。辽阔的水田、湿地周边，是形如仙境壁画的峰林山体。"会仙"是传说中天仙会聚流连之所。沿河两侧以睦洞湖133.3公顷宽阔水域为中心，河渠、湖汊、水网纵横交错，长满野生古莲和培植莲藕。春天湖水茫茫，嫩叶漂浮；夏天荷叶弥天，荷花遍野；秋冬残荷败叶，苍凉震撼。湿地、水网、村庄、河渠、古桥、湖泊、稻田、奇峰、荷海、鹭群、雨燕、鱼蛙……构成了与漓江百里长廊和阳朔十里画廊别样的风光。残存的寺背桥、官塘桥、乾隆桥、铜桥等古桥及古道长满薜荔青苔，沧桑之美动人心魄。除东渠竹园村一带地势稍高的草坡、田园、村落，会仙湿地水天泽国里的每家每户都有船，红漆铁壳小艇经久耐用，是当地最主要的交通工具。村民们在孩提的时候就要掌握划船的本领，能够悠然自在地往来于湖汊水网之间。人们出门干活，划着小船去种莲、挖藕、犁田、耕耘、锄地、摘菜，甚至耕牛出行，也要随主人乘着小船一同来去。近年来桂林市将会仙湿地列为"桂林十大精品自然景观"、"桂林最美日落日出观赏地"，引发了会仙湿地乡村旅游热潮。原先零星冷僻的驴友徒步旅游线，变成了自驾徒步甚至团队旅游线路。毛家村和下庄村是位于古桂柳运河西渠附近的两个湿地村庄，因为靠近湿地保护核心区睦洞湖区域，游客连年纷至沓来。村民家家户户参与到湿地乡村旅游经营活动中，农家红漆铁壳小艇游船数量急剧增加，湖、河、渠、陡、村、田，常常人满船满，游客过度集中，危及原生态湿地和古运河遗址的存续安全。桂林市临桂新区政府和湿地公园保护机构正在规划指导将会仙镇建设成为湿地旅游集散管理中心，计划通过建设"湿地观光"、"水上小屋"、"田园游乐"、"景观农业"、"烧烤场地"、"农家客栈"、"旅游商品"、"车站码头"、"徒步栈道"、"旅游厕所"、"旅游街区"和"自驾营地"等景区景点设施，引导游客文明旅游，管控村民有序经营。

四、国家新战略与桂柳运河湿地旅游文化价值重构

（一）"中国—东盟"旅游交往与桂柳运河及湿地失语症

1."中国—东盟"区域合作与桂林旅游国际影响。近年来，随着中国—东盟自贸区建成及其经济一体化推进，中国与东盟旅游业交往加深，中国与东盟互为重要旅游客源地。广西作为中国唯一与东盟陆海相连的地区，地理位置得天独厚，是中国面向东盟开放合作的前沿窗口。2014年广西共接待东盟旅游者111万人次，占广西接待入境旅游者的50%，东盟已成为广西最重要的旅游客源地和旅游目的地。南宁是"中国—东盟"区域合作的重要节点，桂林是"中国—东盟"旅游交往中心。2014年第11届中国—东盟博览会组委会决定从2015年起将中国—东盟博览会旅游专题展永久落户桂林，东盟10国旅游主管部门共同参展参会，并轮流出任主宾国。2015年5月29日至31日，第12届中国—东盟博览会旅游展·桂林首展以"21世纪海上丝绸之路旅游发展与合作"为主题，共有东盟10国、欧美亚大等50个国家和地区、国内29个省52个城市、广西区内14个市团，专业参展商近600家，专业观众达6000名，700多家企业，300名高质量海外买家参展参会，参观公众达15万人次。"规格高、规模大、专业强、时效快"旅游交往合作平台，快速提升桂林旅游国际性影响力。

2.桂柳运河文化与会仙湿地生态旅游失语症。由于多年来学界缺乏对桂柳运河和会仙湿地历史人文问题的关注和研究，目前相关成果仅有寥寥可数的几篇论文和一本《美丽的会仙》旅游宣传册。国内旅游文化产业界，尚未有人能够拿出真正有分量的关于古桂柳运河和会仙湿地旅游文化价值重构方面的研究成果，对于"运河历史脉络"、"景观环境保持"、"湿地生态保护"、"湿地乡村重塑"、"旅游项目创设"和"投资开发营运"等重要问题也未得到很好解决。尽管常常有人强调桂柳运河与会仙湿地旅游保护性开发利用的重要性、紧迫性、敏感性、影响力和效益性。大型综合旅游投资开发商始终在跃跃欲试但是又不敢贸然决定。在日甚一日的所谓"下庄乡村旅游"和"毛村湿地旅游"等农家乐经营活动面前，投资商、开发商、学术界和会仙湿地公园都得了严重的"失语症"。

（二）"一带一路"与古桂柳运河湿地旅游定位

1.历史学家的深邃眼光与边政丝路的精辟阐述。正如唐凌教授所指出的："谈论运河的价值，不是光（盯着）看这条河，它只是一个体系和文明系统的支撑。桂柳古运河的可贵之处，就是在于它所支撑起的这个体系和文明系统现在都还存在，甚至比灵渠更加完整。那么保护与开发桂柳古运河，就是非常值得去做的一件事情。""桂柳古运河是我国封建社会中后期中央和地方联系的一个非常重要的纽带。运河的开通，让人流、物流、资金流等开始畅通，中原地区开始出现人才的流入，他们带来的先进制度和先进理念，在非常大的层面上改革了西南地区的社会结构。""从当时的桂林来看，能够拥有灵渠和相思埭两条关乎国家统一繁荣的政治性运河，足以证明桂林在历史上的重要地位。"[20]这一精辟论述，暗合了"内地—边疆"、"中国—东盟"、"一带一路"倡议的精神核心，古桂柳运河的出现与存在过程以及在它身上所发生过的种种历史事件和事实，才是表现和阐释其内涵的形式和基础，看这条湿地运河，应摆脱就运河谈运河、就桂林谈运河、就广西谈运河、就中国谈运河的局限视角，而要站在"中国—东盟"、"一带一路"乃至多种民族、多种文化、多种文明、多种生态和共有精神家园的悠远历史记忆与宏阔现实时空的角度看待它、掌控它，才足以见风采。

2.文字学家的语境重构与桂柳运河的意涵体悟。陈晓洁等人从历史地名学和语言文字学的角度看兴安灵渠和相思埭的"湘"、"漓"、"陡"、"相思"等词义得出些新解[21]。从秦汉时代开始，古人就已经在开凿兴安灵渠、临桂相思埭和南海天威遥时，为

后人构筑了一个时空邈远、意涵深邃的"运河水路词汇系统"。正如上文所提到的"埭（坝）、陡（门）—蛮（僮）、汉（客）"词汇语义对应关系原理一样，"湘水、湘江（相依）—漓水、漓江（相离）—榴江、柳江（相恋）—南流江、钦廉州（相连）—海北、天威遥（相望）"或将其排列为"北渠、北陡（衡楚相依）—南渠、南陡（临桂相思）—牂牁、都柳（西南相守）—左江、右江（边地相望）"结构，都可见古人开凿灵渠、相思埭及其关联水路，都是暗含着看似无情却有深意的定名取义哲思情理当中，而且历经1300余年不断丰富其语境和意涵。古桂柳运河和会仙湿地的现代旅游文化价值重构，必须首先深刻体悟并把准这个语境和意涵。

（三）"胜地建设"与古桂柳运河丝路边政文化价值重构

1. 胜地建设宏阔目标与运河湿地旅游灵魂张扬。国家发改委给桂林国际旅游胜地建设的目标宗旨定位，大致可以概括为：世界水准、国际一流、国内领先。据《2015年桂林市政府工作报告》称：2014年桂林市政府总共推出"胜地建设"重大项目883项，完成投资793.8亿元，其中顺利推进20个重中之重项目和38个重大项目，包括地中海俱乐部、玉圭园·全球名胜等一批大型高端精品旅游综合实体项目建成试营，空中游漓江和空中游阳朔试飞成功，桂阳旅游景观大道项目建设进展顺利，桂林喀斯特地貌列入世界自然遗产名录，51国外国人72小时过境免签，东盟10国旅游团6天入境免签等。按照《广西桂林会仙喀斯特国家湿地公园保护建设规划》要求，桂柳运河和会仙湿地将朝着"世界自然文化遗产名录"项目申报目标推进。但是笔者认为，古桂柳运河才是岩溶湿地血脉所在，也是桂林城市的文脉所在，更是西南边疆的神魂所在，将其提升到"粤西历史长廊"、"丝路边政纽带"、"一带一路"节点、"中国东盟汇处"和"人类共有家园"等宏观高度看桂柳运河和会仙湿地，才是真正的宜其所归。

2. 桂柳运河景观节点与湿地旅游空间功能架构。地理空间原态、历史脉络重现和旅游创意创新，是运河湿地景观分析与时空架构的基础。仅凭观察和感觉，古桂柳运河和会仙湿地的景观环境系统要素有河渠、陡门、乡村、圩镇、古桥、古道、村道、公路、水渠、堤岸、田基、阡陌、树木、水景、山景、河汊、湖塘、水源、稻田、湿地、飞鹭、游鱼、耕牛、小艇、荷海、芦荡、寺庙、社坛、古碑、古树、码头、货坪、水车、戽斗、井亭、石础、祠堂、老屋、枯木、水草、河蚌、蛙鳝、大学、高楼、农场、河道、游船、小艇、车辆、人群……可无限制延伸。归纳概括起来，大致包括"地理时空要素系统"、"自然生态要素系统"、"历史遗存要素系统"、"社会现实要素系统"和"未来新作要素系统"五大部分构成的整体。在总体景观节点和空间架构上看，湿地稻田是个躯体，运河陡桥是条筋骨，村镇山体是套关节，动物植物是其毛发，湖汊水网是其血脉，历史文化是其灵魂。从景观串接与功能架构上看，应以"三十里运河水路船游景观"为轴线，按照"漓江河口码头节点"、"东渠圩镇古街节点"、"分水渠陡古桥节点"、"西渠湖塘古村节点"、"苏桥老街码头节点"，实施景点划分，再将周边山体作为环状立面景观视域，将广阔田园作为延展平面景观视域，作为俯仰视角对象加以点化，利用现有公路乡道将会仙镇、四塘镇作为阴阳两极的天眼加以营造，即可得出令人心动的活态化旅游景观空间架构体系。轴线、节点与天眼，围绕湿地运河核心区，山水时空循环周流，整个景观系统在保持、保护、修整、修复、创新、创造基础上，实施运河疏通、遗迹修补、湿地修复、乡村重塑、圩镇重构和文化激活处理，然后进行旅游服务接待设施修建完善。

3. 运河湿地重大旅游项目设置及创意呈现方法。如何灵活处理并创意利用前文梳理整合的大量事件史料信息资源，是运河湿地旅游文化创意的关键所在。湿地田园、运河渠陡、景区景点、村镇路网、劳作生活、设施场所分别是生态场域、历史场域、景观场域、社会场域、风情场域与旅游场域的综合体。它们共同构成一个展现运河文化、湿地环境、社会风情、大国风范、文化底气和人情交合的大环境、大背景、大舞台。所有旅游项目创意，都将在这个大环境、大背景、大舞台中展开。"大唐王朝"、"康乾盛世"作为桂柳运河的气度背景，在河渠、堤岸、堰坝、陡门、古桥、码头、驿路、泊湾、货坪、古村、古镇等上面铺展延伸，运河三千年历史画卷、丝路三千里文化记忆、湿地三千种生态表征、乡村三千样家园梦幻、旅游三千种体验内容，共同构成桂林历史文化名城和桂林国际旅游胜地最为广阔舒展、最有震撼力度、最具深度广度和最具生命活力的旅游去处。在这里，所有人都能够真切真实地观览到、触摸到、体验到、感受到"瓯骆桂国文化本底"、"会仙湿地文化生态"、"运河古村传统民俗"、

"运河军旅稳边场景"、"运河屯守移民风情"、"运河商船珍宝盐米"、"中原粤西边政大事"、"地方土司纳贡朝觐"、"番国使者万里往来"、"峰林湿地景观乡村"、"运河湿地名人风采"、"中国—东盟丝路情谊"等方面的历史原真、艺术真实和内涵魅力。各种历史遗存项目、湿地生态项目、旅游体验项目、美食娱乐项目、商品购物项目、观光游览项目等，将可采用"历史遗址遗迹遗物遗存复原法"、"历史场景事件人物故事复现法"、"现存口头与非遗文化实体转换法"、"现存特色文化资源提升法"、"时尚与传统文化巧妙混搭法"、"动漫影视书画演艺雕刻创新法"等创新创意手段，通过具体可操作的古碑、古渠、古物、古迹、古船、古村、古镇、古树、古井、建筑、雕塑、壁画、镌刻、书画、器物、奇石、码头、景点、演艺、影视、装饰、行为等可视、可游、可居、可触、可用、可购、可感、可想的形式一一再现出来，构筑一幅全球为之动容的"桂柳运河与会仙湿地活态清明上河图"。

【参考文献】

[1] 广西地情网．历史事件．广西地情网，http://www.gxdqw.com/dsj/.（注：文中未注明出处者均源于此）.

[2] 中共会仙镇委员会，会仙镇人民政府．美丽的会仙[Z]. 2010.

[3] 彭少华．桂柳运河诸名考[J]. 广西地方志，2009(03)：47-49.

[4] 钟文典．桂林通史[M]. 桂林：广西师范大学出版社，2008：57-58.

[5] 韩光辉．广西桂林地区城镇体系的形成与发展[J]. 中国历史地理论丛，1995：91-105.

[6] 唐凌．论广西桂柳运河沿岸地区商业系统的空间结构[J]. 广西民族研究，2010(02)：142-147.

[7][明]杨芳．殿粤要纂·卷一·桂林府图说．书目文献出版社根据明嘉靖刻本印制．七三一至七三二．

[8] 钟文典．桂林通史[M]. 桂林：广西师范大学出版社，2008：131.

[9] 唐凌．论清朝大修桂柳运河的功与过[J]. 广西地方志，2010(03)：34-47.

[10][清]杨应琚．奏陈陡河工程善后条款事．见中国第一历史档案馆藏·录副奏折．

[11][清]金鉷．广西通志·卷一一六·艺文．457.

[12] 彭少华．礼法化民与权法治民——从广西桂柳运河畔的两块碑刻看清、民国的法律差异[J]. 传承，2009(02)：118-119.

[13] 汤松波．"桂学"文脉在临桂——剖析"桂学"与临桂县科举[N]. 广西日报，2010-06-18.

[14] 莫崇严．论民国时期广西的公路建设[J]. 广西社会科学，1993(04)：52-74.

[15] 韦善仕．清末和民国时期广西铁路的酝酿和建筑[J]. 广西社会科学，1992(02)：69-72.

[16] 刘方玉．珠江流域第二条古运河相思埭考察记[J]. 珠江水运，1995(02)：27-31.

[17] 刘方玉．话说相思埭古运河[J]. 中国水运，1995(06)：47.

[18] 中共会仙镇委员会，会仙镇人民政府．美丽的会仙[Z]. 2010.

[19] 张定亨．中国最大的岩溶湿地"会仙"[J]. 广西林业，2012(07)：33-37.

[20] 唐凌．清朝大修桂柳运河原因探析[J]. 广西师范大学学报（哲学社会科学版），2010(05)：84-89.

[21] 陈晓洁．广西三大古运河的概况及历史意义[J]. 传承，2012(11)：28-43.

壮族土司文化演艺创意产业转型的思考
——以忻城莫土司衙署为例

聂峥嵘 张盼盼 李广宏①

（桂林理工大学旅游学院，广西 桂林 541004）

【摘　要】壮族土司文化历经了上千年的积淀，形成了西南地区丰富的旅游文化资源，忻城莫氏土司衙署则很好地呈现了壮族土司的制度形态文化和精神形态文化。然而现实表明土司衙署景区旅游开发情况并不乐观，但其既定的景观资源以及丰富的文化内涵，都有一定的再度开发潜力，如何对土司文化资源进行合理开发与有效利用，将文化资源优势转化为经济优势，实现文化价值与经济价值、社会效益和经济效益的统一，这给土司文化带来了旅游演艺创意产业转型的思考。

【关键词】土司文化；文化演艺；莫土司衙署；创意产业；转型

一、引言

2015年7月4日，在德国波恩举行的第39届世界遗产大会上，贵州遵义海龙屯遗址、湖南永顺老司城遗址、湖北唐崖土司城遗址联合代表的中国土司遗产项目成功入选《世界遗产名录》，成为我国第48个世界文化遗产。三大土司申遗的成功，表明土司及土司制度是我国历史长河中不可缺少的角色。毋庸置疑，土司文化是我国特有的一种民族文化，对土司文化遗产的保护、保存、解释和展现，是我们义不容辞的重大的责任和共同的义务，土司文化旅游亦理所当然成为国际文化旅游的组成部分。[1]

土司制度是中原封建王朝对少数民族所施行的一种特殊的政治制度和民族政策。它渊源于唐、宋时代的羁縻制度，确立于元代，完善于明代，衰落于清代，消亡于民国时期，期间经历了一千多年的历史，对少数民族地方社会历史的发展产生过重要的影响。[2] 土司制度的存在，是当时封建社会生产力发展水平下的历史产物，对于维系少数民族地区与中央政权之间的关系，维护中央集权国家的统一和少数民族的稳定与团结具有一定的积极作用。

壮族作为中国人口最多的少数民族，现在的壮族聚居区是历史上历代封建王朝推行土司制度的主要区域之一，在壮族聚居的广西左右江以及红水河流域，自唐太宗时期起即建立了数十个羁縻州县。自明代起，朝廷先后任命了197家土司，忻城莫氏土司就是其中之一，它统治着地方近五百年，其制度文化更是促进社会经济和政治发展的重要角色。壮族土司制度下，积淀了不少以壮族文化特色为主的土司文化遗产，对当代具有重要的历史、文学、艺术、旅游等价值。开发以土司文化为主题的旅游资源，对保护与传承土司文化和当地社会经济的发展起到重要的促进作用。

---

① 聂峥嵘（1991—），湖北孝昌人，桂林理工大学中国少数民族经济专业硕士研究生，研究方向：民族旅游经济；
张盼盼（1974— ），河南潢川人，桂林理工大学旅游管理专业硕士研究生，研究方向：民族旅游演艺；
李广宏（1966—），河南睢县人，桂林理工大学旅游学院副教授，硕士研究生导师，研究方向：民族旅游演艺。

二、忻城莫土司衙署旅游资源与开发现状

（一）旅游资源现状

忻城莫氏土官连续承袭20任，在我国南方同一姓氏连续袭官的土官中，莫氏是最长久的家族之一，因此留下了丰富而宝贵的历史文化资源。

忻城莫土司衙署位于广西忻城县城关镇翠屏山北麓，由土司衙门、祠堂、官邸、大夫第等建筑群组成，总面积38.9万平方米，其中建筑占地面积4万多平方米，它是中国境内唯一保存得最完整、规模最大的壮族土司建筑物。从元朝末期至清光绪三十二年（1906），莫氏世袭土司统治忻城470多年。明万历十年（1582），第八任仕官莫镇威始建土司衙门，成为衙署主体建筑。

此后，历任土司先后拓建附属建筑，形成规模宏大的土司建筑群，衙署建成后，几经兵灾，部分建筑先后被毁。中华人民共和国成立以后，得到人民政府的高度重视，多次拨款维修。莫土司衙署于1963年被列入广西壮族自治区文物保护单位，1996年被列入全国重点文物保护单位，是我国少数民族地区文化遗产中灿烂的瑰宝。“守斯土莅斯民，十六堡群黎谁非赤子；辟其疆治其赋，三百里区域尽隶黄封。”——这是悬挂在忻城莫氏土司衙署大门廊柱上的一副楹联。几经变迁，莫氏土司衙署，这座充满着浓郁的少数民族色彩的官式建筑，依然是土司文化最生动的历史见证。[3]

忻城莫土司衙署被誉为“壮乡故宫”，它既是忻城历任莫氏土司的官署衙门，又是莫氏家族的私人住宅[4]，其中蕴藏着丰富的旅游经济资源和独特的土司文化资源。衙署建筑皆砖木结构。具有中原古典宫廷建筑的特点。气势宏大，格调典雅，古色古香。特别是那深幽的殿堂，精制的屋脊翘角、镂空花窗、浮雕图案，更具浓郁的民族特色，有较高的历史文化、艺术和科学价值，是研究土司制度不可多得的实物材料。衙署东有别具一格的三清观，西有壮伟的关帝庙、代理土司府第和练兵场，南为造型别致的“伴云亭”和石山溶洞“龙隐岩”，北为亭台花榭、小桥官塘，西北为庄严肃穆的陵园，整个土司建筑群构思巧妙，新颖别致，多彩的建筑装饰、精美的石雕艺术，细致的花窗古案，面面俱到，尽显壮乡风格。衙署背后是闻名的风景胜地翠屏山，游人登高望远、秀美迷人的生态景观尽收眼底。好舞文弄墨的第十四任莫氏土官莫元相著有《翠屏山赋》，曰：“维上天之蒙茏，荟千峰之紫翠；相大地之茫窈，罗一方之峻屏。”设在衙署内的忻城土司博物馆中珍藏着明清时代大量的稀世珍宝和丰富的文物资料，诗书、墨宝、匾额、寺庙、碑刻以及石器、金器、骨器、铜器、织锦等近千件，其中石铲、土司金器、瓷器等为稀世珍品。馆内共有国家二级文物12件，国家三级文物25件，堪称壮民族宝库。

当代文人墨客中也有对忻城莫氏土司衙署写下诗篇的，如黄日昌的《咏忻城土司衙门》：“鉴别薰莸重考察，品评功过贵无华。初生溢誉灵芝菌，至死权充豆腐渣。改土归流群吏喜，安边息乱庶民夸。兴亡反复千余载，毁未成灰有一衙。”再如韦周的《题忻城土司衙署》：“依山傍水甚魁宏，南国壮乡一故宫。丹鹤金鹿朝正殿，红墙绿瓦映苍穹。三千珠履沉浮地，五百春秋造化功。廨宇巍巍堪佐证，群元自古是英雄。”1992年，莫土司衙署正式对外开放，游客、学者、外宾纷至沓来，它成了桂中游览胜地。2013年12月，“壮乡故宫”忻城莫土司衙署走进央视中文国际频道（CCTV—4）《国宝档案》，向海内外人士展示了忻城悠久的历史和丰厚的人文底蕴。

（二）旅游开发现状

忻城县近五年来旅游经济呈逐步增长态势，由表1可看出，忻城县从2010年到2014年全县旅游总人次和总收入以及土司衙署游客接待量和收入均呈不断上升趋势，说明了一方面随着人们物质生活水平的不断提高，人们越来越倾向于追求精神上的满足，而从文化旅游开始。另一方面忻城近年来旅游发展态势总体趋于良好，除莫土司衙署之外，乐滩水电站上游库区红水河沿岸，风光旖旎，有“小三峡”之称，可与桂林漓江媲美，此外还有周安八寨起义古战场、北更乡壮族杆栏式民居建筑群以及盘鹤岭森林公园等旅游景区。

表1　忻城全县和衙署旅游指标

	2010	2011	2012	2013	2014
旅游总人数（万人次）	66.79	80.27	100.36	140.25	220.66
旅游总收入（亿元）	3.24	4.36	6.25	8.012	13.26
衙署游客接待量（万人次）	26.72	29.32	31.62	36.75	42.81
衙署收入（亿元）	0.112	0.1312	0.1432	0.1653	0.1823

注：数据来源于忻城县旅游局

然而莫土司衙署的旅游开发情况则并不乐观，图1可看出土司衙署游客量占全县游客量比例是逐年递减，相应的旅游收入占全县旅游总收入的比例也逐年递减，此种趋势表明忻城莫土司衙署景区开发力度不够，旅游产品单一，亟待改善，甚至面临转型。

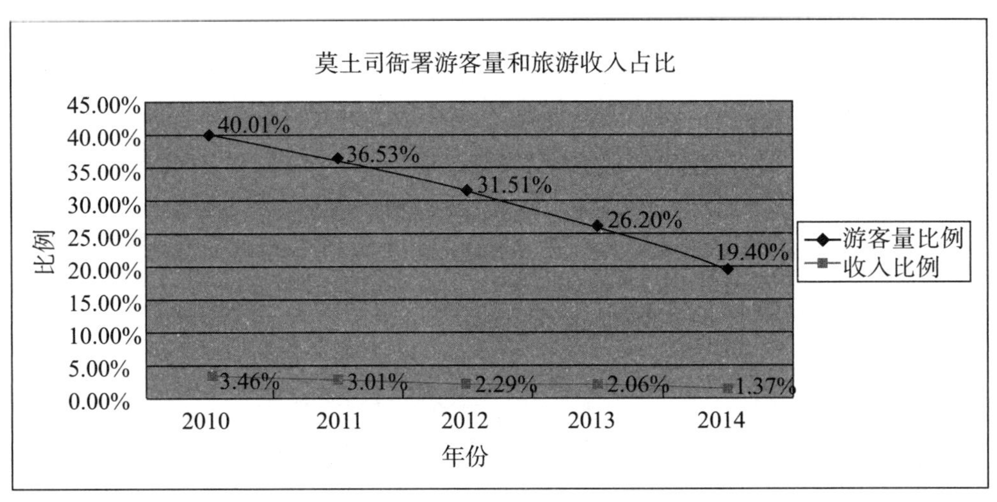

图1　莫土司衙署各年游客量占全县当年游客量比例

出现以上现象的原因主要有两点：第一，领导人观念意识的淡薄。20世纪90年代，我国许多民族文化资源丰富的地方就已经提出了“旅游为媒，文化搭台，经济唱戏”的口号，致力于兴建旅游大省和旅游兴县等活动。[5] 早在1999年，自治区人民政府原副主席袁凤兰在考察忻城旅游业时提出：“忻城的旅游优势是莫土司衙署，旅游开发要围绕莫土司衙署来做文章，做到人无我有。”[6] 然而由于大部分领导人并没有意识到利用土司文化资源开展旅游经济活动的意义，公众参与意识淡薄，旅游观念弱化，从而导致忻城土司衙署景区旅游缺乏活力，甚至每况愈下的结果。第二，知名度不高。广西拥有十分丰富的旅游资源，山水甲天下的桂林、滩平浪软的北海以及民俗旅游胜地三江、龙胜等，都是闻名遐迩的旅游目的地。而作为“土司故地”的忻城，却难以为世人所晓。忻城县交通条件较为便捷，国道322线、323线和省道20231线贯穿全境，红水河自西向东流经境内，沿水路南下可直达梧州、肇庆、广州、香港等地。因此有必要加大宣传力度，利用已有的交通便利优势，完善忻城旅游目的地基础设施建设，大力提高“土司故地”的知名度，加快莫土司衙署景区文化产业升级与旅游演艺转型的速度，吸引更广泛的客源市场。

三、莫土司衙署开展文化演艺的必要性与可行性

（一）必要性

1. 土司文化是历史必不可缺的部分

在西南地区少数民族的历史长河中，土司是必不可少的角色。虽然它是用于统治人民的封建产物，代表着封建主义的遗存物，但却有着不可磨灭的作用。莫氏土司统治期间，建思练官房作劝农停车所；积极发展壮锦生产；修山隘、开乡道、架桥梁，鼓励农民发展私有经济；创办义学，教育堡民务以读书为急，

注意发展经济和文化。其历史功勋可以概括为：

第一，民族认同，共御外侮。民族地区土司自明代起就被纳入朝廷命官的典册，因而土司早已认同了统一国家的概念，积极对外抗争，守卫边疆，同时加强壮汉等民族关系，促进国家统一。第二，提供民族区域自治借鉴。历代中央王朝在政治经济制度、文化教育政策、承袭任免、律法条令等方面都不同程度给予土司一定的内部自治权，土司博物馆内至今存有丰富的少数民族封建统治文史资料，为当今民族区域自治制度提供不可多得的经验。第三，促进当地的经济发展。万历十年（1582），忻城第八任土官莫镇威重视农业，修路架桥。“复开崎岖险路，使羊肠之道尽变康庄”，修通了忻城至思练、大塘两条古道，是通往柳州的要道，大大方便了土民的出行，促进了当时社会经济的发展。[7] 而今，丰富的土司文化建筑群不仅充实了国家文化遗产宝库，也带动了当地旅游经济发展。

2. 加强文化修养，培养文物保护意识

现代科技日新月异，人们的消遣方式也层出不穷，传统的民族民间文化变得难以为继。在旅游演艺的语境中发展民族文化，是一条令其走出文化生存困境的行之有效的路径。为加强现代人传统文化修养，培养其文化遗产和文物保护意识，则需要大力弘扬传统文化。忻城土司文化若非单单静默在一隅，而是以生动灵活的文化演艺产品形式再现人间，那么这一方水土所带给人的不仅仅是壮民族古建筑群的震撼，更多可能是意识上的升华与心灵的涤荡。

（二）可行性

1. 政府政策

2009年8月底，文化部、国家旅游局《关于促进文化与旅游结合发展的指导意见》指出要高度重视文化与旅游的结合发展，并提出推进文化与旅游结合发展的若干措施，其中包括利用非物质文化遗产资源优势，开发文化旅游产品，打造高品质旅游演艺产品。2014年8月文化部、财政部颁布《关于推动特色文化产业发展的指导意见》，提出鼓励各地发展工艺品、演艺娱乐、文化旅游、特色节庆、特色展览等特色文化产业。发展特色文化产业对深入挖掘和阐发中华优秀传统文化的时代价值、培育和弘扬社会主义核心价值观、优化文化产业布局、推动区域经济社会发展、促进社会和谐、加快经济转型升级和新型城镇化建设，发挥文化育民、乐民、富民作用，具有重要意义。

良好的国家政策指引着当地政府对土司旅游文化的重视和落实。近年，忻城县对莫土司衙署景区现有资源进行有效整合和建设，增建了土司博物馆、练兵场、翠屏山公园、三界庙、通天寺等景区，对旧土司建筑群进行立面改造，基础设施建设资金投入近300万元。忻城县莫土司衙署现已跻身国家3A级旅游景区，对打造土司文化演艺产品奠定了良好的基础。

2. 群众需求

对当地百姓而言，新增的文化演艺产品可以解决当地百姓的就业问题，演出节目聘用当地居民，可提高其家庭收入。更重要的是，文化演艺培养了一批传承人，使得民族物质、非物质文化遗产能够得到更好的传承，反之亦可促进文化演艺项目的永续发展。对于游客方面，在受众程度上，土司文化演艺产品具有一定的市场，它主要为了满足游客的求知求奇欲，以简便易懂的方式呈现，让欲了解莫氏家族是如何成功地在此地进行数百年的统治、欲穿越时空目睹历史的变迁的游客身临其境地感受一回。

四、莫土司衙署文化演艺创意产业转型的思考

文化是旅游景区可持续发展的关键要素，是旅游的灵魂。土司文化是边疆地区少数民族特有的文化遗产。千余年来，中国封建王朝采取“以夷制夷”、“以蛮制蛮”的政策，利用当地酋长以其势力管辖所及的区域，在历任土司继承和发扬本民族文化的同时，与汉族文化濡染交融，逐渐形成本民族固有的习性和观念，从而形成物质的、制度的、精神的土司文化。莫氏土司统治忻城近500年间，生产与生活习俗、游艺竞技习俗、岁时节日习俗、礼仪制度习俗等组成的民俗文化多姿多彩。[8] 忻城莫土司衙署景区可利用这些传统民间习俗借助文化演艺的方式走上文化创意产业转型的道路，而文化演艺产品则可依托制度和精神层面上的土司文化形态来开展。

（一）制度形态上的土司文化产业转型

1. 练兵场活动

为巩固统治地位，莫氏土官实行兵田制，养兵护衙、维护社会治安，有征调则外出作战，无征调则在家务农。土司时期有农事民俗活动。在忻城土司衙署附近摆设有民族传统的“石磨”、“捞油锅”、“结茅绑”、“立将举箭”等土司农事民俗活动的设施，让游客了解民族风情与习俗。[9] 衙署内西侧的练兵

场，向游客展示兵器的同时，可以招募“土兵”，点兵布阵挥枪练兵，再现当时西南少数民族将士同仇敌忾、卫国守边的英勇气概。同时，可在练兵场开展耍花枪、舞龙、舞狮、密螺陀、荡秋千等娱乐活动，让游客参与。还可进行民间绝技表演“上刀山”、“下火海”等。

2. 审案场景

“忠君效国”、遵守国家法令是历代土司为官的宗旨。在衙署的正堂之内，可将原有的人物雕像替换为真人表演，可编排一些生动有趣、幽默诙谐、内容积极向上的小品，也可以土司史料上所记载的土县日常事务或审查案子为脚本，每天向游客再现当年上官审案之场景，弘扬司法公正和执法的严厉。

（二）精神形态上的土司文化产业转型

1. 影视再现

十多年来，电影、电视工作者利用这块宝地，拍摄了《流亡大学》、《石达开》、《合浦珠还》、《一代廉吏于成龙》、《刘三姐》等十余部影视作品。电影《刘三姐》家喻户晓，其中有个为富不仁的莫怀仁，实则是忻城土司第十二任土官莫猛的人物原型。莫猛曾下过禁歌令，因畏惧百姓利用唱歌会聚在一起滋事生端。影视作品中刘三姐带动乡亲们用对歌的形式反抗地主压迫、反对封建主义，她唱《财主请来当奴才》、《才把金钩丢下水》、《刀切莲藕丝不断》、《富人只能吃白米》等一系列不卑不亢勇斗地主官僚阶级的山歌。土司衙署内可设场地专用于“莫老爷及其子弟”与“三姐及众乡亲们”对歌的情景。

2. 演绎传说故事

当地数不胜数的民间传说故事为旅游演艺节目提供编排基础。“三月三”和龙母节（相传忻城县的南面和上林县的北面一带是“三月三”的发源地，是由龙母节演变而来的）、“仙女架桥”（讲述红渡大桥与乐滩的由来）、“雷劈山”之传奇（讲述不孝之子登台遭遇天谴之事）、忻城石山之神话（讲述忻城石山和罗隐岩洞的由来）、“老李洞”的传说（讲述可恶财主逼死老李的悲事，民间还流传着同情像老李这样劳苦百姓的顺口溜）等都可作为演艺节目的素材，这些传说故事虽带有神话色彩，但也是照亮人们心灵、指引正确价值观、反映人们积极向上生活态度的民间教科书。

3. 民间歌舞展演

忻城传统歌舞种类多，可向游客展示土司时期的民间歌舞，如对歌、唱草歌、采茶歌、勒脚歌等。壮族舞蹈有二合舞、三元舞、四帅舞、招兵舞、桐木板鞋舞、踩灯舞、祭丧舞、踩幡舞等，瑶族舞蹈有长腰木鼓舞、猴鼓舞、剑刀舞、花棍舞、藤弓舞等。节日之时还可以举办各民族民歌集锦会，将当地五种民歌（壮族民歌、汉族民歌、瑶族民歌、仫佬族民歌和麻阳民歌）精彩呈现。此外，忻城县女孩出嫁都唱《哭嫁歌》，这些山歌有五言勒脚和“三跳欢”等形式[10]，内容都是难报父母养育之恩及惜别兄弟姐妹之情。

4. 传统戏曲表演

忻城传统戏曲也丰富多彩，著名的有桂剧、丝弦戏、彩调、师公戏（傩面戏），其中桂剧和彩调于2006年被列入第一批国家级非物质文化遗产名录。在忻城土司衙署内，荟萃《西厢记》、《春香传》、《穆桂英》、《闯王司法》等较为有名的桂剧剧目，以及《刘三姐》、《三朵小红花》、《卖酒》等彩调。戏曲创作者可以在保留土司传统风格与民族特色的基础之上，对戏曲加以创新，使之更加符合现代观众口味。如此不仅使非物质文化遗产得到很好的继承，更令游客耳目一新。

五、结语

当前，历史之潮流不可阻挡。适逢西部大开发战略以及2013年习近平主席提出的“一带一路”倡议这两大历史机遇，为广西的发展提供了良好的契机。以土司衙署为核心的土司历史文化旅游资源已经得到地方政府的深刻重视，唯有充分挖掘土司文化资源，进行创意升级与产业转型，才能更好地响应这一契机，发挥历史文化资源的优秀价值。

壮族土司文化在漫长的历史演变过程中，遗留或流传下丰富的土司文化，庭院建筑、园林景观、文史资料、图册典籍、民间传说等，无一不向世人呈现西南地区土司的制度和精神形态文化。如今为了更好地保护和开发土司文化资源，通过探索和挖掘整理壮区土司文化，使他们以文化演艺的方式展演，在旅游语境中走文化创意产业转型之路，不仅能够让文化旅游资源得到很好的开发，促进当地旅游业发展，亦是当下中国土司制度与土司文化研究的重要课题，更是我国物质与非物质文化遗产保护与开发的题中之义。

【参考文献】

[1] 蓝武．旅游视角下忻城土司文化资源深度开发的战略机遇及其品牌强化策略 [J]. 创新，2014(06)：103-109，128.

[2] 蓝武．广西土司制度研究的回顾与前瞻 [J]. 广西民族研究，2006(02)：143-148.

[3] 韦林枚，韦纲，谭可久，罗继高．“壮乡故宫”：土司文化的缩影——忻城莫氏土司衙署 [J]. 广西城镇建设，2011(02)：94-103.

[4] 蓝承恩．忻城莫氏土司五百年 [J]. 中央民族学院学报，1990(05)：20-26.

[5] 覃录辉．广西忻城土司文化对发展地方旅游经济的意义 [J]. 中央民族大学学报(哲学社会科学版)，2009(04)：18-26.

[6] 向延斌．忻城土司文化研究现状与旅游开发 [J]. 柳州师专学报，2009(03)：72-77.

[7] 陈寿文．浅析莫镇威土官治理忻城之策 [A]. 曾艳．土司文化探究 [C]. 北京：中央民族大学出版社，2010：417-422.

[8] 莫军苗．忻城土司文化的历史源流与理性思考 [J]. 绥化学院学报，2010(03)：71-73.

[9] 马艺芳．忻城土司历史文化旅游资源开发利用与营销策划 [J]. 信阳师范学院学报(哲学社会科学版)，2003(05)：53-55.

[10] 梁秀云．土县风情综述 [A]. 忻城县文联编．忻城土司文化探究 [C]. 北京：中国文史出版社，2005：80-87.

“一带一路”背景下民族地区非物质文化遗产旅游开发的协作机制研究

——以鄂尔多斯地区为例

杨　阳　柏贵喜[①]

（中南民族大学，湖北 武汉 430074）

【摘　要】非物质文化遗产是一个民族发展的历史记录，是其生产进步、文化发展、习惯变迁的传承与见证。少数民族非物质文化遗产作为民族地区的特色存在，更是其自身独特的民族符号，具有不可复制的历史价值、文化价值、精神价值。随着“一带一路”的建设，开发民族地区少数民族非物质文化遗产旅游资源，构建和谐社会协作机制，对于推动“一带一路”沿线地区经济社会发展、实现低碳经济健康转型、促进国际合作互利共赢具有跨时代的战略意义。本文立足于鄂尔多斯地区蒙古族非物质文化遗产的开发实际，结合调研走访，以推进民族地区发展、传承民族文化、实现国家复兴为目的，尝试为民族地区非物质文化遗产旅游资源开发过程中的协作机制构建提出合理的对策与建议。

【关键词】一带一路；民族地区；非物质文化遗产；旅游开发；合作机制

联合国教科文组织第32届大会于2003年通过了《保护非物质文化遗产公约》，“非物质文化遗产”被首次提出，并由此获得了概念与范围的界定。我国于2004年8月正式颁布《全国人民代表大会常务委员会关于批准〈保护非物质文化遗产公约〉的决定》，标志着在世界非物质文化遗产保护政策的框架下，有了中国的政策制定与执行举措。少数民族非物质文化遗产作为各少数民族社区、群体或个人世代相传并视为其文化遗产组成部分的传统文化表现形式，以及与传统文化相关的实物和场所，也逐渐得到了认识与关注。2011年，第十一届全国人大常委会第十九次会议通过的《中华人民共和国非物质文化遗产法》则为非物质文化遗产的保护提供了法律保障，将非物质文化遗产的保护工作上升为国家意志。“一带一路”倡议自2013年由习近平总书记提出以来，旨在通过“丝绸之路经济带”和“21世纪海上丝绸之路”实现共同发展、共同繁荣、合作共赢之路的建设；秉持和平合作、开放包容、互学互鉴、互利共赢的理念，连接亚非欧大陆、畅通国际通道，实现各国人民相知相交、和平友好。内蒙古鄂尔多斯地区既是发源古代丝绸之路的重要地区，也是构建“丝绸之路经济带”的重点地带。地处内蒙古中南部的鄂尔多斯，东南毗邻山西，西接甘肃直抵河西走廊，黄河自其北流过，距蒙古国直线距离300余公里，境内公路、铁路便捷，鄂尔多斯市机场至今共开通航线42条。辖区内“羊煤土气”资源丰富，民族文化浓厚，社会环境和谐稳定，多元文化交织。“一带一路”背景下，重点开发鄂尔多斯地区少数民族非物质文化遗产旅游事业，不仅具有天然的文化环境，更有较为发达的基础设施作为支撑。

具体来说，鄂尔多斯地区作为内蒙古自治区高速发展的代表，是蒙古族的聚居地区之一，是沿边

① 杨阳（1991—），男，苗族，贵州六盘水人，中南民族大学研究生；
柏贵喜（1963—），男，回族，安徽寿县人，中南民族大学教授、博士生导师。

开放合作发展的重要地，是可以作为蒙古族非物质文化遗产传承与发展的中部基地选址的重要地区。在此之前，2005年鄂尔多斯市人民政府出台的《鄂尔多斯市非物质文化遗产保护工程实施方案》，标志着安排、部署全市非物质文化遗产保护工作的开始。2007年，市委、市政府出台的《关于进一步加快文化发展的决定》，把“非物质文化遗产保护工程”列为鄂尔多斯市实施的“十大文化工程”之一，使项目得到了重视，经费得到了保障。2009年第十一届亚洲艺术节、2010年首届鄂尔多斯国际那达慕大会、2015年第十届全国少数民族传统体育运动会等极具民族风情活动的承办，也促进了其草原文化的传播，推动了文化产业的发展。根据调研走访发现，虽然蒙古族也有成员存在宗教信仰，但很多蒙古族的历史文化却是以一种民族自觉的形式在进行传承。以成吉思汗陵旅游区为例，在当地蒙古族人民看来，其圣灯延续800年不灭完全是一种发自内心的民族自觉，而没有任何宗教或行政教条的规定。随着“一带一路”的发展，更多像鄂尔多斯一样的西部少数民族地区得到了继改革开放、加入世贸以后的第三次飞跃的机会。而开发少数民族非物质文化遗产旅游，从民众层面来看可以提高收入、解决就业；从地方层面来看可以优化产业结构、创造经济增长点；从国家层面来看，可以基于共同的民族文化、民族精神，开创与蒙古国、中亚、欧洲大陆的新型外交关系，密切国家间的联系。

在此背景下，鄂尔多斯地区根据国家政策、结合自身实际、依托地区特色，制定并实施了一系列保护、开发少数民族非物质文化遗产旅游资源的政策。在助力产业结构调整，实现发展方式平稳过渡，推动民族文化保护传承方面产生了巨大的正外部性。本文结合调研资料，对鄂尔多斯地区少数民族非物质文化遗产保护与开发的成就和存在的问题进行初步分析，虽然观点尚显幼稚，但能尝试提出在当前背景下适宜推广的民族地区非物质文化遗产旅游开发协作机制构建的对策建议。

一、鄂尔多斯地区非物质文化遗产旅游开发的成就

近年来，鄂尔多斯市各级政府按照国务院和自治区人民政府关于加强非物质文化遗产保护工作的有关要求，组织全市文化工作者和动员全社会力量开展了卓有成效的非遗普查、整理、保护等工作，取得了比较显著的成绩。具体说来主要有以下几个方面：

（一）以政府为主导，落实普查统计。截至2015年初，全市已经普查、整理和立项276个非物质文化遗产项目，非遗资源线索700多项，分布在全市8个旗区。已普查整理的非物质文化遗产项目共涵盖16个类别。其中民间文学类项目有30个，传统音乐项目有17个，传统舞蹈项目有14个，传统戏剧项目有24个，曲艺项目有 5个，传统美术项目有11个。传统技艺项目有46个，生产商贸习俗项目有3个，人生礼仪项目有24个，岁时节令项目有6个，民间信俗项目有59个，传统体育、游艺与竞技项目有19个，传统医药项目有12个，其他6个。分析得出，鄂尔多斯市传统戏剧、民间文学、传统技艺、民间习俗类资源最为丰富，分别占调查项目总数的9%、10%、16%和21%；民间音乐、民间舞蹈、传统技艺游艺及杂技、传统美术、人生礼仪、传统医药等类资源又相对比较丰富，曲艺、杂技、其他类资源比较稀缺，均占项目调查总数的1%左右。此外，2010年内蒙古自治区人民政府公布的第二批文化生态保护区中，更是将鄂尔多斯市整体列入“鄂尔多斯文化生态保护区”，以加强地区民族文化事业的建设。在项目整理方面，市非物质文化遗产保护中心和各旗区经过几年的努力，建立起了比较完备的非遗资源数据库。一是纸质档案，全市共编纂文字资料44册计19.2万字，其中编纂市、旗两级普查成果汇编本14册，镇级汇编本30册。二是电子档案，所有普查形成的文字材料全部录入电脑，电子数据资料共53G，对录入数据的电脑实行专人管理。三是照片档案，对普查的110个项目进行数码照相，共拍摄照片1540余幅。四是音像档案，全市共完成调查项目录音77小时，录像124小时，音像资料139盒。五是实物档案，共收集民间作品、实物257件 。①

（二）发掘非遗项目，加强申报工作。鄂尔多斯市近年来在非物质文化遗产项目的保护方面加大力度，对全市濒危项目书籍、高价值项目书籍、特色明显项目书籍、高潜力项目书籍和影响广泛项目书籍等30多个项目书籍进行收集、整理和研究，先后

① 数据来源：鄂尔多斯市文化局非物质文化遗产保护中心。

出版了《鄂尔多斯民间歌曲》、《鄂尔多斯民间故事》、《鄂尔多斯民间音乐简述》、《鄂尔多斯民族民间舞蹈集成》、《蒙古族民间舞蹈（筷子舞等）》、《鄂尔多斯山歌》、《鄂尔多斯漫瀚调的保护与发展》、《伊盟文化史料（1—4）》等成书，为非物质文化遗产项目名录的整理工作贡献巨大。此外，特别注重非物质文化遗产的项目申报工作，特别是向高一级单位申报的工作。以鄂尔多斯市代表性旅游景区的成吉思汗陵为例，其在申请与保护非物质文化遗产方面一直走在地区同行前列。成吉思汗陵景区以其独有的"成吉思汗祭典"这一国家级非物质文化遗产项目为基础，于2013年提出为高水平推进"祭祀文化挖掘保护、旅游品牌宣传促销、重点工程建设管理、景观环境持续打造、惠民工作稳步开展、服务功能拓展提升"的六项重点工作，开始着手将成吉思汗祭典申报为世界级非物质文化遗产。同年2月底赴元上都学习考察"申遗"相关工作，3月初开始准备申报文字、视频资料，负责申报的工作人员按照申报要求落实具体工作，丰富申报材料、深化文化内涵，并通过实际行动将至今已有近800年历史的成吉思汗祭典进行保护与传承。2015年，成陵旅游区管委会召开专题会议，强调做好旅游区"双申遗"工作，即"成吉思汗陵"申请世界级物质文化遗产工作和"成吉思汗祭典"申请世界级非物质文化遗产工作，全力开创成陵旅游区转型发展新局面。

（三）规划特色项目，加强地区宣传。近年来，地区领导集体充分意识到鄂尔多斯地区作为以蒙古族为主的草原文化富集地区的旅游资源优势，积极响应《鄂尔多斯市非物质文化遗产保护工程实施方案》(2005)、《中共鄂尔多斯市委、鄂尔多斯市人民政府关于加强公共文化服务体系建设的意见》(2008)、《内蒙古自治区人民政府办公厅关于公布第一批自治区级文化生态保护区的通知》(2009)、《鄂尔多斯市"十二五"期间发展规划》(2011)等政策规划，基于草原旅游、文化旅游基础，开发了诸如响沙湾、九城宫等一批极具特色的自然景区。全市各级行政部门也不断加大对非物质文化遗产旅游开发的宣传力度，充分利用报刊、广播、电视、网络等手段广泛宣传地区项目，进一步增强全社会的非物质文化遗产保护意识，营造了良好的社会氛围。从2005年开始，市、旗两级以"文化遗产日"和"草原文化遗产日"为契机，通过举办庆祝活动、报刊专版宣传等形式，加强非物质文化遗产保护相关的法律法规和知识的宣传教育，让全社会充分重视和分享非物质文化遗产的丰富价值和发展成果，增强人民群众对非物质文化遗产保护的意识，努力形成全社会关心、爱护并参与保护的良好氛围。

（四）加强区域协作，引入学术机构。成吉思汗祭典作为成吉思汗陵景区的重要活动，一直以来都是景区管理部门特别关注的项目。为了能够提高景区知名度，景区管委会积极响应上级单位号召，在市旅游局等单位的牵头带动下与西安等历史古都实现协作发展，成立"西部帝王陵"旅游线路，积极推进"一带一路"下的旅游业发展。此外，在地区发展上不作孤立的制高点，依托自身较为成熟的发展模式与较为知名的声誉，协同鄂尔多斯市各旗县景区，共同打造鄂尔多斯草原旅游共同体。随着"一带一路"的推进，成吉思汗陵管委会在上级部门的领导下举全区之力、全市之智，为将成吉思汗陵申报为世界级物质文化遗产，将成吉思汗祭典申报为世界级非物质文化遗产，积极创建了成吉思汗基金会、成吉思汗研究院、成吉思汗研究学会等学术机构。并引进了一批学术研究方向对口、精通互联网技术的蒙古族青年人才，为申报工作进行学术材料的整理，开展具有创新意义的学术研究。将旅游事业与文化事业真正地结合到一起，并为景区未来的发展创造了一批不可多得的文献材料，创造了地区旅游业发展的新高度。

二、鄂尔多斯地区非物质文化遗产旅游开发的困境

鄂尔多斯地区的少数民族非物质文化遗产旅游开发工作虽然取得了不少的成就与经验，但是面对机构模式、人力结构、资金投入等地区发展的现实，仍然存在着很多需要面对的困难。

（一）缺乏法制活力，督导机制缺位。对非物质文化遗产的保护方式有很多，而法律保护又应该走在各种方式之前。从国家、自治区到市级机关单位所制定的法律、政策、法规，虽然缺乏稳定性、延续性，需要不断修改、完善，但却是实实在在对非物质文化遗产的开发与保护作出了法制保证。然而，宏观层面的法律、政策却不一定能适应具体情况的实施，例如鄂尔多斯市下辖1个区和7个旗，具有地广人稀的地域特征，且多有沙区、高原，因此在落实各项法律法规的过程中难免出现落实不到位的情况。具体表现在：基层旗县缺乏独立的非遗保护

机构，专门从事非物质文化遗产保护的人员很少且保护人员专业素质薄弱、保护观念滞后，而其中的大部分人员也因身兼多职而无法深入研究单个项目，对非遗的传承与保护极为不利。而资金的下拨、发展模式的审核、工作人员的绩效，特别是非物质文化遗产保护的成效却又是难以找到量化标准评判的。如何在民族地区非物质文化遗产旅游开发的过程中，实现贴合地域性、民族性的配套政策制度，完善督导审核机制，就显得尤为重要。

（二）开发机构单一，缺乏公平竞争。作为社会主义市场经济条件下的旅游开发，其景区的开发、运营机构应该实现一种有效的评级、流转模式。但在实际调研中发现，大多数景区由于在BOT模式[①]中遭遇政府机构的话语权逐渐降低、合约商违反约定等负外部性的影响，正逐渐形成政府主持与私营运作两种极端开发方式的对立。在实际运行中发现两者的发展基础、方向与水平也有着天壤之别，受制于地区经济转型、资金流速降低等因素，缺乏政策偏移的私营运作景区，其发展缺乏稳定资金来源、客流来源，甚至面对巨额的债务风险，只有用提高票价的方式缓解运营困境，总体呈现出不公平竞争的状态。

（三）资金来源单一，商业保护不足。结合目前的经济发展情势来看，旅游业的发展既要实现基础设施建设的完善，又需要引导市场资源进入景区以实现资源价值向经济价值的转化。从建设初期来看，基础设施建设、旅游资源宣传还是依赖财政投入为主，部分民营承包的景区由于缺乏财政投入，则只能选择自筹资金或申请贷款。加之内蒙古地区已经处于祖国边疆，远离消费需求市场，多重因素制约下更加导致了投资回报率低、周期长。不论是地区投资的回收，还是当地民众的生活水平提升，甚至基础设施的维护，都受到了严重制约。就目前来看，各级政府所做的工作主要是资金上的补助，其中包括每年针对传承人的补助，搜集、整理、宣传非物质文化遗产调查资料，组织传承基地建设等。显然这样的投入光靠政府的宏观把握与支持是不够的，缺乏民间非政府主体的保护助力，其对于非物质文化遗产的保护投资不够深入，就难以将非物质文化遗产的文化价值及历史价值转化为经济价值。

（四）地处偏远地区，内部竞争同质。鄂尔多斯地区地处祖国西北，距中蒙国境线直线距离仅300余公里，虽然由于地势平坦、开发难度小使得辖区内交通基础设施建设较为发达，但却难以摆脱远离华中市场的现实。目前，鄂尔多斯与陕西、宁夏共同组建的西部帝王陵旅游联盟将各地区具有历史、文化价值的旅游资源共同推向市场，相对更加接近了华中地区，实现了主动接触、主动宣传，对于地区旅游开发成效显著。以2012年为例，全市接待旅游者592.91万人次，同比增长17.1%，其中入境旅游者34315人次；实现旅游总收入125.39亿元，同比增长31.96%，属联盟建成6年以来增幅最大年份。[②]虽然跨区域合作得到了发展，但针对当地非物质文化遗产旅游的开发却忘记了内部协作，许多景点内设项目存在同质化的问题，且微观层面上疏于管理与规范的旅游开发也让部分表演项目的质量存在争议。

（五）缺乏循环机制，淡季冲击明显。这里所说的循环机制，包括整个非物质文化遗产旅游开发从项目申报、招投标开发、建设管理、运营回收、传承沿袭、品牌塑造的整个循环运作机制。当地目前的非物质文化遗产旅游开发，仍然存在其中部分环节的发展滞后问题。以国家级非物质文化遗产鄂尔多斯婚礼为例，现今作为一种以舞台剧为表演形式的非物质文化遗产，虽然在鄂尔多斯地区广为传播，却没有形成一个统一的品牌，而是不同景区各自组织演出。投入市场却盲目竞争的鄂尔多斯婚礼演出，在缺乏一个统一品牌的情况下，就只能是在鄂尔多斯地区内部竞争，加速内耗。因此，相比于成吉思汗祭典这种有统一地点、统一规划的非物质文化遗产旅游资源，鄂尔多斯婚礼的沿袭和旅游表现就显得不很成熟。加之景区发展程度不一、资金充裕程度不同，特别是游客接待量的季节性波动明显，使得很多景区在面临市场季节性冲击的时候，暴露出了基础不够扎实的问题。

三、鄂尔多斯地区非物质文化遗产旅游开发的协作机制建议

（一）加强立法保护，落实各级目标。对少数民族非物质文化遗产的立法保护，应当本着加强对少数民族非物质文化遗产的保护、防止其消亡、继承

① BOT（build-operate-transfer）即建设—经营—转让。

② 数据来源：鄂尔多斯市旅游局。

和弘扬少数民族优秀传统文化及促进少数民族地区经济社会发展的立法宗旨来进行。应遵循的立法原则包括尊重人权和基本自由原则，保护为主、合理开发原则，整体性原则，科学性原则。首先，行政保护应当是在非物质文化遗产自身特有规律的基础和前提下进行。其次，加快对非物质文化遗产民事保护的立法。由于非物质文化遗产突破了原有的著作权、商标权和专利权的传统知识产权内容，因此，需要建立对传统文化的知识产权保护制度。同时，应将著作权法、专利法、商标法、商业秘密和反不正当竞争法等现有知识产权制度中适合非物质文化遗产保护的内容加以借鉴利用，并创立适合非物质文化遗产保护的法律机制。针对鄂尔多斯市两项国家级非物质文化遗产——成吉思汗祭典与鄂尔多斯婚礼，内蒙古自治区与鄂尔多斯市政府应分别立法具体制定具有针对性和倾向性的地方性立法规范，明确在保护上述两项国家级非遗方面的政府责任，促进落实监督。

（二）引进社会力量，实现协同发展。一个民族的非物质文化遗产，其精神内涵是凝聚于该民族群众内心的，在具体的旅游化开发上，必须认真理清思路、辨明主次、认清现实，将景区项目与非遗保护相结合、将地区风情与市场需求相区别，加强鄂尔多斯地区各景区资源的相互整合，以实现一种非改造型的民俗传承表现宗旨。在此基础上的域内协作机制，应该是一种以传承民族文化、展示民族发展、提炼民族精神为目标的模式。承认市场在经济中的决定作用，辅之以政府的调控作用，引导社会各界力量响应地区发展、传承民族文化的自觉参与、自愿合作机制，从而推进鄂尔多斯地区的整体发展。带动相关社会各方加强投资，加大保护力度，推动国家级非遗成为世界级非遗。

（三）拓宽融资渠道，实现价值转化。针对鄂尔多斯当地具备旅游价值的非物质文化遗产保护，应当是一种基于目前景区基础、结合市场需求与地区特色的开发保护模式。然而，反观鄂尔多斯地区景区的资金来源，主要以财政拨款、门票收入、纪念品收入与餐饮住宿收入为主，个别景区甚至因为归属和景区性质问题，难以在景区内部建设上获得财政拨款的资金。中小景区的发展在得到项目却得不到资金的情况下，只能向金融机构申请贷款。若遇经营不善、市场萎靡等情况，无法按时偿还贷款的情况必将发生。因此，如果希望通过景区的开发实现非物质文化遗产的保护，必须解决开发的资金源问题，并形成一条循环、健康的资金链。在此，可以尝试将财政支出与景区门票相结合、景点评级与游客量相结合、宏观机构贷款与微观项目众筹相结合、景区收支体系与民众生活水平相结合、融资融券与发展基金相结合的"五个结合"思路，拓宽景区发展的资金来源，保障非物质文化遗产保护的资金流量稳定，创造奖惩机制与问责评估机制的相互补充。以实现稳定发展速度、稳定资金来源的发展前提，实现旅游价值、文化价值向经济价值的转化。

（四）改变人事旧制，加强国际协同。根据调查情况分析发现，鄂尔多斯地区内部非物质文化遗产旅游事业拟合不强，缺乏协同、协作机制的情况，很大程度上是人事制度的影响。当地大体存在的两种表演团体性质我们暂且称为事业编制与企业编制，其中事业编制管理较为有序，有较好的福利待遇与晋升培养机制，而企业编制由于从属于景区自身的投资、运营方，受限于成本控制往往难以获得收入外的福利，或缺乏合理的培养机制。此外，面对当前部分蒙古人逐渐淡忘蒙语、不识蒙文的情况，越来越多的私营机构出于成本控制与特色发展的考虑，也开始采取从蒙古国招聘临时演员的方法。为此，应当积极改进原有旧的人事编制，将考评、创新评估纳入晋升考核当中，让目前所属不同编制的工作人员能够实现对向流动，提升彼此活力。此外，针对蒙古族淡忘蒙语、不识蒙文的情况，应该首先考虑的是国内的蒙文化教育的开展，而加强"一带一路"地区的人力资源流动，应以地区合作成效为实证，争取国家政策为目标，实现国际协同。

（五）实现流转机制，降低市场风险。建立健全非物质文化遗产旅游资源的开发协作机制，不仅要完善政策制定、规划制定，更要加强实际运作的督导、考核工作。应该明确地区特色，打造民族品牌，防止地区间的资源出现同质化开发的情况。为此，应加强地区保护意识的构建，逐步推广到品牌构建与项目开发当中。首先，要提高全民对少数民族非物质文化遗产的保护意识。通过提高民众的文化自觉，启发大家的责任意识，增强对传统文化的认同感。其次，应结合地区传统特色构建文化基地，通过文化保护、文化沿袭、文化教育的建设，实现非物质文化遗产的品牌化构建。再次，应加强专门化人才引进和专业化人才培养，通过理论研究与基地实验相结合的方法，提出符合实际的季节性项目、人员、资金流转供给机制，实现地区和谐发展，降低市场季节性风险的冲击。因此，要不断探索、实践、贯彻非物质文化遗产保护的原则，使得民族地区少数民族非物质文化遗产旅游资源能够在“一带一路”的背景下得到合理开发，又能在此基础上构建协同协作机制，反哺于非物质文化遗产的保护与传承。

【参考文献】

[1]龙运荣．近十年来我国少数民族非物质文化遗产研究述评[J].贵州师范大学学报，2012(01)：58-65.

[2]柏贵喜．坚持和完善少数民族非物质文化遗产保护政策研究[J].中南民族大学学报，2012(03)：1-6.

[3]韩小兵．中国少数民族非物质文化遗产保护的法制特色[J].黑龙江民族丛刊，2013(01)：125-131.

[4]祁恒峰．鄂尔多斯民族文化建设的历史性跨越[J].鄂尔多斯文化，2008(01)：25-29.

[5]刘春玲．论内蒙古非物质文化遗产对中华文明的贡献[J].阴山学刊，2015(01)：16-20.

[6]郝建平．内蒙古非物质文化遗产保护浅析[J].前沿，2009(12)：99-101.

[7]牟延林，吴安新．非物质文化遗产保护中的政府主导与政府责任[J].现代法学，2008(01)：179-186.

[8]陈兴贵，李虎．论非物质文化遗产保护效果的评价[J].重庆三峡学报，2011(01).

民族村寨旅游发展中的个体理性与集体理性冲突
——基于西江千户苗寨的个案研究

李金兰　王　政　王　健①

（1. 凯里学院旅游学院，贵州 凯里 556011；2. 黔东南民族职业技术学院，贵州 凯里 556000）

【摘　要】规模宏大的苗族吊脚楼建筑群是西江千户苗寨发展民族村寨旅游的核心旅游资源，从集体理性的考虑出发，要保证当地民族村寨旅游的可持续发展，必须对木结构的苗族吊脚楼加以保护。但是村民在追逐旅游收益的过程中却是更多地从个体理性的角度出发，他们正在不断地将传统的木结构吊脚楼改建成红砖钢筋混凝土楼，形成了民族村寨旅游发展中的个体理性与集体理性冲突现象。

【关键词】民族村寨旅游；个体理性；集体理性

一、引言

目前关于个体理性与集体理性的研究大多从经济学的角度展开。个体理性是指个体人和其他类型的个体的行为以实现自身利益最大化为目的。[1]集体理性是一个以群体利益为出发点的追求效用的行为，它追求的目标是高效率、内部稳定和成员间的公平。[2]然而，现实生活中的个体理性与集体理性总是存在着冲突，由于受到知识和认知的限制，个体在决策时往往只考虑自己的利益，而忽视了一些长远的、公共的利益。奥尔森指出，"有理性的，寻求自我手段的个人不会采取行动以实现他们共同的或集团的利益"[3]。从根源上来说，个体理性与集体理性矛盾是个体利益和集体利益之间的冲突。"囚徒困境"、"公地悲剧"等都是个体理性与集体理性相冲突的有力佐证。

本文将借鉴个体理性与集体理性相关理论，对贵州西江千户苗寨民族村寨旅游发展过程中出现的将传统的木结构吊脚楼改建成砖房的问题进行研究，以期对西江苗寨旅游开发与管理有一定的理论价值和现实意义。

二、西江千户苗寨：美丽与忧愁共存的旅游村寨

西江千户苗寨位于贵州省黔东南苗族侗族自治州的雷山县，有2000多年建寨历史。现居住着1285户，5405人，苗族占99%，是中国乃至世界上最大的苗族聚居村落，有"千户苗寨"之称，被誉为"中国苗族文化艺术天然博物馆"。

西江苗寨在贵州旅游发展中举足轻重，是贵州东线旅游中的一个重要旅游景点，同时也是贵州乡村旅游发展的榜样。[4]素有"云南有丽江，贵州有西江"之说。西江苗寨的核心旅游资源是那一大片鳞次栉比、蔚为大观的吊脚楼建筑群。目前，围绕这一核心旅游资源，个体的理性选择与集体的理性取向日益冲突。因为这一传统的特色民居随着旅游开发

※　本文系2014年贵州省教育厅人文社科项目研究项目（14ZC025），凯里学院2013年度规划课题（Z1312）的阶段性成果。

①　李金兰（1983—），女，汉族，湖南衡阳人，凯里学院旅游学院讲师，研究方向：民族村寨旅游开发；
王政（1982—），男，汉族，山东莱芜人，黔东南民族职业技术学院讲师，研究方向：民族文化旅游开发；
王健（1984—），男，汉族，云南宣威人，凯里学院旅游学院讲师，研究方向：旅游人类学。

和现代化进程的加速，正在逐渐消失，演化为红砖钢筋混凝土结构的楼房。

据笔者调查，目前西江苗寨大约有200多户人家修建了砖房，大约占到总户数的15%，尤其以观景台附近的南贵村为甚，大约有70%的房子都是红砖水泥混凝土房。为了让游客觉得他们的房子看起来像吊脚木楼，他们大部分都在房子外面包装了一层木板或者经过了降色处理（在房屋外面涂一层褐色的涂料）。而整个房屋在外表上直接呈现红砖色主建筑大约有15座。

大量修建砖房，对西江苗寨民族村寨旅游的发展产生了负面影响，很多游客表示西江苗寨并非他们想象中的那么“原生态”，影响了游客对民族村寨旅游的体验质量。不少去过西江苗寨的游客抱怨“西江苗寨不纯”、“跟城市差不多”、“不如想象的漂亮”。一位游客曾这样形容现在的吊脚楼：“看起来就像穿着西装戴草帽的怪物。”（即里面是砖房，外面包了一层木板）

政府对老百姓大量建砖房的行为表现得忧心忡忡，雷山县西江景区管理局在《致西江千户苗寨景区广大村民的一封公开信》中这样写道：“客人到西江看什么？看悠久的吊脚木楼，看远古的歌舞文化，看热情好客的苗族人民……然而，现在一栋栋吊脚木楼在瞬间消失，一栋栋大体量砖房连夜违规建起，让许多客人高兴而来扫兴而归。失去了这些传承下来的资源，景区的发展就失去了生命，失去了可持续发展的动力。”①在调查中，有政府工作人员表示：“老百姓最现实，没有一种长远发展的思想。他们没有考虑到要是大家都建砖房了，以后就不会有游客来我们这里旅游了。”为了制止老百姓建砖房的行为，政府出台了一系列的政策和措施，但并没有得到老百姓的理解，建砖房的行为在西江仍在继续中。

美丽的苗寨在旅游开发后也迎来了“忧愁”。

三、修建砖房：个体理性的选择

村民修建砖房并不是一种盲目的冲动，经过笔者对西江苗寨部分村民的访谈，发现他们的建砖房行为是基于自身和社会条件的变化而做出的理性选择，主要基于三个方面的考量：

（一）砖房防火

吊脚木楼有一个最大的弊病就是防火性能差，一家着火，会连累多家被烧。西江苗寨85%以上的房屋均为木质结构，而且房子密度很大，因此存在极大的火灾隐患，村寨的防火问题一直是头等大事。一位村民对火灾的记忆很深刻：“木房子对火特别忌讳。听老人说西江新中国成立前发过一次大火，寨子几乎全部烧光。我记忆中小规模的火灾有过好几次。西江房子密度很大，一家起火，一排房子都烧了，我外公家遭过一次（火），本来他们家做生意挺有钱的，烧了大火以后他们家的生活水平倒退了十几年。”

旅游开发以后，收入水平提高了的老百姓当然不愿意自己辛辛苦苦挣来的家产被一把火烧个精光，所以村民一有钱就会想到建砖房。

（二）建木房的成本较高

黔东南境内多山，有人曾形容黔东南是“八山一水一分田”，西江苗寨所处的位置更是国家森林公园——雷公山的脚下，森林覆盖率很高。西江老百姓也都有自家的林子，栽种有杉木等木材。苗族的先民们就地取材，用杉木在陡峭的坡地上面建起了吊脚木楼。但是，近些年，随着国家对森林资源的保护，木材是不能随便砍伐的，西江老百姓自己的林子也不能随便砍伐了。村民说，“现在建木房的成本比砖房还高。如今不准乱砍伐树木了，这里的木头都来自外地，需要请人运回来，非常麻烦，成本太高”。据村民估算，建一栋三层楼的木房比三层楼的砖房成本要高出10万元左右。

（三）木房不方便经营农家乐

旅游开发以后，大量的游客涌入景区，为当地的人们带来了无限的商机。据统计，目前西江景区搞“农家乐”接待的农户约为138户，宾馆约8家包括一家2星级宾馆，餐饮店18家，这些就业机会都是旅游开发所带来的。

当地的老百姓只要有资金就会修砖房搞农家乐。但是为什么砖房比木房好搞农家乐呢？他们有自己的看法。在采访中，村民普遍表示，搞农家乐砖房方便。因为木房子不隔音，也不能修厕所，游客住起来不方便。一位村民解释：“游客想体验农家生活，在你家住宿，但是你里面没有厕所、没有热水又不行。”基于接待游客的考虑，越来越多的村民愿意修砖房。

综上所述，西江苗寨村民修砖房是基于自身和游客这两方面的需求条件而做出的理性考虑。就自身

① 2014年10月笔者在西江苗寨进行田野调查时，该信张贴在南贵村居民屋外的墙壁上。

而言，修建砖房既能防范火灾，又能降低建房成本，并且能改善自我居住环境；就游客而言，吊脚木楼不能满足他们对居住环境"安全、舒适 、卫生"等现实需求，"顾客就是上帝"，不能满足顾客的需求就会损害自己经济利益，所以开农家乐的村民必须对传统的木房子进行改建。然而，村民的这种个体理性诉求与当地发展旅游长远规划的集体理性产生了冲突。

四、保护传统木制吊脚楼：集体理性的诉求

旅游业在刺激内需、扩大就业、提高人民生活质量等方面发挥着很重要的作用，成为国民经济新的增长点。发展旅游业成了那些具有丰富旅游资源而又相对落后的地区的经济发展战略。西江苗寨所在的黔东南州明确提出了"旅游活州"的口号。在市场化过程中，保护传统民族文化便成了一种更具全局性和长远性的发展战略选择，体现着整体性的集体理性诉求。[5] 在旅游发展过程中，政府代表的是国家和集体的利益。为了旅游的可持续发展，政府必须想办法保护西江的原生态民族文化。尤其是吊脚木楼建筑群，它们是吸引游客的重要的旅游资源。那么，政府该如何协调居民发展和民族文化保护之间的矛盾呢？据了解，政府出台了一系列的政策来解决这一矛盾。

雷山县人民政府在2013年8月10 下达了《县人民政府关于印发西江千户苗寨贯彻落实〈黔东南苗族侗族自治州民族文化村寨保护条例〉的实施办法的通知》[6]。其中，第五条特别强调："在西江千户苗寨核心保护区内，经批准新建、改建、维修的房屋建筑物，应当保持苗族木质吊脚楼风格，屋面屋脊应为小青瓦、色调统一控制为传统灰褐色或原木色，保持苗族建筑原有工艺特色。房屋结构应当控制在三层以内，总高度为11.6米（即一楼底层沿中柱至屋脊）以下，檐口高度9.6米以下。西江千户苗寨核心保护区内新建、改建的建筑物，原则上只能修建全木质吊脚楼；由于地基、地质条件等方面原因确需修建砖混结构建筑的，严格按照'第一层砖，第二、三层全木质结构'的要求建设，第一层砖混结构部分的外观应当采用木质或仿木质包装。"从这条规定我们可以看出，政府为了发展旅游，保护传统民居，对老百姓修建房子有严格的规定，包括建筑物的样式、颜色、高度、所使用的材料都要遵循一定的规范。

除此之外，为了调动老百姓保护传统民居的积极性，提高西江千户苗寨居民的民族文化保护意识，雷山县人民政府从2009年起就建立了民族文化保护补偿办法和评级奖励办法。据了解，民族文化保护评级奖励资金由建筑保护奖励资金和家庭人口行为规范奖励资金两个部分组成。其中，建筑保护奖励资金占民族文化保护评级奖励的60%，家庭人口行为规范资金占40%。奖励资金从每年西江景区门票总收入中提取18% 的比例资金进行"分红"，每年集中发放兑现两次，上半年一次，下半年一次。[7] 一般情况下，村民的房子保护得越好，房屋建设的年代越久远，建筑保护分也就越高，就能拿到越多的奖励资金。相反，如果村民有违规建房的行为，则建筑保护分就很低，得到的奖励资金越少。

五、民族村寨旅游路向何方：在冲突中前进

政府制定的这一系列"选择性激励"措施，并没有得到老百姓的大力支持。按照政府的要求，老百姓要修建"一砖二木"房子，可事实上，这样的房子并不适合他们经营农家乐，现实中，老百姓建的最多的是"一木多砖"(整个建筑只有一层木房)的房子。雷山县西江风景名胜区管理局的工作人员介绍，一些普通村民为了自己的个人利益，并不理解和支持政府对于传统木质吊脚楼的保护工作。对于那些违规建房的村民，工作人员基本上只能进行教育和政策宣传。一位工作人员无奈地告诉我们："我们鼓励修木房，但他们自己愿意修砖房，木房子不太好做生意——没办法。"

此外，政府设立的民族文化保护评级奖励资金对村民来说也没有太大的吸引力，据了解，奖励资金户均一万多元一年，有些村民吊脚木楼保护得好的话，一年可以拿到两万多元的奖励，虽然是一笔不少的数目，可相比经营农家乐带来的丰厚利润，有条件的村民更愿意选择修建砖房开农家乐。

西江千户苗寨发展民族村寨旅游是当地社区理性选择的结果。旅游业给当地创造了很多就业机会，提高了老百姓的经济收入，改善了他们的生活质量，这些积极影响是毋庸置疑的。然而，村民建砖房的行为却又在摧毁他们的核心旅游资源，并危及旅游业的可持续发展。其实，民族村寨旅游发展中的个体理性和集体理性冲突现象极为普遍，人们或许可以预期到这种冲突的存在，但却又无能为力。

于是，“穿着西装戴草帽的怪物”在西江苗寨还将继续出现。

六、结论与讨论

就目前来看，政府出台的一系列关于保护西江苗寨吊脚楼建筑群的措施以及保障制度并未有效地解决村民建砖房行为背后的个体理性和集体理性的矛盾与冲突问题，原因在于这些规范并不能完全满足村民的利益问题，理性的村民不愿放弃短期的经济收益。当然，从长期来看，村民们将会发现，基于个人理性的最优决策不仅没有带来集体利益的最大化，而且最终将导致个人利益受损。这样，村民长期利益最大化的心理需求将推动村民由个人理性向集体理性转变。[8]

然而，仅仅依靠制度和奖励措施不能完全解决西江苗寨旅游发展中的个体理性与集体理性冲突问题，还需通过加强社区组织建设，引导个人理性走向集体理性。就西江千户苗寨而言，必须建立一个具有广泛认同度、能代表全体村民利益的乡村组织机构。这种机构可以由村里有较高威信的人（比如鼓藏头、寨老）出面组织，或通过村民民主投票组成。机构的主要任务在于制定有一定约束力的规则，督促居民自觉保护传统民居，并协调村民与政府之间的关系。[9]

可喜的是，为保护好西江千户苗寨原有的房屋生态风貌，目前，西江千户苗寨村民自发组织成立了“民房建筑保护委员会”，属贵州省首个民间自行组织保护自己家园不受破坏的群众组织。[10] 希望“房屋建筑保护委员会”的成立，能让西江苗寨民族村寨旅游发展中的个体理性与集体理性冲突问题得到有效的缓解。

（致谢：凯里学院毛家贵老师为笔者田野调查提供帮助，西江风景名胜区管理局为本文提供了部分资料，特此致谢。）

【参考文献】

[1] 詹宏伟．个体理性与集体理性的冲突与和解——兼论我国转变发展方式的一条独特途径 [J]. 甘肃理论学刊，2014，221(01)：91-93.

[2] 刁文淇，曹丽娟．从个体理性到集体理性 [J]. 科学与管理，2008(04)：92-93.

[3] 奥尔森．集体行动的逻辑 [M]．陈郁等译．上海：上海人民出版社，1995：2.

[4] 何景明．边远贫困地区民族村寨旅游发展的省思——以贵州西江千户苗寨为中心的考察 [J]．旅游学刊，2010，25(02)：59-61.

[5] 韩秀记．生存与发展：民俗村的二难选择——云南民俗村调查 [J]. 社会科学研究，2010(03)：101-106.

[6] 雷山县人民政府．县人民政府关于印发西江千户苗寨贯彻落实《黔东南苗族侗族自治州民族文化村寨保护条例》的实施办法的通知 .[EB/OL].http://www.leishan.gov.cn/info/2854/223493.htm，2013-09-06.

[7] 毛志华．雷山西江千户苗寨：1259 户村民获民族文化保护奖励 400 万元 .[EB/OL].http://www.leishan.gov.cn/info/2012/223153.htm，2013-08-01.

[8] 陈志永，况志国．郎德苗寨社区主导旅游发展中的个人理性与集体行动的困境 [J]．学术探索，2009(03)：77-78.

[9] 余意峰．社区主导型民族村寨旅游发展的博弈论——从个人理性到集体理性 [J]．经济地理，2008，28(05)：519-521.

[10] 李峰．全省首个“房屋建筑保护委员会”在西江千户苗寨成立 .[EB/OL].http://www.leishan.gov.cn/info/2012/227149.htm.2014-10-27.

符号象征视角下的民族地区旅游商品创新开发研究

李彩玉①

（桂林理工大学旅游学院，广西 桂林 541006）

【摘　要】符号是具有一定的象征意义，用来传递特定信息和意义的某种客观事物，旅游的过程其实就是符号体验的过程，民族地区旅游商品的消费也是对民族符号的消费。在民族地区旅游商品创新开发中，要重视符号象征意义，要突出符号的功能，对旅游商品进行符号化的策划并且加强符号的宣导性。

【关键词】“一带一路”；民族地区；符号象征；旅游商品创新

一、研究背景

“一带一路”[1]2014年文化部提出以文化先行方式建设“丝绸之路文化产业带”[2]，作为“丝绸之路经济带”的一项重要内容加以打造，通过文化经贸加强与周边国家的文化交流和贸易往来。丝绸之路经济带的提出和发展，将改变我国民族地区以前的内陆封闭型区位条件。丝绸之路经济带，是加强中国与西亚各国经济合作的重要手段，古丝绸之路包括西北陕西、甘肃、青海、宁夏、新疆等五省区，西南重庆、四川、云南、广西等四省市区。这九个省份里大部分是民族地区，并且民族地区是位于丝绸之路经济带核心区域。其中宁夏、新疆等与中亚和阿拉伯地区地缘文化联系密切，云南、广西与东南亚国家区域经济合作紧密，丝绸之路经济带的发展将改变民族地区传统意义的内陆封闭型区位条件，使之成为我国向西向南开放的重要枢纽和桥梁，甚至可能改变民族地区传统的经济发展模式。同时，丝绸之路经济带发展将促进民族地区内部的经济交流，也将加强民族地区各省区与东部发达地区沿陆路和海路的经济往来。[3]

在“一路一带”背景下，少数民族地区以其独有的文化、习俗、自然景观等使一批又一批现代旅游者慕名而来。旅游产业已经成了很多民族地区的支柱产业，很多民族地区因为发展旅游业而实现经济的飞速发展。旅游商品作为民族旅游经济最有潜力的对象，有其无可替代的作用，与游客人均固定的门票收入相比，旅游商品收入具有很大的潜力和不可估量的前景。创新开发成功的旅游商品能给民族地区旅游地带来极大的旅游经济收入和良好的口碑宣传，但是，创新开发不成功的旅游商品不仅不能带来期待的旅游经济收入，还会给游客造成对民族旅游地的负面印象。

面对民族地区旅游商品创新开发正负面并存的局面，学者们开始思考民族旅游商品的开发。从1991年开始，蔡贻模等人研究了从改革开放之后的十年间，旅游商品收入占旅游外汇收入的35%，是旅游的六要素中创汇最高的项目。[4]旅游商品作为人类文明的产物，构成了人类物质文化的部分基础，因此，不能将旅游商品的开发仅视为一种技术、经济过程，而应同时将其看作一种人类文化的承袭、积累乃至创新的行为，在旅游商品开发的时候，要从传统和文化中获得灵感。[5]1995年黄继元讲述旅游购物成功的典范——香港，据统计，旅游者在香港购物所花占旅游总费用的50%—60%，相比内地，在北上

① 李彩玉（1990— ），女，湖南涟源人，硕士研究生，研究方向：旅游开发与管理。

广等城市旅游商品创汇占旅游外汇收入仅20%左右。黄继元针对这个差距提出了自己的关于我国的旅游开发、设计和销售的一些观点和看法。[6]之后还有一批学者关于旅游商品的开发、设计、营销、创新、经营等提出了自己的看法。2005年，梁学成和郝索从消费需求的差异性来研究旅游商品市场的发展。[7]

二、旅游商品和符号的研究

（一）旅游商品的概念解读

长久以来，学术界对于旅游商品的概念争论不休，至今仍未确定其本质内涵与范围，学者们各成一派。总体来说，目前人们对旅游商品的定义有两种说法：广义说和狭义说。广义的旅游商品应该是指为满足旅游者旅游需求以交换为目的而提供的有使用价值和价值的有形物品和无形服务的总称。因此，旅游商品是一个商品集合体的概念，是由一条商品链形成的商品整体，包括交通商品、餐饮商品、住宿商品、景观商品、购物商品、娱乐商品以及包含在其中的服务类商品。狭义旅游商品仅指旅游区商店对游客出售的有形商品。[8]

广义学说的代表是南开大学的刘敦荣教授，他于2002年撰写的《旅游商品学》一书中将旅游商品定义为："供给者为满足旅游者的旅游需求以出卖交换为目的而提供的具有使用价值和价值的有形利用劳动物品与无形的服务的总和。它既具有普通市场物质商品的属性，又具有不同于普通物质商品的特性。它既包含有形的旅游商品，更包含无形的旅游商品，而且以无形的旅游商品为主体。这种无形的旅游商品，主要表现为旅游服务。"[9]我们这里研究所采用的是旅游商品的广义定义。

（二）理论基础："符号理论"的解析

符号(symbol)是希腊语，词源是"symbolon"，本质可以分成两半的木片或者其他物件，他们在拼合之后才能被识别。由此看来，符号原初意义就是指本身并不完整的东西，它需要另外的东西或另一半拼凑上去才算完整。法国的保罗·科利考证了"symbol"在古希腊语中的含义是"暗示"，换而言之，就是某物能够唤起或暗示另一物的意思。维克勒和沃伦在对符号的定义中强调了这种暗示性，指出："甲事物暗示了乙事件，但甲事件作为一种表现手段，也要给予充分的注意。"《牛津文学术语》中对符号做的解释："在最简单的意义上，一切代表或表现其他东西的都叫作符号。"

自20世纪初索绪尔从语言学的角度创立符号学以来，符号便越来越成为各学科关注与研究的热点，并逐渐延伸到精神分析学、文学原型理论、文学哲学、结构人类学等。对此，英国学者比尔兹利也指出："符号学无疑是当代哲学以及其他许多思想领域最核心的理论之一。"而且，学者们越来越将符号作为人区别于动物的本质标志，对此，学者们指出，人是符号的动物，人类生活的典型特征就在于人能发明、运用各种符号，人的意识过程就是一个符号化的过程，思维是对符号的一种组合、转换和再生的操作过程。人类本质的特殊的生存模式便是符号性，对此，人类学家怀特明确指出，一切人类的行为都是在使用符号中产生的，正是符号把我们的猿类祖先变成了人，赋予了他们人性。只有通过使用符号，全部人类文明才能产生并获得永生……一切人类行为皆由符号而构成，或依赖于它。

西方历史上的符号理论大致形成了两条既相互区别又相互交织的路线。一条可称为"科学主义"路线；另一条则可称为"人本主义"路径。前一条路径是亚里士多德的记号（sign）理论的开始，经由皮尔斯、莫里斯、艾柯等人的现代符号学，一直延伸到20世纪分析哲学的语言分析理论中。它涉及的学科领域主要有修辞学、逻辑学、语言学等，他们侧重于从科学的语言分析理论和客观的角度来分析符号的逻辑形式和意义问题。在这些符号学家看来，"sign"或"symbol"都是人类在理论认识中获取客观知识的工具，因此必须表达确定的意思。而"人本主义"路径则侧重于分析符号的文化意义，符号与人类精神世界、生存体验与理解的关系，以及符号本身作为能指的不确定问题。比如，在索绪尔那里，他所突出的就是符号的差异性和社会功能；而卡西尔则直接将人视为符号的动物，从符号学的视角建立起了人与文化的关系和桥梁。总之，人文主义的符号理论凸显了符号意义的超越性、含蓄性、多元性和不确定性。

（三）"符号理论"的发展及本研究的应用

麦肯莱尔率先提出旅游的符号意义，他认为旅游者附属在广泛的旅游吸引物系统中并对该系统的符号意义进行解读，是追寻不复存在的真实意义的当代圣徒。[10]卡勒把旅游者暗喻成"符号大军"，指出在体验过程中，旅游者在不断挖掘找寻景观和标志之间的联系，游客找不到真实，却从大量的复制品中找到了快乐。[11]在国内，何兰萍也尝试研究了旅游的符号意义，认为作为一项文化性消费，旅游是对历史和传统物象的符号再现。[12] 谢彦君等认为旅游体验行进在符号的世界中，并以此获得意义，在旅游体验的各种情境当中，很多意义是通过各种符号传达出来的。[13] 陈胜容指出，在旅游产品形象塑造过程中，一旦旅游相关物被转换成符号，即可在媒体大量生产与再生产，形成旅游符号系统，在此系统中，旅游者可以找到其所渴望消费的符号，刺激旅游的动机从某种意义上说不再是旅游景物的美，而是它所独具的符号意义。[14] 董培海等人提出旅游产品的“符号价值”，即旅游产品表现出社会象征性，能成为指称某种社会地位、生活品位、社会认同甚至具有某种神圣性的景观符号和指示物[15]，这使得游客因此种旅游形象表征而趋之若鹜。闫红霞则从旅游符号经济的角度进行了探讨，即通过一定的符号能吸引游客，从而带动当地经济的持续性增长，旅游符号经济的主要任务就是以生产和营销旅游符号为旅游形象塑造和传播的主要方式，培育和引领旅游符号的消费时尚。[16] 黄萍探讨了国家旅游形象的符号建构问题，指出“好客中国”的符号建构过程实质上是好客文化的意义和价值在旅游吸引物要素体系和旅游者之间逐层转移和重构的过程。[17] 曾艳研究了民族商品“瓦猫”的象征符号解读，瓦猫和其他的旅游商品一样具有内在化和外在化的双重符号象征意义，作为对内交流的符号它具有吉祥、镇宅、图腾与自然崇拜等象征意义，这是以民族文化为基底的象征意义表达；作为对外交流的符号，它是自我价值的象征符号，它表达了不同阶层旅游者的特殊品位，表明了旅游者的社会身份、角色。[18] 周晓黎等从旅游商品的概念出发，立足保定县域文化资源现状，针对保定旅游商品研发存在的种种问题，运用产品符号学等基础理论，着重对保定县域文化符号的挖掘及其在旅游商品的转化策略进行了分析与探究。[19] 邢甜甜研究了沂南地域视觉符号，将沂南的文化习俗、审美特点、民族文化与社会文化中各种物质、精神及行为相结合，以创意图形为载体，完美地体现与传达沂南地域的本土特色与历史传承。[20] 但红燕基于符号学理论，从旅游者动机、民族文化旅游商品的符号系统、象征交换三个方面，以羌族文化旅游商品开发为例，对民族文化旅游商品的符号消费本质及其符号价值体现进行了探讨，认为只有以符号开发为工具，以民族文化为资源基础，才能使民族文化旅游商品真正发展。[21]

符号可以演绎出旅游符号，根据符号的能指和所指的构成，旅游符号的能指是承载特殊意味的地区、景观和旅游产品，所指是对旅游地和旅游产品的旅游价值的思想表达。文中所提到的“符号化”，我们将其界定为将对象表现为符号的形式，使其具有某种象征，如图 1 所示：

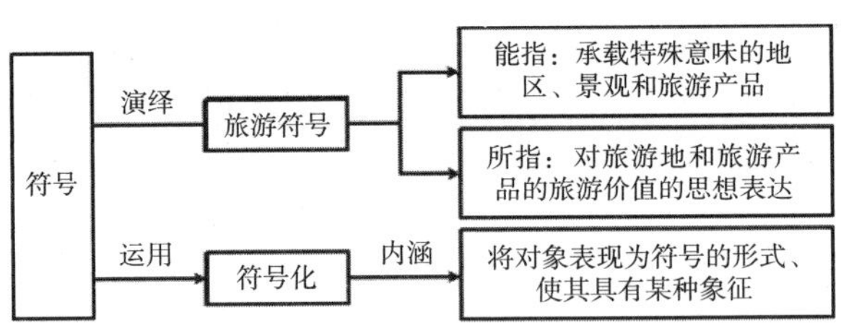

图 1　符号与旅游符号、符号化的关系与内涵

三、符号象征视角下的民族地区旅游商品创新开发研究

在旅游过程中，旅游地和旅游景观的符号象征对旅游者起到重要的引导作用，对旅游商品消费也起着重要作用，例如，吸引人们来桂林的旅游符号就是小学课本里的“桂林山水甲天下”，桂林就是山水甲天下的符号象征，人们一想到桂林就会想到桂林的山水。来过桂林的人必听过“桂林山水甲天下，阳朔山水甲桂林”，的确，来了桂林，必去的就是阳朔。而阳朔西街是整个桂林旅游商品品种最多最齐全的地方，这里的每样商品都代表一个符号：香辣的剁辣椒是龙胜的符号象征；明信片是整个桂林山水的符号象征；啤酒鱼是阳朔美食的符号象征；各个民族的服饰是广西众多少数民族的符号象征；一条街的酒吧就是整个西街的符号象征；《印象·刘三姐》是漓江山水风情和广西少数民族文化以及全世界

第一部全新概念的“山水实景演出”的象征。旅游地的符号象征完全可以通过旅游商品体现出来，符号象征视角给旅游商品创新开发带来了新的思路。

（一）突出符号的“标志功能”

在现代旅游中，是什么吸引了旅游者前往一个旅游地旅游呢？首先是自己的旅游倾向，是想要什么类型的旅游，如果是风景旅游，首先想到的便是桂林；如果是古迹旅游，那么想到的是北京故宫和西安的兵马俑……那又是什么吸引人们购买旅游商品呢？吸引人们购买旅游商品的其实是旅游商品的符号象征，在三亚槟榔谷景区里，随处能看到阿婆织黎锦的场面。黎锦是黎族生活写照的符号象征，是黎族服饰的符号象征，也是中国纺织艺术的符号象征，更是中国纺织史“活化石”的符号象征，因此，黎锦成了景区畅销的旅游商品，旅游者把黎锦带回家，自豪地向亲朋好友展示自己在三亚槟榔谷的旅游消费，黎锦既给槟榔谷带来了可观的经济收入，也为槟榔谷做了口碑宣传。因此，我们在旅游商品开发中，要重视索绪尔强调的符号的所指功能，把旅游商品的内涵和价值充分地挖掘和合理地展现，要使游客难以拒绝。

（二）对旅游商品进行符号化策划

所谓符号化策划，实际上是人为地对商品进行主题设计，有意识地引导游客，以人工强化的符号，差别化的个性塑造，对商品进行特意处理。[22]一般认为，可以通过提供一流的服务和展示景区的原生形象来提高民族旅游地的美誉度和知名度，而没有想过采用符号化策划来提升旅游商品吸引力。而旅游商品的现实问题是旅游商品虽日趋丰富，但同质、类似的民族旅游产品亦日益繁多，而结合民族旅游地的符号开发成功的旅游商品确是少见；旅游商品多样化的信息传播途径和手段导致过量的信息充斥在人们的脑海中，使人们难以做出有效判断和抉择。因而可以通过人为的符号化策划对民族旅游商品进行开发创新。

（三）直观化旅游符号

符号的能指部分是符号的物质构成，所以我们必须注意开发旅游符号的物质载体，将旅游符号直观化，充分发挥潜在的旅游资源，延长旅游产品的生命周期，开发出替代旅游产品，既是旅游发展滞后地区的新思路，也是旅游发展成熟地区永葆活力的途径之一。[23]一些旅游符号由于符号本身的隐晦以及开发的不够成功，“养在深闺人未识”，需要通过一定的桥梁直观再现，要能使游人直接接触和感知到。

（四）加强符号的宣导性

符号不仅是一个标志物，还包括了通常传媒传递“标志物”信息的部分，也包括一些行业或景区所设计的引导活动和“程序”。经营比较成功的旅游景区及一些参与性旅游商品都需要做好宣传工作，比如三亚槟榔谷，刚走进旅游区，就被黎族阿婆竖着右手大拇指嘴上说着“波隆，波隆……”的打招呼方式吸引住了，这是最好的黎族符号的宣传。还有整个景区的椰子和槟榔树，椰子是海南的符号宣传，槟榔是黎族的符号宣传，“波隆”是槟榔的意思，槟榔是黎家人平时交友、婚庆、佳节必不可少的赠品，蕴含着幸福、吉祥、美好之意。在景区导游的讲解和景区内黎族居民的宣传下，甘甜可口的山兰酒的销售业绩也非常可观，山兰酒是黎族人用山兰稻谷酿成的一种米酒，黎家有句俗语说“美不过黎家三月三，甜不过黎家山兰酒”，黎族人对酒特别钟爱，有“无酒不成敬意，无酒不成礼”的说法。

四、结论

民族旅游商品消费是一种典型的符号消费，旅游者主要追求的是旅游商品的符号价值，民族旅游商品本身就是一个符号系统。民族旅游商品开发中，应充分运用民族文化符号，加强对民族文化符号的挖掘、提炼和创造工作，使之符合旅游消费者对符号价值的需要，民族文化符号包括物质文化符号、行为文化符号与精神文化符号，在民族文化旅游商品中运用这些符号，不仅可以达到很好的艺术审美效果，同时也可以增加民族旅游商品的文化含量。[24]因而，我们在民族旅游商品开发中，应以民族文化为我们开发的坚实基础，充分利用好符号工具，使民族旅游商品真正具有文化特色，真正富有文化价值。

【参考文献】

[1] 申现杰，肖金成．国际区域经济合作新形势与我国“一带一路”合作战略 [J]. 宏观经济研究，2014(11)：30-38.

[2] 金栋昌，吴绒，刘吉发．丝绸之路文化产业带上的跨域文化治理：理论与实践的维度 [J]. 开发研究，2015(02)：9-13.

[3] 郑长德，钟海燕．“十三五”时期推进民族地区实现全面小康的基本思路与政策建议 [J]. 西南民族大学学报(人文社会科学版)，2015 (01)：103-111.

[4] 蔡贻模，魏小安，冯宗苏，等．我国旅游商品发展调研报告 [J]. 旅游学刊，1991 (02)：18-22.

[5] 吴克祥．旅游商品开发与文化因素 [J]. 旅游学刊，1994 (03)：38-40.

[6] 黄继元．中国旅游商品的开发、设计、营销策略的思考 [J]. 北京第二外国语学院学报，1995 (03)：148-152.

[7] 梁学成，郝索．对国内旅游者的旅游商品需求差异性研究——以西安市旅游商品市场为例 [J]. 旅游学刊，2006，20(04)：51-55.

[8] 钟志平．旅游购物理论与开发实务 [M]. 北京：中国市场出版社，2005.

[9] 刘敦荣．旅游商品学 [M]. 天津：南开大学出版社，2002.

[10]D. Maccannell. *The Tourist:A New Theory of the Leisure Class* [M] . New York: Schocken Books,1976:17 -138.

[11]Culler J. *Semiotics of Tourism* [J] .The American Journal of Semiotics,1981, 1 (02)：127-140.

[12] 何兰萍．大众旅游的社会学批判 [J] . 社会，2002 (10)：10-12.

[13] 谢彦君，彭丹．旅游、旅游体验和符号——对相关问题的一个述评 [J] . 旅游科学，2005 (04)：1-6.

[14] 陈胜容．符号学视角下的旅游地竞争解读 [J] . 旅游论坛，2014 (01)：79-83.

[15] 董培海，施江义，李伟．关于旅游产品符号价值的解读 [J] . 北京第二外国语学院学报，2010(09)：33-40.

[16] 闫红霞．旅游符号经济的发展路径研究 [J] . 经济纵横，2012 (08)：61-64.

[17] 黄萍．好客中国 [J] . 广西民族大学学报(哲学社会科学版)，2012 (05)：2-9.

[18] 曾艳．民族旅游商品“瓦猫”的象征符号解读 [J]. 旅游纵览(行业版)，2012(07)：20.

[19] 周晓黎，郭孟媛，王晓红．保定县域文化符号转化为旅游商品的对策研究 [J]. 新闻传播，2012(11)：189.

[20] 邢甜甜．沂南旅游商品设计中的视觉符号应用研究 [D]. 济宁：曲阜师范大学，2014.

[21] 但红燕．民族文化旅游商品的符号消费本质及价值体现——以羌族为例 [J]. 社会科学家，2011(04)：76-78.

[22][23] 尹郑刚．基于符号视角的旅游产品形象研究 [J]. 天津商业大学学报，2015(02)：6.

[24] 但红燕．民族文化旅游商品的符号消费本质及价值体现——以羌族为例 [J]. 社会科学家，2011(04)：76-78.

[25] 张萌．旅游商品创新开发的若干思考 [J]. 社会科学家，2000，15(02)：44-46.

[26] 索绪尔，小松英辅，绍杰．普通语言学教程：1910—1911 索绪尔第三度讲授 [M]. 长沙：湖南教育出版社，2001.

民族地区旅游文化产品输出问题研究

胡慧敏　李彩玉[①]

（桂林理工大学旅游学院，广西 桂林 541006）

【摘　要】随着社会经济的快速发展和人类文明的不断进步，旅游业迅猛发展，成为国民经济的新增长点和民众生活的新消费点。当前，民族文化已成为民族地区旅游发展的新驱动，各民族地区通过大力发展文化旅游业，力图打造地区具有民族特色的旅游文化产品。在民族地区，如何将文化很好地渗透到旅游中，使旅游产业取得突破性的进展？本文通过理论与实践相结合的方式，从文化与旅游相融合的角度研究民族地区旅游文化产品的输出问题，为民族地区旅游文化产品的全面输出提供了新路径。

【关键词】民族地区；旅游文化；旅游文化产品；产品输出

一、研究背景

21世纪新时期，文化旅游成为旅游发展新方向，文化旅游产品是当前旅游市场最有潜力和竞争力的优势旅游产品，其文化内涵丰富、人文底蕴精深，并已形成相当的发展规模。中国共产党十七届六中全会通过的《关于深化文化体制改革推动社会主义文化发展大繁荣若干重大问题的决定》中明确提出，要推动文化产业成为国民经济支柱性产业，使之成为新的经济增长点、经济结构战略性调整的重要支点、转变经济发展方式的重要着力点，同时大力开拓国际文化市场，发展服务外包。[1]在十八大报告中则进一步指出，国家富强、民族振兴的重要标志是文化竞争力和文化实力的提升，并提出要“扩大文化领域对外开放，积极吸收借鉴国外优秀文化成果”[2]。大力发展旅游文化产业，促进文化、旅游相结合，实现旅游产业由低级阶段向高级阶段的发展。

由文化部和国家旅游局在2009年联合发布的《关于促进文化与旅游结合发展的指导意见》中提出“文化是旅游的灵魂，旅游是文化的重要载体。加强文化和旅游的深度结合，有助于推进文化体制改革，加快文化产业发展，促进旅游产业转型升级，满足人民群众的消费需求；有助于推动中华文化遗产的传承保护，扩大中华文化的影响，提升国家软实力，促进社会和谐发展”[3]。政策表明，文化产业与旅游产业的融合发展是我国在新一轮国际竞争中重点强调的对象，在民族地区采取积极措施加强文化与旅游的结合（打造文化旅游系列活动品牌、深度开发文化旅游工艺品、加强文化旅游产品的市场推广等），实现“树形象、提品质、增效益”的主要目标，切实推进我国民族地区旅游文化的繁荣发展。

为建设“丝绸之路文化产业带”，文化部在2014年提出文化先行的实施方案，加强与周边国家的文化交流和贸易往来，重点打造文化产业带，并将其作为“丝绸之路经济带”的一项重要内容。同时，为了提升我国文化软实力，打通文化壁垒，增强国家文化传播力度，需要加强“丝绸之路文化产业带”的建设，促进影视、演艺娱乐、动漫游戏、文化旅游、文化体育、民族文化、工艺美术、工业制造、非物质文化遗产、建筑设计等多领域的交流合作；着重推动丝绸之路经济带的发展，融合各文化产业，加速文化贸易往来，实现经济的可持续发展；促进各民族之间的交流和团结，加强各宗教信仰之间的互信

---

① 胡慧敏（1990—），女，湖北荆州人，桂林理工大学旅游学院2014级硕士研究生，研究方向：旅游资源开发与管理；
李彩玉（1990—），女，湖南涟源人，桂林理工大学旅游学院2014级硕士研究生，研究方向：旅游资源开发与管理。

和理解；促使产业带上的各地区、各国家达到和平稳定、繁荣发展、互利共赢的目的。同年8月，国务院发布的《关于促进旅游业改革发展的若干意见》中提到：“推动区域旅游一体化。进一步深化对外合资合作，支持有条件的旅游企业‘走出去’，积极开拓国际市场。”[4]明确指出：创新旅游文化产品，拓展旅游发展空间。这一系列政策表明，民族地区的旅游开发成为学者们的研究新热点，民族地区需借助其丰富的具有民族特色的旅游文化资源，结合丝绸之路的辐射范围，以特色文化产业，打造地区具有核心竞争力的旅游文化产品。目前，民族地区的文化旅游开发呈蓬勃之状，并取得了可观的社会经济效益且反响良好。然而，民族地区所特有的社会经济环境，比如地理区位条件限制，民族文化特性的淡化和趋同化等，使其旅游文化产品输出面临重大问题，需要民族地区在“一带一路”愿景推动下加强区域之间的旅游合作，促进地区民族文化双向交流，实现地区旅游文化产品更好更快地“走出去”。

二、研究对象与研究问题

（一）旅游文化

作为一种复杂的综合性社会现象，旅游最重要的社会属性是文化性。随着全球经济复苏、社会繁荣发展，人类文化进步、消费大众文化观念发生转变，世界以及我国的旅游业逐步兴盛。《中国大百科全书·人文地理学》中前瞻性地指出：“旅游与文化有着不可分割的关系，而旅游本身就是一种大规模的文化交流。从原始文化到现代文化都可以成为吸引游客的因素。”[5]一个国家或地区的旅游吸引力，主要源于其旅游资源的特色，而这种特色在很大程度上取决于旅游资源的文化含量及其独特性。[6]

在国内，1984年旅游文化作为一个专业概念首次提出[7]，20世纪80年代，关于旅游文化的研究相对甚少。90年代，随着中国旅游文化学会的成立以及几个以“旅游文化”为主题的学术会议的召开[8]，旅游文化和旅游文化产品成为学者们学术研究的新热点，经过多年的探究与实地考察，旅游文化取得了很大进展，然而对于“旅游文化”至今尚没有统一的界定。一般认为，旅游文化作为一个较广义的概念，包含有“旅游”和“文化”两个领域，以及其他不同方式组合的领域。在彭华《关于旅游地文化开发的探讨》中所给出的定义是：包含在旅游客体、旅游媒体和旅游审美活动中的各种物质与精神现象的总和，由景观文化、服务文化和审美文化三个层次的内容构成；而在江西美术出版社《中国旅游文化大词典》中给出的定义则是：旅游文化是文化与旅游相结合、相融合的产物；它指在旅游过程中，与之紧密相关的一切物质文明和精神文明，包括旅游主体、旅游客体和旅游介体相互作用所产生的一切物质和精神成果[9]。

20世纪70年代，国外学者提出了“旅游文化”这一概念。美国的罗伯特·麦金托什等人就认为旅游文化“实际上是对旅游各个方面的概括，人们可以借此来了解彼此之间的生活和思想”，它是“在吸引和接待旅客与来访者的过程中，游客、旅游设施、东道国政府和接待团体的相互影响所产生的现象和关系的总和”[10]。

笔者认为，旅游文化并非旅游和文化的简单相加，更不是一般文化向旅游领域的简单“移入”，而是一种前所未有的、全新的文化形态，是依托文化的内在价值，依靠“吃、住、行、游、娱、购”旅游六大要素，立足于旅游主体、旅游客体、旅游媒介三者间的相互关系，贯通于旅游活动过程中的一种特殊的文化形态，并始终作用于旅游活动的全过程。旅游文化覆盖范围极广，与旅游相关的一切文化事业、文化环境和文化研究都被包罗在内，并具有继承性、创造性、服务性、艺术性、时空差异性等特点。

（二）旅游文化产品

旅游文化产品的概念界定分为两种：广义概念和狭义概念。蕴含文化内涵的旅游产品是广义上的界定概念。与此对应，狭义上的旅游文化产品则是指旅游企业或其他组织依托特定的文化元素或文化主题而开发的用以满足人们的文化旅游需求，或者是用以满足个体或组织特定文化需求的旅游产品，一般涵盖一个或多个文化领域。[11]例如，旅游宗教文化产品、旅游民俗文化产品、旅游饮食文化产品、旅游节庆文化产品等。本文主要讨论狭义上的旅游文化产品的输出问题。

根据狭义的定义，旅游文化产品可以分为以下四类：

（1）文化主题景区。主要是指以某一特定文化主题为基础而开发的旅游文化产品。例如，宗教旅游文化产品（佛教、道教、基督教等）、古文化遗址（大岭上遗址、双堡子沟遗址、南海峪洞穴遗址）、文化主题公园或景区（世界之窗、锦绣中华）等。

（2）城市名片类。主要是指近年来盛行的城市营销所造成的产物，一般都是针对当地的特色文化进行开发、经营，既包括历史遗迹复原品（北京的“京味儿”、武汉的楚文化、无锡的吴文化），也有现代作品（上海东方明珠电视塔）。

（3）节庆仪式类。主要是指那些通过节日或固定庆祝活动向人们展示某种特色文化或者人文精神以满足旅游者对异质文化的憧憬和追求的旅游产品，主要包括特定文化仪式、文娱活动、异域风情等，如：孔庙的祭孔仪式，洛阳的牡丹花会，吉林的雾凇冰雪节。另外，民族地区的婚丧嫁娶仪式也是属于此类活动的。

（4）被文化感染与影响的自然。主要有三种形式，分别是：①自然旅游资源人格化，表现为将文化人物与自然旅游资源相结合，或使其拟人化，从而赋予自然旅游资源以文化灵魂，如轻妆淡抹的西湖因许仙和白素贞的凄美爱情故事成为人们心中浪漫的符号；而因为巫山云雨而闻名天下的巫山则被渲染成一座神山……②自然旅游资源关联化，表现为将某些具有象征意义的文化因素赋予自然资源，如我国的五岳，是古代政治、宗教文化的地缘上的表现，它们作为华夏在文化上的界域象征，俨如五个巨大的华表分别高高矗立于五个位置。③自然旅游资源选择化，体现为对自然物象采用文化的标准进行选择，被选择出来的对象代表着选择者的文化趣味或理念，如孔子说：“智者乐水，仁者乐山。”是因为水和山分别迎合了“智者动，仁者静；智者乐，仁者寿”的特征。

综上所述，同其他旅游产品相比，旅游文化产品的基本特征可以概括为以下几个方面：①突出的文化特性，这是旅游文化产品最根本的特征，也是与其他旅游产品最重要的区别；②注重身心体验；③更加个性化；④唯一性，有些旅游文化产品是独一无二的，当脱离了所在地域后就不再具有能为人们所接受的文化特性，如长城；⑤更强的互动性；⑥多重价值性；⑦消费群体的广泛性；⑧消费者评价与消费过程的高同步性。

（三）旅游文化产品输出

自20世纪90年代以来，全球文化贸易以年均7%的速度急剧增长，文化产业在各国经济中占有越来越重要的地位，文化软实力已成为一国综合实力的重要衡量指标，而文化产品则是文化软实力的主要载体。文化产品的输出是一种平等的文化交流，具体指文化产品从一个地区流向另一个地区的过程。其输出的产品，既包括文化商品，如图书、杂志、多媒体产品、软件、电影、录像带、视听节目、手工艺品和时装设计等，也包括文化服务，如演出、会展、文化信息推广等。我国既是一个文化产品输出大国，也是一个文化进口大国，且进多出少，因此导致在世界主流文化市场上，我国的强势文化产品格外稀少，尤其在广播电视节目、电影、印刷品、出版物、视听艺术、表演艺术等文化内容上更为薄弱。

旅游文化产品输出是将一个国家或地区的旅游资源通过某种形式向其他国家或地区进行传播。比如说美国通过好莱坞影视作品在全球进行隐性的旅游宣传，并输出其文化价值观。每逢新片上映，帝国大厦高高矗立，自由女神像指引前方，国会山象征民主，让人在体验精彩剧情的同时也对美国的旅游胜地心向往之。

我国是一个具有悠久历史和灿烂文化的文明古国，文化沉淀深厚，对世界文化有着非常深远的影响。现今，孔子学院开遍全球，少林功夫闻名世界，让各地的人们对儒道故乡、功夫圣地的中国产生了一窥究竟的强烈愿望。而其他国家中，美国通过互联网引领世界潮流，日本发展动漫产业享誉全球，韩国依靠韩剧刮起股股“韩风”，印度也正努力发展软件产业，以快速提高国家文化软实力。将本国的旅游文化产品输出国外，对整个民族和国家的整体形象和软实力有着极大的提升，与此同时，对增加游客吸引力和促进国家旅游产业的发展有着极大的推动作用。

三、民族地区旅游文化产品输出的现状及存在问题

民族地区旅游文化产品发展有喜有忧，有优势也存在发展不足问题。

（一）民族地区旅游文化产品输出现状分析

2014年12月，入境外国人同比增长12.43%，创两年来最大涨幅。国家旅游局日前发布的统计数据显示，2014年12月，入境外国人238.70万人次，比上年同期增长12.43%；入境外国人过夜人数186.88万人次，比上年同期增长12.89%；入境外国人在华花费31.55亿美元，比上年同期增长23.92%。[12]对比2013年以来的入境旅游收汇数据，上述各项指标均创两年来最大涨幅。数据显示，2014年全年，外国人入境旅游市场出现“回暖”迹象，各项指标均出现上涨。其中，入境外国人达2636.08万人，同比增长

0.27%；入境外国人过夜人数2081.27万人次，同比增长0.03%；入境外国人在华花费351.26亿美元，同比增长9.84%。而根据2014年入境旅游接待收汇情况，外国人入境旅游人数、过夜人数和外汇收入有7个月出现上涨。其中，入境人数排名前10位的国家分别是韩国、日本、美国、俄罗斯、越南、马来西亚、蒙古、新加坡、菲律宾和印度。

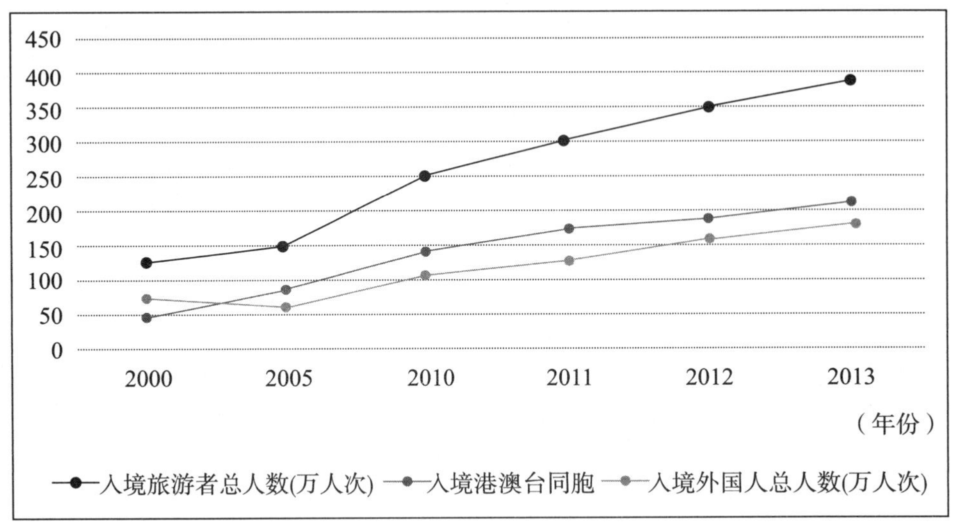

图1　广西入境旅游人数统计（资料来源：广西统计年鉴）

以广西为例，2000年至2013年广西接待入境旅游者总人数从124.0265万人次持续增长到391.5435万人次，增长了3.16倍；2000年，广西入境港澳台同胞为73.0706万人次，到2013年，则增长到179.2289万人次，增长了2.45倍；2000年，广西入境外国旅游者总人数为50.6288万人次，到2013年，则增长到212.3146万人次，增长了4.19倍，广西入境外国旅游者人数占全国的8.08%。

从民族地区旅游文化产品看，其民俗文化、自然资源、民族内涵等十分丰富，均为旅游文化产业的重要产品。从经济发展来看，从1978年改革开放之后，民族地区的经济快速发展，相配套的旅游基础设施如交通、住宿、餐饮、景点、娱乐、购物等也迅速发展和完善，吃、住、行、游、购、娱也都越来越便捷。另外在民族地区治安良好的前提下，民族地区热情淳朴的民风和独特旅游文化资源吸引了一批又一批的国内外游客。以民族地区广西阳朔的《印象·刘三姐》实景演艺的旅游文化产品为例，广西壮族山歌文化，历史悠久，其欢乐、智慧、幽默等元素为不同国家不同民族所钟爱。20世纪50年代之后，以广西山歌和刘三姐传说为背景，导演了具有浓厚民族特色的《刘三姐》，在东南亚引起了巨大的反响，对弘扬中国民族文化有着功不可没的作用。近年来，广西把刘三姐文化作为广西文化最重要的品牌进行宣传和开发，围绕这一品牌开发了多个旅游文化项目，如《印象·刘三姐》、新版歌舞剧《刘三姐》、南宁国际民歌艺术节等。

从旅游市场优势看：(1)民族地区的旅游客源分布越来越广，数量越来越多。(2)华人华侨和外国游客成为民族地区的重要客源。(3)民族地区多分布在我国边境地区，随着边境地区有24小时、48小时免签等政策的提出，边境邻国成为民族地区潜在的旅游市场。(4)民族地区的优美的自然风光、淳朴的民族民风、丰富的民族文化增强了地区旅游吸引力。(5)各种特殊兴趣旅游、商务旅游、散客旅游在民族地区盛行。

(二)民族地区旅游文化产品发展也存在着问题

1.随着我国国际贸易的发展，民族旅游文化产品贸易明显处于劣势地位

我国是一个拥有五千年历史的文化大国，所拥有的文化产品却与我们的文化不成比例，很多文化没有得到很好的开发利用，甚至部分独特稀有的民族文化已没落衰竭。

民族文化是我国文化里不可缺少的一部分，在旅游快速发展的中国，旅游与文化相互融合，产生

了其融合结晶，即旅游文化产品。在世界文化市场上，我国民族地区优秀的旅游文化产品显得尤为稀少，与民族文化的丰富多样不相称，且民族地区旅游文化产品输出在国际贸易中长期处于逆差状况。

2. 缺乏品牌和合适的营销方式

首先，旅游文化产品主体经营者的资金支持能力、创新开发能力、经营管理能力不强，对营销目标顾客——游客的特征分析和需求研究不够深入，没有清楚了解什么样的旅游文化产品以及旅游者的文化能够切实满足游客需要，没有找到合适的营销方式，去应对整个经济环境的发展变化。其次，旅游文化品牌意识淡薄，拥有众多民族旅游文化产品却未形成民族地区特有品牌。

3. 旅游文化产品质量不高、产品结构单一，未凸显民族特色

民族地区旅游文化产品多为粗制滥造产品，精工制作的旅游产品少之又少。主要依靠文化观光类旅游文化产品来吸引国内外游客，专项参与式旅游文化产品和度假型旅游文化产品很少，极大影响了民族地区旅游文化产品在国内市场乃至国际市场的竞争力。此外，旅游文化产品没有充分利用民族地区的独特文化资源，如风俗、服装、艺术、景观、饮食等，地区产品开发未完全体现民族的特色，以产品包装为例，大多采用现代通用包装手法和形式，未充分利用民族优势，未融入民族特色花样和包装技艺，产品不够“精美、独特、悦目”。

4. 在经济全球化的背景下，我国在外来文化信息传播中出现了系列问题

首先，我国文化对外传播的深度和广度相比于对外经济发展水平而言，是比较不对等的，从而我们在输出旅游文化产品时，缺乏一定的文化背景、相应的价值观念以及相应的意识形态等“软实力”的支撑。

其次，我国对外文化传播力度相比于外国向中国的传播力度而言，是相当不够的，这样造成了我国与外国文化交流、经济交往中“信息不对称”。国外的一些文化理念较容易输入中国，而中国的文化理念则较难进入国外的主流社会。

最后，现有的对外文化传播的影响力和深入程度，相比于国外人对了解中国现状的需求是相当不对等的，即使接触那些对中国有深入了解的外国民众和外国企业，并不能获得全面和贴切的文化信息。

四、民族地区旅游文化产品输出问题的解决对策

在竞争激烈的国内外旅游市场环境中，我们不仅要充分了解竞争的形式和特点，还要清醒地认识到自己的核心优势和薄弱环节，这样才能在变幻莫测的竞争市场中处于不败之地。对于民族地区旅游文化产品输出问题，可以采用以下对策。

第一，提升民族地区旅游文化产品市场竞争力，翻转贸易逆差。在发展经济的同时，文化交流与发展也是必不可少的，在竞争多元化的今天，软实力竞争已成为新型竞争力，而文化是最具有竞争潜力的软实力。我国民族地区的文化具有独一无二特性，其旅游吸引力较强。旅游文化产品作为文化的承载物和衍生物，是我国加强文化的宣传和促进文化的交流的重要手段。通过提升民族旅游文化产品的质量、内涵、旅游形象等整体实力，实现民族地区旅游文化产品的输出逆转。

第二，选择合适的营销方式以及建立一批世界品牌的旅游文化产品。在现有的人力、物力、财力基础上，改变过去以传统观光旅游文化产品为主的产业模式，着重开发新一代旅游文化产品，如体验类文化产品、养生类文化产品、学习类文化产品、度假类文化产品，满足游客的新需求，实现旅游文化产品由单一纵向型转变为横向型产品。开发多档次的专项产品和民族旅游特色产品，使民族地区旅游文化产品更加适应国内外旅游市场的需求，更能适应不断发展变化的旅游者的消费需要和文化需求。在旅游文化产品开发方面，注重民族文化特色，结合国内外旅游者的偏好、心理、经历等，建立一批有民族特色、文化内涵丰富的旅游文化产品。并根据实际情况采取合适的营销方式和手段，如事件营销、微博营销、微信营销、影视营销、学术营销、体验营销、会展营销、节庆营销等，打造一批世界品牌的民族旅游文化产品。

第三，提升旅游文化产品质量，彰显民族特色和文化内涵。关于旅游文化产品的质量问题，民族地区旅游文化产品经营者应该用长远眼光来实现利益最大化。旅游文化产品不仅是一种商品，也是对民族地区旅游的一张形象名片，因此，开发旅游文化产品时产品质量与服务质量并举，让游客拥有热情、主动、周到、耐心的旅游体验。民族地区的相关政府部门需建立相应的制度规章来规范经营者、导游

等旅游从业者的行为。同时，深度挖掘民族地区的文化内涵和资源特色，融入创新意识，有效解决民族文化产品结构单一性问题，开发出满足游客需求的旅游文化产品。

第四，挖掘文化传播的深度、拓展文化传播的广度、加强文化传播力度，满足旅游者的文化需求。我国是多民族国家，民族文化丰富且各具特色。文化传播的深度挖掘不够，广度拓展有限，宣传力度有待加强，致使民族地区的文化传播与文化不相对称。挖掘民族文化内涵，拓展民族地区特有的边政文化、符号文化、饮食文化、服饰文化等，加大文化的传播力度，如影视传播、媒体传播、互联网传播、通讯传播等，输出满足旅游者对民族地区文化的需求的旅游文化产品。

五、结语

我国民族地区旅游发展到了一定阶段，旅游与文化融合发展成为必然的趋势，旅游文化产品输出有喜有忧，旅游文化产品输出潜力巨大，但也存在问题。民族地区对于旅游文化输出问题需要做的是提升旅游文化产品质量、丰富产品层次、选择合适营销方式、加强宣传力度、彰显民族特色、增强旅游文化产品实力、打造一批具有品牌的民族旅游文化产品和民族旅游文化企业，实现民族旅游文化产品贸易的顺差，展现独特的民族文化形象。

【参考文献】

[1] 中共十七届六中全会在京举行 [EB/OL].http://paper.people.com.cn/rmrb/html/2011-10/19/nw.D110000renmrb-20111019-1-01.htm,2011-10-19.

[2] 向社会主义文化强国迈进 [EB/OL]. http://cpc.people.com.cn/18/n/2012/1113/c350828-19566660.html,2012-11-13.

[3] 关于促进文化与旅游结合发展的指导意见 [EB/OL].http://www.china.com.cn/policy/txt/2009-09/16/content-18533690.html,2009-09-16.

[4] 国务院办公厅关于印发《国务院关于促进旅游业改革发展的若干意见》[EB/OL].http://www.gov.cn/zhengce/content/2015-01/21/content_9405.html,2012-12-31.

[5] 李旭旦主编 . 中国大百科全书·人文地理学 [M]. 北京：中国大百科全书出版社，1984：1.

[6] 陈天培 . 非物质文化遗产是重要的区域旅游资源 [J]. 经济经纬，2006(02)：124-127.

[7] 黄少辉，傅轶，陈波，等 . 海上丝绸之路文化旅游发展研究——以"南海一号"古商船为例 [J]. 热带地理，2009，29(2)：177-181.

[8] 蒋晓丽 . 全球化背景下中国文化产业论 [M]. 成都：四川大学出版社，2006.

[9] 马波 . 现代旅游文化学 [M]. 青岛：青岛出版社，1998：34.

[10] 张学梅，郭华 . 甘孜藏区旅游文化产品开发现状及存在问题分析 [J]. 商场现代化，2007(18).

[11] 马晓冬，翟仁祥 . 论旅游文化资源及其开发——以苏北地区为例 [J]. 人文地理 2001，16(06).

[12]http://t.qq.com/p/t/467962013551828.

居民地方感对旅游发展支持度影响研究：以东兴江平镇为例

黄爱莲　温　宇①

（1. 广西大学商学院，广西 南宁 530004；2. 广西师范学院，广西 南宁 530001）

【摘　要】地方感是人与地方相互作用形成的地方情感依附和认同，它深刻地影响着旅游地居民对当地旅游业发展所持的态度。本文以旅游地人地关系为切入角度，选择广西东兴市江平镇为实证研究对象，通过实地调研、问卷调查等方法，分析旅游地居民地方感及其对当地旅游发展所持态度的影响关系问题。研究结果表明：①地方感的维度由地方认同、地方依赖和地方依恋三个部分构成；②居民地方感在旅游影响感知（包括收益感知和成本感知两方面）的中介作用下对旅游发展支持度具有显著相关性；③居民地方感的各维度对地方感的影响效应大小程度依次为：地方认同 > 地方依赖 > 地方依恋；④在居民地方感的三个维度中仅有地方依赖维度对旅游发展支持度具正向影响。

【关键词】地方感；居民；旅游发展支持度；广西东兴市江平镇

一、引言

改革开放以来，广西东兴市中越边境的边贸互市逐渐繁荣，也推动了以江平镇为代表的东兴市边境旅游的发展。随着旅游开发的逐步深入，旅游对经济、文化、社会、环境以及当地居民的影响不断扩大；同时，深受京族海洋文化影响的居民“乡土情结”也对旅游地的发展起着不可忽视的作用。[1]因此，从地方感角度探讨当地居民对旅游业的认同度和支持度，对于维系居民与地方良好的情感联结，并从地方性文化中寻求特色旅游发展的有效途径[2]，以及当地旅游的开发、成功运作和可持续发展具有重要意义。

地方感理论是解释人与地理环境之间关系的重要工具，更成为理解人类活动的一种有效方式。[3]综观现有文献，国内外学者针对地方、地方感、地方认同、地方依赖和地方依恋等相关基础概念均进行了理论层面上的辨析与梳理[4]，探究各概念之间的关系以及多维概念的维度划分[5]，并对地方感理论的研究框架、研究视角和方法进行了文献总结和理论分析[6]；在旅游应用方面，以量表测量的定量实证研究为主，主要包括城市变迁背景下的社区居民地方感[7]，地方感与主体人的行为意向关系[8]，地方感在旅游规划管理及旅游地竞争力中的作用[9]等方面；在旅游地居民研究方面，对地方感影响因素、特征、类型等方面均做出了许多有益的探索和研究。此外，居民地方感对旅游发展支持度的影响受到关注，有学者认为地方情感越深厚，对当地旅游发展的支持度就越大[10]，也有学者持相反意见。笔者认为，这种分歧的出现一部分原因是这些学者所选取的研究区域分别属于不同的旅游地类型，且旅游地所处的发展阶段不同，但更重要的是，缺乏对地方感影响旅游发展支持度的作用机制及路径的深入探讨。因此，本文尝试从旅游地居民的感知着手，研究地方感对旅游发展支持度的影响作用。

① 黄爱莲（1969—），女，博士，广西大学商学院教授，研究方向：民族旅游经济；
温宇（1989—），女，壮族，广西南宁人，广西师范学院人事处，研究方向：旅游资源规划与开发。

二、研究区域概况与研究方法

（一）研究区域概况

广西东兴市江平镇地处我国西南边境地区，是东兴市边上一个拥有得天独厚旅游资源的旅游地，且当地旅游在20多年的发展历程中取得了较好的成绩；同时，江平镇是边境民族——京族的聚居地，是其海洋文化集中展现的场所。[11] 江平镇特殊的地域属性和民族文化属性使其地方特征带有明显的中国与越南、海洋与内陆、传统与现代的边界性，这些边界性的地方特征构成了居民对当地历史文化和京族民俗的记忆，并形成了对当地强烈的认同感、归属感和安全感。因此，江平镇居民地方感是研究民族文化下居民地方感与旅游发展关系的一个较为典型的范本。

（二）研究假设

人文地理学发现，旅游地居民对地方的认知与情感是影响其旅游感知及态度的关键因素。[12] 地方感是建立于认知层面的人与地方的联系，其中，地方认同把地方纳入自我的认同结构中，地方依恋将对特定地方的情感、认知与行为三者集合到一起，地方依赖体现了地方功能性特征；感知是居民对行为空间的主观认识，态度则是对物质空间和精神环境变化的主动响应。同时，居民的感知与态度是地理环境作用于人的结果。[13] 与旅游者不同，在旅游目的地居住生活的居民对于当地的情感更多地表现为一种"主人意识"[14]，这种特殊的地方情感影响着居民对当地旅游发展的感知，进而影响对旅游发展的支持度。鉴于此，本文提出研究假设H：旅游地居民地方感、地方感各维度以及旅游影响感知均与旅游发展支持度之间存在显著相关性。

研究发现，居民旅游影响感知在一定程度上受到地方感的影响，同时又会影响到旅游发展支持度的变化[15]，可见旅游影响感知具备了作为中介变量的条件。基于以上，本文将边境地区东兴市江平镇居民地方感作为自变量，旅游影响感知作为中介变量，旅游发展支持度作为因变量，构建结构方程模型（表1、图1）。

表1 东兴市江平镇居民地方感与旅游发展支持度关系概念模型研究假设

层级关系	具体假设
第一层级	H1：居民地方感对旅游发展支持度具有显著影响
	H2：居民地方感对旅游收益感知具有显著正向影响
	H3：居民旅游收益感知对支持度具有显著正向影响
	H4：居民地方感对旅游成本感知具有显著负向影响
	H5：居民旅游成本感知对支持度具有显著负向影响
第二层级	H1a：居民地方感在收益感知中介效应下对支持度有显著影响
	H1b：居民地方感在成本感知中介效应下对支持度有显著影响
	Hc：居民地方认同对旅游发展支持度具有显著正向影响
	Hd：居民地方依赖对旅游发展支持度具有显著正向影响
	He：居民地方依恋对旅游发展支持度具有显著正向影响

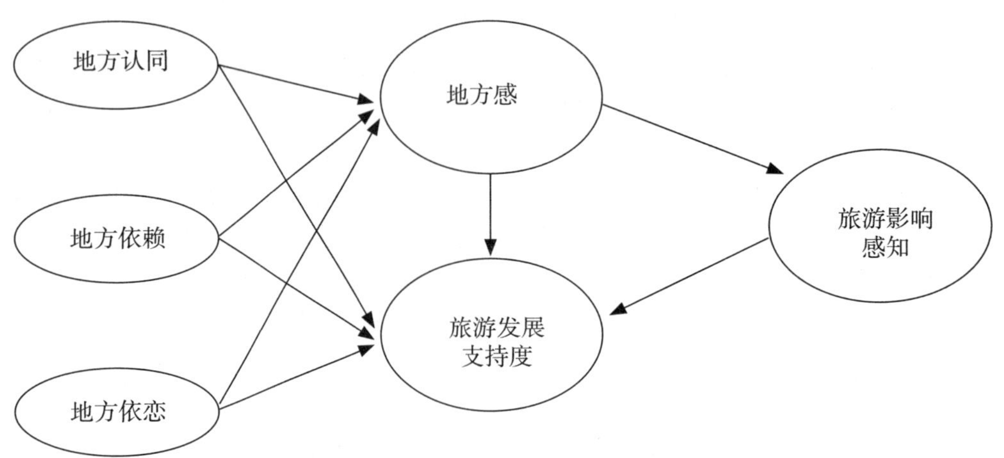

图1 居民地方感与旅游发展支持度的关系概念模型图

（三）问卷设计

本文采用问卷调查法收集量化数据。通过文献梳理找出相关测量量表，并结合江平镇实际情况，分别设计出对地方感、旅游影响感知和旅游发展支持度三套测量量表；其中地方感测量量表包含地方认同、地方依恋和地方依赖三个维度，旅游影响感知测量量表包含旅游收益感知和旅游成本感知两个维度。量表均采用五分制量表形式设问，1至5分别代表“非常不同意”至“非常同意”5个选项。

（四）数据获取及研究方法

正式调查问卷发放时间为2014年10月1—3日和10月31日—11月1日，地点是广西东兴市江平镇镇中心、万尾村、巫头村、山心村和交东村，共发放300份调查问卷，回收有效问卷288份，有效问卷率为96%。运用SPSS18.0和AMOS7.0对调查问卷数据进行统计分析。

三、问卷可靠性与准确性评价

（一）问卷可靠性评价

测量量表的可靠性通过信度检验进行。结果显示，地方感量表以及地方认同、地方依赖、地方依恋各层面的信度系数分别为0.83、0.72、0.63、0.88，均具有良好的信度；旅游影响感知量表以及收益感知、成本感知各层面的信度系数分别为0.55、0.58、0.66，可见影响感知量表与收益感知层面的信度系数较低，信度不理想，需要进一步对相关题项进行相应调整和修改；旅游发展支持度量表的信度系数为0.931，信度非常理想。

（二）问卷准确性评价

效度检验的是问卷的准确性问题。KMO和Bartlett球形检验结果显示，三个测量量表的KMO值分别为0.84、0.72和0.89，显著性均为0.000，表明三套量表均适合进行因子分析。接下来运用因子分析对各量表的效度分别进行检验，并删除一些存在问题的题项。

1. 地方感量表的效度检验

通过对地方感量表进行因子分析剔除6个题项，提取后保留的因素累积方差贡献率在60%以上，3个因子在旋转后的累积方差贡献率为70.16%，因子提取结果理想。各题项在对应因子上的载荷量均达到0.5以上，且多数大于0.8，表示保留下来的题项与其对应的因子关联程度较大。对提取的3个因子再次进行信度检验，信度系数均大于0.8，表示经过题项调整之后的量表各构面内部一致性良好。通过对比，发现3个提取因子均与原设计量表中的三个维度相符，可见问卷设计较为合理。

2. 旅游影响感知量表和旅游发展支持度量表的效度检验

同理检验旅游影响感知量表和旅游发展支持度量表的效度，分析删除影响感知量表中的5个题项后，影响感知量表整体及各个层面的信度系数较之前都有了提高，分别为0.69、0.84和0.77。所保留的因子载荷量均在0.6以上，累计解释方差的百分比为67.04%，被保留的题项能较好地从收益和成本两个方面来测量居民旅游影响感知。旅游发展支持度量表各题项因子载荷量均大于0.7，累积解释方差百分比为70.89%，说明该量表的建构效度良好。

四、居民地方感与旅游发展支持度关系分析

（一）旅游地居民地方感与旅游发展支持度关系概念模型构建

通过AMOS7.0绘制关系概念模型（图2、图3、图4），地方感部分是由地方认同、地方依赖和地方依恋三个维度作为一阶因素构成的一个二阶结构方程模型。旅游影响感知中的收益感知和成本感知分别作为中介变量进行模型的测量和检验，旅游发展支持度为因变量。图4模型是测量居民地方认同、地方依赖和地方依恋三个维度对旅游发展支持度的影响情况。

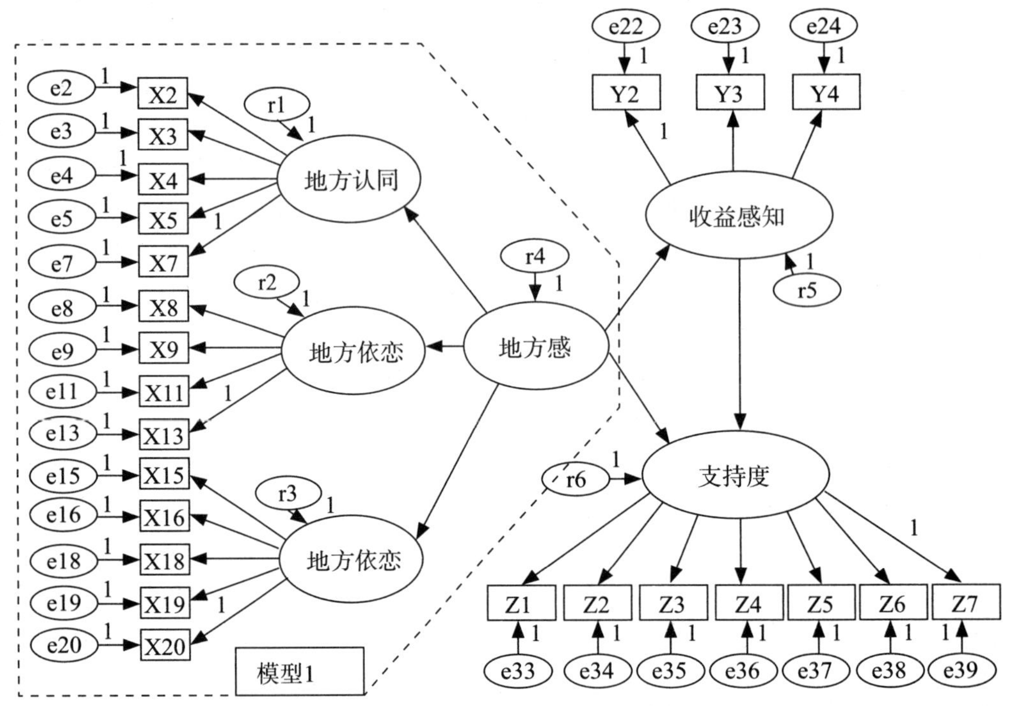

图2 居民地方感与旅游发展支持度关系概念模型 a

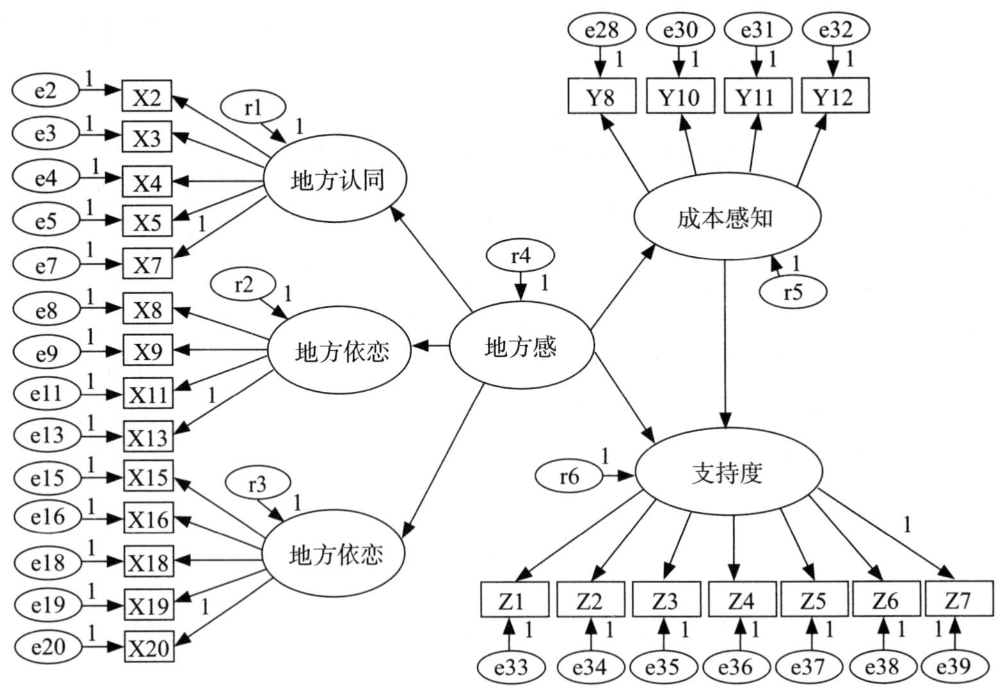

图3 居民地方感与旅游发展支持度关系概念模型 b

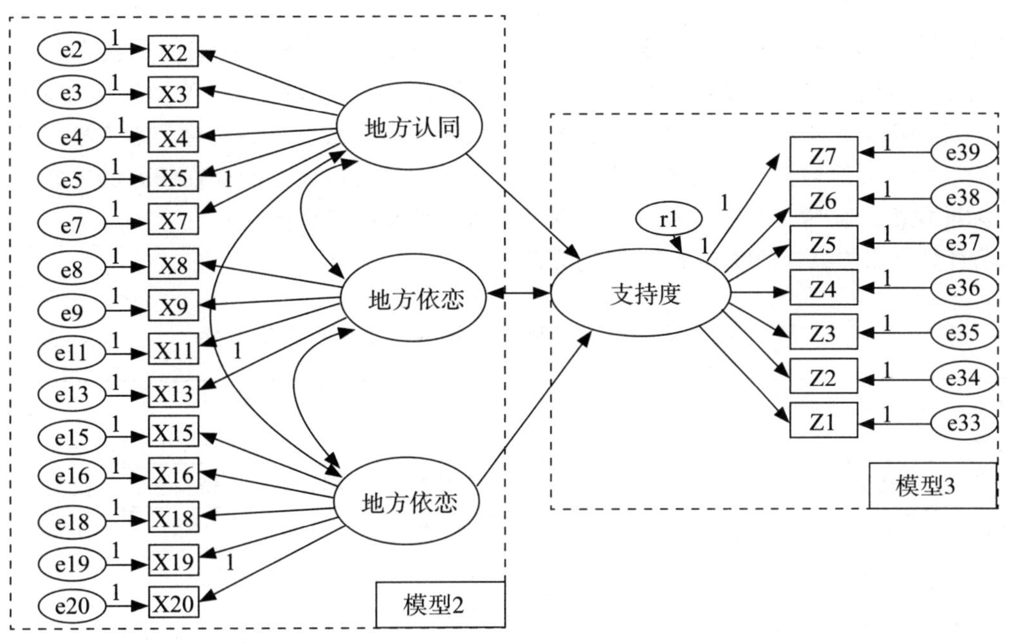

图4　居民地方感各维度对旅游发展支持度影响关系概念模型

（二）居民地方感、地方感各维度及旅游发展支持度测量模型有效性分析

1. 模型拟合优度检验

结构模型验证之前，为保证问卷所设题项能够有效正确地测量模型中的构念，要对测量模型（图2、图4中虚线框内模型1、模型2和模型3）进行检验。首先通过验证性因子分析，得到地方感一阶、二阶测量模型和旅游发展支持度测量模型的各项拟合指数（表2）。

表2　地方感一阶、二阶测量模型和旅游发展支持度测量模型拟合指数

模型	绝对拟合指数				相对拟合指数					简约拟合指数	
	χ^2/DF	GFI	RMR	RMSEA	NFI	RFI	IFI	TLI	CFI	PGFI	PNFI
模型1	2.491	0.916	0.060	0.072	0.929	0.912	0.957	0.954	0.956	0.637	0.746
模型2	3.158	0.893	0.060	0.087	0.909	0.888	0.936	0.921	0.936	0.629	0.739
模型3	3.682	0.958	0.040	0.097	0.975	0.952	0.982	0.965	0.982	0.476	0.511

可见，三个模型的拟合优度的卡方自由度比检验（χ^2/DF）均小于5，表示各测量模型的正确性概率较高，拟合度良好；在拟合优度指数（GFI）上，各模型的指标均在0.9左右，属于较好拟合范围；均方差残根项（RMR）上，三个模型均低于0.1的标准值；近似误差均方根（RMSEA）中，模型1的指数虽低于0.08一般标准值，但仍具有一定拟合度。在相对拟合指数方面，各项指数均达到了标准要求，配适度良好。而简约拟合指数的两项指标里，模型3的PGFI值相对较低，但也距标准相差不远；其他两个测量模型的指数都显示拟合状态良好。因此综合各拟合指数指标，三个测量模型均达到拟合度标准且模型1与模型2相接近，各题项均可以作为模型的观察变量继续保留。

2. 模型内在质量检验

内在质量检验包括三个部分：各维度构念与测量题项之间的相关程度、各测量题项之间有较高的内在相关性以及各测量题项对其对应维度构念的解释程度。对应三个部分的检验，本文采用检验性因子分析中的标准化因子载荷、显著性水平T值以及通过因子载荷计算得出的组合信度（CR）、平均方差提取（AVE）四项指标进行评价（表3、表4）。

可见，三个模型所有因子载荷均大于0.5，所有T值在P小于0.001下显著，且均大于1.96。表示测量题项与各维度、各维度与地方感以及测量题项与旅游发展支持度之间存在较好的关联性，观测值能较好地解释其对应构念。

表3　地方感一阶、二阶测量模型内在质量检验参数

潜变量	测量题项（维度）	标准化因子载荷		T值		组合信度（CR）		平均方差提取（AVE）	
		模型1	模型2	模型1	模型2	模型1	模型2	模型1	模型2
地方认同	X2	0.753	0.753	8.405***	8.406***	0.860	0.861	0.560	0.561
	X3	0.908	0.908	9.032***	9.035***				
	X4	0.821	0.821	8.743***	8.735***				
	X5	0.691	0.692	8.052***	8.058***				
	X7	0.508	0.508	—	—				
地方依赖	X8	0.819	0.819	10.854***	10.863***	0.769	0.770	0.457	0.457
	X9	0.733	0.733	10.100***	10.100***				
	X11	0.815	0.816	10.829***	10.838***				
	X13	0.642	0.642	—	—				
地方依恋	X15	0.799	0.847	14.394***	15.682***	0.924	0.930	0.709	0.726
	X16	0.814	0.860	14.724***	16.003***				
	X18	0.915	0.893	16.948***	16.755***				
	X19	0.904	0.883	16.721***	16.533***				
	X20	0.768	0.773	—	—				
地方感	认同	0.822	—	—	—	0.699	—	0.657	—
	依赖	0.548	—	4.105***	—				
	依恋	0.554	—	4.231***	—				

注：*** 表示 P<0.001 检验通过

表4　旅游发展支持度测量模型内在质量检验参数

潜变量	测量题项	标准化因子载荷	T值	组合信度（CR）	平均方差提取（AVE）
旅游发展支持度	Z1	0.871	—	0.933	0.667
	Z2	0.722	13.585***		
	Z3	0.870	17.616***		
	Z4	0.859	17.335***		
	Z5	0.799	15.564***		
	Z6	0.772	14.601***		
	Z7	0.811	15.908***		

注：*** 表示 P<0.001 检验通过

潜变量的组合信度（CR）值大于0.6，则表示模型具有较高的内部可靠性。三个模型的各测量题项或维度的组合信度处在0.699—0.933之间，高于最低信度标准，表明模型的内在质量较佳（表3、表4）。平均方差提取（AVE）值越高，则表示测量误差越小，结果显示，除地方依赖构念略小外，其余潜变量的AVE值均高于0.5，基本上达到要求，表示各测量题项或维度能够有效反映其对应构念的潜在特质。综上所述，三个测量模型通过验证性因子分析通过了有效性和正确性检验，能够进行下一步结构模型检验。

（三）东兴市江平镇居民地方感对旅游发展支持度的影响路径分析

1. 旅游影响感知中介变量下地方感对旅游发展支持度影响路径分析

采用极大似然法对修正模型进行运算分析，结果显示，两个模型的各项拟合指数运行良好，且卡方自由度比、RMSEA、IFI、TLI等多项指标接近于最佳理想指标，表明经过修正后的模型拟合度达到了较高的理想水平（表5）。

表5 居民地方感与旅游发展支持度关系概念a、b模型拟合指数

模型	绝对拟合指数				相对拟合指数					简约拟合指数	
	χ^2/DF	GFI	RMR	RMSEA	NFI	RFI	IFI	TLI	CFI	PGFI	PNFI
模型a	1.695	0.894	0.058	0.049	0.914	0.901	0.963	0.957	0.963	0.715	0.795
模型b	1.642	0.892	0.062	0.047	0.910	0.897	0.963	0.057	0.962	0.722	0.798

表6 居民地方感与旅游发展支持度关系的假设检验结果

假设	路径关系	路径系数	T值		直接效应	间接效应	总体效应	检验结果
			C.R.	P				
H2Aa	支持度 <--- 地方感	0.619	2.550	0.021	0.619	0.374	部分中介	成立
H2B	收益感知 <--- 地方感	0.598	2.235	0.017	0.598	—	—	成立
H2C	支持度 <--- 收益感知	0.625	3.858	0.003	0.625	—	—	成立
H2Ab	支持度 <--- 地方感	0.634	3.721	0.008	0.634	0.266	部分中介	成立
H2D	成本感知 <--- 地方感	−0.515	−2.191	0.049	−0.515	—	—	成立
H2E	支持度 <--- 成本感知	−0.517	−2.257	0.037	−0.517	—	—	成立

对修正模型进行假设检验，并将路径系数标准化，结合检验结果、效果值（表6）和路径系数标准化结构模型（图5、图6），具体分析得出：

第一，江平镇居民地方感对旅游发展支持度有显著的正向影响，达到0.05的显著性水平，假设H1a和H1b成立。两个模型中，地方感对旅游发展支持度的直接效应分别为0.619和0.634。间接效应为地方感分别通过旅游收益感知和成本感知两个中介变量对支持度的影响效果，分别为0.374和0.266。总体效应是直接效应与间接效应的总和，分别为0.933和0.900。同时，由模型的间接效应显著分析结果可得，两个模型的中介效应为不完全中介，即部分中介效应。

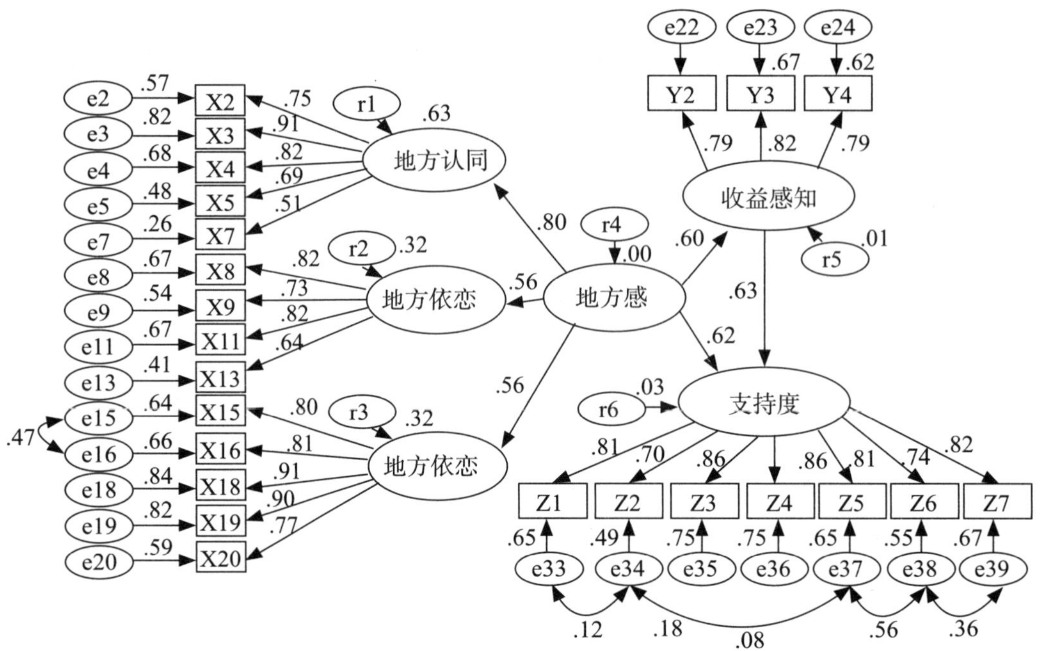

图5　居民地方感与旅游发展支持度关系结构模型 a

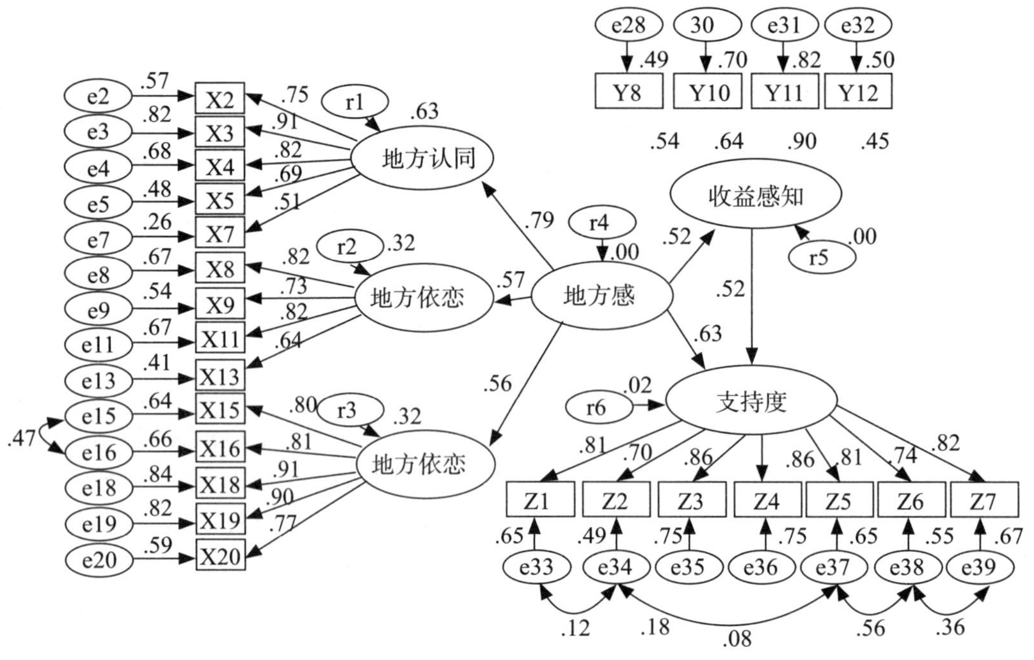

图6　居民地方感与旅游发展支持度关系结构模型 b

第二，江平镇居民地方感对旅游影响中的收益感知具有显著的正向影响，对成本感知具有显著的负向影响，总体效应值等于直接效应值，分别为0.598和 -0.515，P值均小于0.05，达到显著水平，假设H2和H4成立。

第三，东兴市江平镇居民的旅游收益感知对旅游发展支持度具有显著正向影响，成本感知对旅游发展支持度具有显著负向影响。总体效应值与直接效应值相等，分别为0.625和 -0.517，P值均通过显著水平检验，假设H3和H5成立。

此外，依据各维度对地方感的影响效应由大到小的排列依次为地方认同、地方依赖和地方依恋（图5、图6）。

2. 居民地方感各维度对旅游发展支持度影响路径分析

同样采用极大似然法对模型进行运算，得到卡方自由度比为1.930，接近理想值2，GFI为0.894，与标准值0.9相差甚少，RMR=0.056，RMSEA=0.057；各项相对拟合指数均大于0.9的最低标准值；简约拟合指数PGFI=0.697，PNFI=0.788，均大于标准值0.5，综合各项拟合指数，显示模型拟合度较为理想。

表7　居民地方感各维度对旅游发展支持度影响的假设检验结果

假设	路径关系	路径系数	T值		检验结果
			C.R.	P	
Hc	支持度 <--- 地方认同	−0.045	−0.565	0.572	不成立
Hd	支持度 <--- 地方依赖	0.219	2.811	0.005	成立
He	支持度 <--- 地方依恋	0.018	0.256	0.798	不成立

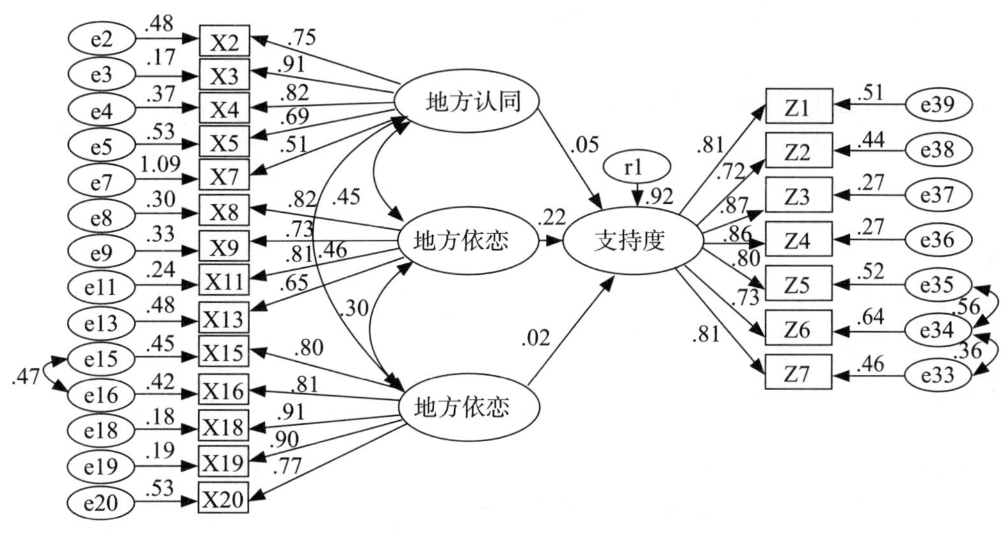

图7　居民地方感各维度对旅游发展支持度影响结构方程模型

对修正模型进行研究假设检验和标准化路径分析，显示仅有Hd假设成立，地方依赖对支持度的总效应值为0.219，在显著水平0.05下通过验证，即在地方感的三个维度中仅有地方依赖维度对旅游发展支持度具正向影响。其余两个假设未通过显著性验证，假设不成立（表7、图7）。

五、对策建议

（一）实行社区增权，提高居民的主体地位

研究发现，江平镇居民地方感对收益感知的影响效应更大，表明居民更关注旅游发展所带来的收益；同时，在地方感的三个维度当中，仅有地方依赖对支持度有着显著的正相关关系。这说明，旅游地

居民对于旅游发展为自身带来的收益与权利有极高的关注度。因此，必须建立起有助于江平镇居民参与旅游发展决策的合法权利框架，使当地居民积极主动地参与到旅游业当中，使居民合法合理的利益诉求得到实现，重视居民在旅游发展中的主体地位，增加居民的利益共享，才能够更好地激发居民的“东道主”意识，强化地方身份认同，提高居民对于旅游地生活发展功能的依赖程度。

（二）深度挖掘地方特色旅游产品，打造京族海洋旅游品牌

本文研究显示，居民对旅游地的功能依赖主要体现在生产、生活和居住方面。历代赖以生存的大海，传统质朴的文化氛围，较完善的设施和条件等都是居民地方感的来源，因而深度挖掘地方特色旅游产品，打造京族海洋旅游品牌十分有必要。深度挖掘“京族文化”元素，将拉大网、捕鱼等地方特色农事活动与旅游相结合，打造特色旅游产品。此外，保持如哈节等民俗文化和节庆活动，加强地方历史文化的动态展示，保持当地文化传统性和历史性的同时，提高居民身份标识的自豪感与归属感。

（三）构建文化—旅游管理模式，塑造良好人地关系

从三个维度对地方感影响程度大小的比较中可以看出，身份认同方面的意义显得比生产生活功能性以及情感依附方面的意义都更为重要，即江平镇为居民提供了安全感和身份感的家。因此，要充分重视民间力量，构建文化—旅游的管理模式，从政府介入、市场运作和民间推动三个方面着手，形成推动京族海洋文化发展的三方合力，引发居民地方自豪感和文化自觉感，进而激发居民自觉保护环境、传承文化、宣传地方的积极行动，促进旅游地的和谐和可持续发展。

（四）正确处理地方性的保护与旅游开发之间的矛盾

本文研究显示，江平镇居民地方感对旅游发展的成本感知呈负相关，且成本感知对旅游发展支持度具有显著负向影响。因此，要避免过度开发，防止江平镇京族文化的过度商业化，做好旅游地地方性保护的规划和管理。同时应注意到，江平镇的京族海洋文化是维系居民与地方情感的重要纽带，因而在实现少数民族文化商品化的同时，重视传统文化的保护与传承，将当地特色文化与旅游发展相互融合，实现二者在相互促进中共同发展。

【参考文献】

[1] 尹立杰，张捷，韩国圣，等 . 基于地方感视角的乡村居民旅游影响感知研究——以安徽省天堂寨为例 [J]. 地理研究，2012(10):1916-1926.

[2] 张中华，王岚，张沛 . 国外地方理论应用旅游意象研究的空间解构 [J]. 现代城市研究，2005(05):69-75.

[3] 张捷 . 区域民俗文化的旅游资源的类型及旅游业价值研究 [J]. 人文地理，1997.

[4] 朱竑，刘博 . 地方感、地方依恋与地方认同等概念的辨析及研究启示 [J]. 华东师范大学学报（自然科学版），2011(01):1-8.

[5]Altman I，Low S M. Place attachment[M]. New York: Plennum Press，1992.

[6] 唐文跃 . 地方感研究进展及研究框架 [J]. 旅游学刊，2007(22):70-77.

[7] 朱竑，钱俊希，吕旭萍 . 城市空间变迁背景下的地方感知与身份认同研究——以广州小洲村为例 [J]. 地理科学，2012,31(01):18-23.

[8] 刘春燕，周曼诗，曾过生，等 . 旅游者地方感对旅游者忠诚度的影响研究——以旅游者满意度为中介变量 [J]. 江西师范大学学报（自然科学版），2014(02):217-221.

[9] 李九全，王立 . 基于地方依附感原理的景区旅游竞争力探析 [J]. 人文地理，2008(04):79-83.

[10] Choi H C，Murray I.Resident attitudes toward sustainable community tourism[J].Journal of Sustainable Tourism，2010，18(04):575-594.

[11] 黄爱莲 . 限制与突破：北部湾区域旅游合作研究 [M]. 北京：中国社会科学出版社，2011:132.

[12]Dogan G, Denney G R. Host attitudes toward tourism an improved structural model.Annals of Tourism Research, 2004, 31(03): 495-516.

[13]TUAN Y F. Topophilia: A study of environmental perception[M].Englewood Cliffs, NJ: Prentice-Hall, 1974.

[14] Gursoy D, Rutherford D G.Host attitudes toward tourism-an improved structural model[J]. Annals of Tourism Research, 2004, 31(03):495-516.

[15] 周曼诗，唐文跃，刘春燕，等 . 地方依恋视角下的世界遗产地原住民搬迁问题研究——以庐山风景区为例 [C]. 中国地理学会学术年会，2012.

民族文化旅游的内涵式发展之路

潘丽凤　胡小康①

（贵州民族大学民族学与社会学学院，贵州 贵阳 550025）

【摘　要】改革开放以来，"发展是硬道理"、"发展是我们的头等大事"等真理已成共识，发展的价值讨论也让位于发展方式、方法的探索。发展的路径是什么，正成为我们思考与实践的主要对象。随着人们物质生活日益改善，精神上的追求日益凸显，旅游业亦不断兴盛，旅游业的发展走什么样的道路被提上了日程。不断的探索与实践证明，走内涵式发展的道路，是推动旅游业持久发展的必然选择。

【关键词】民族文化；旅游；内涵式发展

一、内涵及内涵式发展

党的十八大报告中提出了推动高等教育内涵式发展，内涵被赋予了更深层次的含义。内涵包括两层含义：一是指某个概念所反映的事物的本质，另一层含义是指事物所具有的内在涵养。

内涵式发展，它是相对于外延式发展而言的，外延式发展强调的是数量的增多、时间空间规模扩大，主要是适应外部环境的变化而变化。内涵式发展，它强调的是一种质的变化，从事物本质出发，优化内部结构，提升事物内部实力。内涵式发展通过深化改革，激发事物内部动力，实现事物跨越式的质的飞跃。

内涵式发展是发展结构模式的一种类型，是以事物的内部因素作为动力和资源的发展模式。所谓"内涵式发展"就是要抓住事物的本质属性，强调事物"质"的发展。当下，大力发展民族文化旅游，坚持走内涵式发展之路是最佳的选择。

二、民族文化旅游走内涵式发展道路的必要性

（一）旅游者对旅游资源质量上的要求提升

旅游作为一种精神上的消费，伴随着人们物质生活的改善，旅游者对旅游资源的要求也不断增加。而以往的旅游开发一味追求经济效益，不断提高旅游地区的接待能力，扩大旅游景点的规模以及商家为追求经济利益而忽视了文化的内在重要性，这无疑与文化旅游走内涵式发展相悖。

（二）旅游开发过程中的经济效益与生态保护失衡

旅游开发中缺乏客观、合理的衡量体系，这就使得在旅游开发过程中出现了恶性发展，资源开发与环境保护失衡。大多旅游开发之初为了经济效益而忽视了生态效益，有的甚至为了吸引游客，旅游开发走上了一条"先污染，后治理"的道路，这使得旅游景区生态环境遭到严重破坏，生态失衡必将导致旅游资源开发的道路越走越窄。生态环境是旅游资源赖以存在的物质空间。但随着旅游业的迅猛发展，旅游资源的大量开发，由于片面追求经济效益，加之缺乏科学有效的管理，没有合理开发利用旅游资源，从而导致旅游环境质量的下降、恶化。

（三）现有的旅游资源缺乏深层次开发，旅游产品单一、品位不高

民族文化是一种重要的旅游资源，旅游开发过程中热衷于创新，却忽视对现有的旅游资源和旅游

① 潘丽凤（1990—），女，侗族，贵州省黔东南人，贵州民族大学民族学与社会学学院硕士研究生；
胡小康（1990—），男，汉族，贵州省仁怀人，贵州民族大学民族学与社会学学院硕士研究生。

产品进行深层次开发，尤其不注重对已开发旅游资源的文化内涵的挖掘，仅仅停留在肤浅的表面层次。文化遗产作为旅游资源的开发大都还限于低层次的观光旅游上，既没有对其文化进行深层次的挖掘，又缺乏灵活的展示，从而大大降低了其应有的文化品位和吸引力。

（四）景区雷同化和人为景观泛滥

目前，景区雷同化和人为景观已成为制约我国旅游业发展和旅游资源开发的“瓶颈”。主题公园热是其中的表现之一。在规划开发中，由于开发者脱离景区实际，追求各种景区景点样样俱全，使得各个景区雷同化程度非常高，没有其特色。一个景区似乎什么都有，但因为没有特色，实际上什么都没有，尤其是人造景观的开发极具趋同性。

（五）旅游区城市化问题突出

当前我国旅游资源开发具有城市化倾向，特别在一些著名风景名胜区，高楼林立，街区纵横，宾馆、饭店、商场等设施一应齐全，俨然一座现代都市。旅游区城市化会对旅游区产生开发建设无序、旅游资源破坏等诸多不利的影响。

三、坚持走民族文化旅游发展的内涵式道路

面对旅游业的发展趋势，针对当前旅游资源开发中存在的问题，旅游资源开发应向深层次、质量型、内涵丰富型发展，由单一的猎奇——游览观光型向复合型、多功能的旅游景区建设发展。旅游资源开发者要根据旅游市场需求，科学合理地配置旅游资源，用保护性的资源开发手段来满足最大的旅游需求，用多功能、全方位配套开发来体现旅游景区的丰富内涵。

（一）注重旅游资源的内在文化性

随着旅游市场竞争日益激烈，旅游目的地竞争已由单纯自然风景资源的竞争，转向自然景观与区域文化源脉的发掘优化、整合重构的竞争。因此，在旅游资源的开发过程中，亟须解决的一个问题就是观念的转变。旅游景观包括自然景观和人文景观，自然景观注重的是给人带来一种视觉上的享受，而人文景观则不同，它是通过人文景观为载体，向游客传达的是一种精神上的文化内涵。因此，在旅游资源开发的过程中，特别是人文景观的开发中，内涵式发展就显得尤为重要，开发必须深入到景观所包含的文化内涵，注重打造文化景观，给游客带来心灵上的一种洗涤。

（二）内涵式发展与外延式发展相结合

旅游开发中的内涵式发展与外延式发展二者虽然在一定程度上是有差别的，但二者在某种程度上又是相辅相成、共同促进的，二者并不矛盾，也并不排斥。内涵式发展与外延式发展在促进旅游事业的发展中是缺一不可的，一方面，大力完善旅游景区的基础设施建设，确保旅游设施的绝对安全可靠，在保护生态环境的前提下大力地对旅游资源进行开发，合理利用资源，同时，加强旅游景点的接待能力与旅游景点周边的服务能力，确保游客能真正地移情于景；另一方面，在外延式发展的基础上必须注重内涵式发展，这就要求在加大旅游资金投入的时候不要走入一个误区，即盲目地扩大投资规模。内涵式发展更强调的是一种旅游资源内部的本质调整来适应社会发展对旅游开发的社会需求，通过挖掘内在因素提升品位和通过整合利用来谋求发展，在维持好风景资源质量和生态环境质量的前提下，不断去考虑解决景区旅游吸引力的增强、旅游形象的提升、对外影响力的扩大、作用与地位的上升以及经济效益的增长等问题。

（三）转变策略，树立旅游资源开发的品牌意识

内涵式发展的关键，要切实把握和抓住机遇，科学地整合旅游资源，全方位地展现出旅游资源的特色，同时，树立旅游资源的品牌，对旅游景点的要求，让没有来的人想来旅游，旅游过的人还想再来旅游，不断扩大旅游景点的空间影响力，做好旅游资源的品牌，不断扩大其影响力。21世纪旅游业的发展，游客可以选择的旅游地越来越多，旅游地之间的竞争越来越激烈，要想保证旅游者选择某一旅游地，而不去选择其他同样可以满足其需求的旅游地旅游，就必须树立旅游产品、旅游地的独特的品牌形象。

（四）科学地规划旅游资源的开发，旅游资源的开发走科学发展的道路

旅游资源在某些时候有它的唯一性和独特性，这就要求在旅游资源的开发中突出其精华部分，做到因地制宜，具体问题具体分析。具体要求主要表现在几个方面：一是开发过程中以资源为基础，提高旅游资源的科学规划水平，走生态旅游道路，真正做到环境保护与旅游资源的开发协调发展；二是坚持“保护第一，开发第二”、“保护与开发齐头并

进”，抵制盲目地开发和低水平的开发；三是妥善处理好旅游开发过程中的短期利益与长期利益的矛盾，制订切实可行的开发策略和科学的开发计划。在开发旅游资源时，应全面认识旅游资源的价值，正确处理开发和保护的关系，不能以牺牲环境为代价，片面追求经济效益，更要注重生态效益、环境效益，以保证旅游资源的永续利用、旅游业的持续发展。

四、结语

内涵式发展，最初涉及的只是教育领域，如今，内涵式发展走向了大众化、集体化。民族文化旅游的内涵化发展是人们在旧的社会模式不适应社会需求的背景下做出的新的调整，民族文化旅游的内涵化一方面在为物质文化与非物质文化的保护中起到重要作用，另一方面，在日新月异的今天，民族文化旅游的内涵化对推动旅游业的发展也将带来重要的影响。具体要求，提高旅游资源质量是民族文化旅游内涵式发展的根本，优化结构是民族文化旅游内涵式发展的基础，规模的合理发展是民族文化旅游内涵式发展的前提，提升效益是民族文化旅游内涵式发展的关键。

【参考文献】

[1] 罗永常 . 民族村寨旅游发展问题与对策研究 [J]. 贵州民族研究，2003(02).

[2] 卢天玲，王挺之 . 论彝族毕摩文化的旅游价值及其开发方式 [J]. 贵州民族研究，2006(05).

[3] 董清云 . 发展民俗文化旅游 加快脱贫进程 [J]. 民族论坛，2002(05).

[4] 刘永安，刘庭风 . 少数民族村寨风景打造及保护研究——以西江千户苗寨为例 [J]. 贵州民族研究，2015(04).

[5] 杨圣敏编 . 中国民族志 [M]. 北京：中国民族大学出版社，2004.

[6] 黄淑娉，龚佩华 . 文化人类学理论方法研究 [M]. 广州：广东高教出版社，1998.

[7] 林耀华 . 民族学通论 [M]. 北京：中央民族大学出版社，2005.

[8] 田书清 . 多元文化视野下的贵州民族文化旅游与开发 [J]. 中共贵州省委党校学报，2009(03).

[9] 王兆峰，杨琴 . 基于产权理论的民族文化旅游产业品牌发展研究 [J]. 贵州民族研究，2010(01).

[10] 吴晓山 . 冲突在民族文化旅游中的动因与消解 [J]. 四川民族学院学报，2013(04).

[11] 黄海珠 . 民族旅游村寨建设研究 [D]. 北京：中央民族大学，2007.

[12] 刘晖 .“摩梭人文化保护区”质疑——论少数民族文化旅游资源的保护与开发 [J]. 旅游学刊，2001(05).

[13] 纳尔逊·格拉本，彭兆荣，赵红梅 . 旅游人类学家谈中国旅游的可持续发展 [J]. 旅游学刊，2006(01).

[14] 杨振之 . 前台、帷幕、后台——民族文化保护与旅游开发的新模式探索 [J]. 民族研究，2006(02).

"一带一路"背景下广西百色市壮族旅游文化创意产业创新发展战略研究

李 上 梁福兴[①]

(桂林理工大学旅游学院,广西 桂林 541006)

、【摘 要】广西百色市地处桂西壮族聚居区核心,既是壮族传统文化资源保存最为完好的地区之一,也是中国—东盟边境合作前沿区,国际壮泰语系民族文化轴心带和南方古丝绸之路右江水运古道穿越区。百色境内壮族布洛陀文化、黑衣壮文化、壮族织锦文化、南北壮剧文化、壮族嘹歌文化、农神庙会文化、医药养生文化等,都已被列入国家和地方非物质文化遗产名录。在"一带一路"背景下,作为南方丝绸之路经济带的重要节点、中国—东盟自由贸易区的前沿门户和左右江革命老区振兴规划的建设中心,引领壮族旅游文化创意产业"内生力"并"走出去",创新发展的机遇非常优越。然而,目前百色市壮族旅游文化创意产业创新发展的整体战略思路尚不明晰,长期依赖国家和地方政府财政补贴的壮族特色公共文化创意事业发展思路,尽管取得了《美丽壮锦》、《妈勒访天边》等大批国家级优秀精品剧目成果,但因为旅游产业不发达,导致众多轰动一时的壮族文化创意精品剧目缺乏产业依托,珍贵的原创性剧目及其相关创意成果浪费严重,非但经济效益不明显,还走进了"躁动—萎靡"反复循环的财政补贴和精品工程怪圈。本研究认为,广西百色市壮族旅游文化创意产业创新发展的资源丰富、优势明显、机遇良好、劣势不多,如果能够清晰地认识"一带一路"倡议,扬长避短,采取"走向旅游、走向全国、走向东盟"三者相结合的"扭转+创新"发展构想,百色市"1区1市10县"将很快出现多个类似《印象·刘三姐》、"龙脊梯田"、"明仕田园"和"田州古城"一样的大中型壮族风情旅游景区及壮族文化创意产业大型综合旅游实体,并延伸出百色壮族旅游文化创意产业项目"走出去"系列品牌。

【关键词】"一带一路";百色市;壮族;旅游文化创意产业;创新发展战略

一、前言

"一带一路"是丝绸之路经济带和21世纪海上丝绸之路的简称,旨在主动发展与沿线国家的经济合作伙伴关系,共同打造政治互信、经济融合、文化包容的利益共同体、命运共同体和责任共同体。广西属于丝绸之路经济带圈定范围,发展定位为21世纪海上丝绸之路与丝绸之路经济带有机衔接的重要门户。百色位于广西边境,是在"一带一路"背景下,广西"走出去"的重要通道。而百色壮族文化是广西保存最完整的地区之一,目前百色壮族旅游文化产业包括景区景点、民俗节庆活动、壮族剧目等,百色应抓住"一带一路"带来的机遇,引领壮族旅游文化产业"走出去"。本文从机遇、优势、劣势和威胁四个方面分析在"一带一路"背景下百色壮族旅游文化产业发展的基本情况,并为百色壮族旅游文化创意产业的发展提出策略。

① 李上(1992—),男,浙江东阳人,桂林理工大学少数民族经济专业硕士研究生,研究方向:文化创意产业;梁福兴(1963—),男,壮族,广西桂林人,桂林理工大学旅游学院副教授,研究方向:民族文化与旅游。

二、国家“一带一路”倡议与广西百色壮族旅游文化创意产业发展的机遇分析

（一）左右江革命老区振兴规划带来重大发展机遇

政府主导是产业发展的保证，百色市高度重视壮族旅游文化创意产业的发展，在“十二五”规划中，明确提出要加强文化建设，弘扬民族优秀文化，推进文化精品工程建设，加强文化遗产的保护，培育发展文化产业。政府积极整合文化资源，致力于打造一批常演不衰的民族歌舞精品，实现舞台艺术作品向旅游市场转化，同时注重民俗节庆活动品牌的打造，如田阳布洛陀文化旅游节、平果“壮乡天籁”歌圩音乐节、西林句町文化节等活动。政府还注重对文化遗产的保护与利用，重点发掘如田阳敢壮山布洛陀文化、嘹歌文化、壮族织锦、黑衣壮民歌等可以充分展示百色民族文化精髓、助推文化旅游升温的文化遗产。在文化产业方面，在推进文化交流和人才培养的基础上，设立文化产业发展基金，制定文化产业发展规划，整合资源，推进文化产业发展。引导文化娱乐业向超市化、连锁化、规模化、品牌化发展，支持强势休闲企业开展跨地区连锁经营，培育一批有实力的文化龙头企业。借助中国—东盟（广西百色）现代农业展示交易会，兴建文化会展中心，走文化会展和商业会展相结合发展之路。百色《左右江革命老区振兴规划》明确以百色市左右江革命老区为核心，统筹考虑区域经济社会协调发展。重点发展铝产业、生态锰产业、机械制造业、高效农业、农产品加工业、红色旅游及休闲养生、壮乡文化创意产业、商贸物流、民族医药等。积极发挥丰富多元的民族民俗文化优势，以民族文化丰富旅游的内涵，保护和传承布洛陀文化、布依族八音坐唱、苗族芦笙舞、侗族大歌、水族水书等非物质文化遗产，打造民族文化旅游经典景区。重点文化旅游项区建设包括百色田阳敢壮山布洛陀文化、那坡黑衣壮原生态民族文化。百色正在拟写的《右江区旅游发展总体规划》以“中国红色福地，国际养生右江”为主题，对百色市旅游产品与线路、旅游市场营销与品牌塑造、旅游产业要素、旅游基础配套设施建设、旅游保障体系等方面进行了详细规划。从政府出台的文件来看，壮族旅游文化创意产业的发展迎来了新的机遇，新的春天。

（二）东盟边贸旅游和区域文化市场交流前景广阔

百色地处桂西壮族聚居核心，也是中国—东盟边境结合部，应积极抓住机遇，推动双方经贸驶入快车道。2013年，百色与越南的边境贸易额为10.31亿美元，同比增长80.24%。其中与东盟农产品贸易额为1.3亿美元，同比增长56.11%，2010—2013年均增速为42.46%。百色与越南等东盟国家经贸交流合作前景广阔。百色市招商引资9月21日闭幕的第12届中国—东盟博览会中取得巨大成果。博览会期间共签约44个项目，总投资307.276亿元。其中在大会签约的外资项目4个，总投资18亿美元，内资项目7个，总投资59.54亿元人民币；在本市推介会专场签约33个，总投资132.768亿元人民币。签约项目内容涵盖商贸物流、电子商务、加工制造、现代服务业、生物医药、农副产品、旅游、长寿健康养生、现代农业、交通能源基础设施等10多个领域。在“一带一路”背景下，加强与东南亚各国政策、贸易、旅游等的互联互通，百色壮族旅游文化产业的市场将不仅仅限于广西，在东盟各国中也具有较大的开发潜力。

（三）国家战略重点项目纷纷落地百色壮族聚居区

在“一带一路”背景下，经济走廊的建设成为重大项目，广西致力于下半年将中国—中南半岛国际经济走廊建成“一带一路”先导示范项目。该走廊一端直通新加坡、马来西亚等东盟发达地区，另一端通过南宁向东连接中国粤港澳地区，向西与丝绸之路经济带相连接，向北连接亚欧铁路线，是一条纵贯中国泛珠三角地区和中南半岛国家的重要经济走廊。百色与南宁毗邻，随着中南半岛经济走廊的建成，给百色壮族文化创意产业的发展带来了机遇，更加容易“走出去”。交通方面还有云桂铁路项目的建设，云桂铁路全线建成通车后，从昆明到南宁的行车时间将由原来的12小时缩短为5小时左右。百色与南宁间行车时间将由原来的3小时缩短为1小时。百色革命老区将与南宁间形成“1小时高铁交通圈”。在百色《左右江革命老区振兴规划》中将百色田阳敢壮山布洛陀文化、那坡黑衣壮原生态民族文化列入重点文化旅游区，表明了国家对壮族旅游文化产业发

展的重视，百色壮族文化旅游应积极抓住发展机遇，寻找新的出路。

三、国家“一带一路”倡议与广西百色市壮族旅游文化创意产业发展优势分析

（一）特色性壮族传统文化及其信息资源蕴藏丰厚

壮族是岭南的原住民。自公元前214年始，岭南进入中原政权的管辖。壮族拥有古老、独特的民族文化，从古代延续至今，先秦、秦汉时期汉族史籍所记载的居住在岭南地区的“西瓯”、“骆越”等，是壮族最直接的先民。百色处桂西壮族聚居核心，是壮族传统文化资源保存最为完好的地区之一，除了布洛陀文化、黑衣壮文化、壮族织锦文化、南北壮剧文化、壮族嘹歌文化、农神庙会文化、医药养生文化等已被列入国家和地方非物质文化遗产名录外，还有凌云壮族72巫调音乐、壮族娶亲婚俗、对歌、壮族碰蛋定情习俗、五色糯米饭、绣球之乡、田阳舞狮技艺、西林壮族春牛舞、靖西壮族端午药市、壮族生态博物馆等。百色壮族的人文景观和民族风情多姿多彩，资源丰富，可以说是原生态的壮乡文化。

（二）优美壮阔的自然地理风光蕴藏众多生态资源

百色除了有丰富的壮族旅游文化资源，同时也有优美壮阔的自然地理风光。百色总的气候特点是亚热带季风气候，光热充足，雨热同季，夏长冬短，作物生长期长，越冬条件好，年平均气温19℃至22℃，四季气候宜人，一方面是有利于壮族传统文化的保存，另一方面也适宜观光旅游，在体验壮乡民俗风情的同时还能观赏百色自然山水的风光。澄碧湖是广西最大的淡水湖泊，由大型水坝拦截澄碧河而形成，风景区集山乡野趣与平湖风光为一体，湖面开阔明净，湖水终年清澈透明，遍种各种亚热带水果。更有引人入胜的摩崖传说，饮誉四方的观音庙，天造地设的清泉溶洞引人一探，正是旅游观光、度假休闲的极佳去处；有壮族医药谷之称的通灵大峡谷，位于靖西古龙山水源林自然保护区的南端，整个峡谷堪称“雄、险、幽、奇、绝、美”，神秘绝妙的奇异景观仿佛把人带入遥远的远古时代和迷人的仙境；有世界天坑之最之称的乐业大石围天坑群，在天坑群26个天坑中，列入世界级的有大石围、邓家坨、大坨、穿洞、白洞、神木、拉洞等7个天坑，获得世界地质公园、国际岩溶与洞穴探险科考基地、国家AAAA级景区、中国国家地质公园、中国国家森林公园、中国青少年科学考察探险基地、中国兰花之乡七项殊荣，被誉为“世界天坑博物馆”。另外，由于靖西得天独厚的地理位置，造就了其风光旖旎、优美的环境，享有“山水小桂林”的美誉。在这里举行边关民族风情表演，游客可欣赏美丽的自然风光、感受异国风情。

（三）多个东盟国际边贸口岸，往来东南亚通畅便捷

百色是大西南出海通道的咽喉，是中国对东盟开放的前沿。靖西县、那坡县与越南边境线长360.5公里，有龙邦、平孟两个国家一类口岸，岳圩国家二类口岸，龙邦、岳圩、新兴、孟麻、平孟、百南、那布等7个边民互市点。各边境口岸和边贸点交通便利，是泛珠三角经济区和中国西南地区与越南等东南亚国家开展直接贸易或转口贸易的黄金宝地。近年来，东南亚各国已经发展成为世界上经济发展最快的地区之一。越南等国正在采取更加灵活优惠的政策，吸收国外资金，加快经济发展的步伐，整个东盟经济体市场开发潜力很大。可以说，百色市作为通往东南亚各国的桥头堡之一，发展边贸经济有良好的外部环境和良好的基础条件。在口岸建设过程中，力求把边境县城打造成为集经贸、观光、旅游于一体的边疆重镇。百色积极推进龙邦—茶岭经济合作区建设，经济合作区一旦建立，区内人流、技术流、物流、信息流、资金流等流量和流速必然上升到一个新台阶，必将带动物流运输、仓储、旅游、餐饮、金融、保险等服务业的诞生和发展。

（四）红色革命老区和壮族文化创意产业后发强劲

百色市除了壮族文化之外，也是经典的红色旅游目的地之一。百色曾主推的红色旅游使其知名度大增，在红色文化的旅游基础上，壮族旅游、文化创意产业也涌现了一批精品，《美丽壮锦》、《妈勒方天边》等大批剧目取得了国家级优秀精品剧目成果，这是对壮族传统文化的弘扬，也是对壮族旅游文化的宣传。其中《美丽壮锦》自创作以来，已经在东盟七国以及国内一些地区进行展演，《妈勒方天边》曾荣获第六届中国艺术节优秀剧目奖、第二届中国舞蹈“荷花奖”比赛金奖及六项单项奖、广西第五届“桂花金奖”及十一项单项奖，并入选第八届“五个一工程”奖。该剧在业内享有极高的声誉。随着百色交通网络的不断完善，政府对文化产业发展的不断重视，

百色壮族文化创意产业在“一带一路”的背景下拥有更强大的后发优势。

四、国家“一带一路”倡议与广西百色市壮族旅游文化创意产业发展劣势分析

（一）缺乏准确主题形象地位和产业创意人才蓄势

百色壮族旅游文化创意产业的发展离不开人才，而人才的缺乏则阻碍了百色壮族旅游文化创意产业与“一带一路”衔接。比如大型民族歌舞《美丽壮锦》，就由许多专业人才共同努力完成。总导演丁伟（中央民族歌舞团国家一级导演，文华奖优秀导演奖获得者，舞剧《妈勒访天边》总导演）担任总导演，连续五年担任南宁国际民歌艺术节舞蹈总编导，这位曾经担纲了各类大型文艺演出的大导演，周围会聚着一批成绩卓著、赫赫有名的人物，如舞美设计鞠毅（国家一级舞台美术设计师），被称为“中国舞台第一灯”；音乐创作刘钢宝（中国战友歌舞团一级作曲家）、李沧桑（中国歌剧舞剧院一级作曲家）；服装设计阿宽（北京著名年轻服装设计师）。他们把八桂大地的山、水、歌、舞贯串起来，用全新的手法、全新的阵容、全新的创作观念在舞台展现广西壮族人民的勤劳勇敢、能歌善舞的民族精神和风情。壮族很多传统文化除了文字记录外，口传身教也是重要的传播手段，但由于当前经济的发展，很多年轻人不愿去学习民间艺术，导致许多壮族传统文化无法得到传承，渐渐流失。百色壮族旅游文化产业的发展首先要确定主题形象地位，力求将百色桂西壮族地区的神秘、魔幻、原始、生态加以创意性表达。其次就需要会创作、能表演的人才将壮族主题文化表现出来。

（二）缺乏与田州古城类似的重大融投资前景项目推动

百色市属老少边穷地区，经济发展较为缓慢，壮族旅游发展起步慢，资金方面相对匮乏。百色以红色旅游为主，壮族文化旅游开发融资困难大，投资不足。桂林有漓江山水和《印象·刘三姐》，崇左有德天瀑布和明仕田园，百色单凭一个田州古城并没有达到可以与前两者比拟的程度。靖西绣球村的绣球已衍变成了广西壮族的吉祥物，是民族的工艺品，属于非物质文化。绣球是“让靖西走向世界，让世界了解靖西”的重要载体。虽然靖西正在建设的绣球城总规划面积约1500亩，总投资30亿元，但如何对壮族文化进行创新并融入其中才是最难的，如果绣球城没有足够的壮族文化，则无法称为壮族文化项目城。百色目前缺乏的是以壮族文化元素为主题的重大投资项目，如何招商引资则是壮族旅游文化创意产业发展需要认真考虑的问题。

（三）历年文化创意精品成果缺乏重大景区景点依托

百色市经济发展较为缓慢，基础设施相对落后，景点没有重心且相对分散。《妈勒访天边》、《美丽壮锦》等一大批优秀剧目成果，百色各景区景点却没有为其提供依托，导致这些优秀成果一个个演完之后便废弃，非常可惜。壮族传统文化、民俗风情也不能得到很好的体现，比如田阳敢壮山。敢壮山以布洛陀文化为主题，但却没有相应配套旅游产品来体现布洛陀文化，景点潜力不能充分发挥，使得壮族旅游文化产业发展不能得到良性循环。

五、国家“一带一路”倡议与广西百色市壮族旅游文化创意产业发展威胁分析

（一）壮族传统文化资源认识理解角度老化泛化雷同

广西是壮族人民主要聚居地之一，百色的壮族传统文化与广西其他地区如柳州、河池、南宁等地都有相同的壮族旅游文化资源，各地对壮族文化资源挖掘不深，旅游开发程度不高，没有凸显当地特色，不仅导致壮族旅游产品出现雷同现象，而且使游客对壮族文化的认识也出现了雷同现象，认为壮族传统文化都是千篇一律。由此引发旅游者对壮族旅游文化产生厌倦，失去新鲜感。如民俗表演、民族节庆活动，许多壮族景区都是走过场，随意做一些动作，就像完成任务一样，游客很难区分这是壮族的哪一个支系，没有独特的壮族旅游文化产品就很难吸引游客，各地出现的壮族旅游雷同现象不仅误导了旅游者对壮族文化的理解，同时也是对壮族文化资源的破坏和抛弃。

（二）缺乏东盟国家相似文化的认识和情感认同交流

随着经济社会的发展变迁，壮族文化越来越缺乏认同感。壮语是百色市的官方语言之一，但有许多壮族人民却已经忘了如何说壮语。壮族当地居民对自身文化缺乏认同感，民族自信力越来越薄弱。壮族有很多民间技艺、歌舞等得不到传承，没有意识到对自己传统文化的保护。广西壮族的一些建筑、农具、纺织文化等与东盟国家许多民族的都有相同

之处，在壮族旅游文化产业的开发过程中缺乏与东盟国家民族的交流，未能在相似文化上做出一些创意产品来吸引东盟游客。

（三）全球时尚潮流把握不准，创新创意目标方向不清

百色壮族旅游文化创意产业的发展重点在于创新创意，旅游文化产业的发展不能只重视风景，更应该注重挖掘壮族旅游文化资源的真正内涵，将壮族文化融入自然风光中。目前百色大部分景区都没有将壮族历史文化真正地融入景色中，如田阳敢壮山，景就是景，文化就是文化，没能将二者融合，缺乏创意。将壮族文化原生态和时尚创新相结合并不冲突，百色壮族旅游文化创意没有把握全球化趋势，没有利用"一带一路"加强与东盟国家的交流。吸收借鉴他国成功的经验是百色发展壮族旅游的一大捷径。可见，创新不足是阻碍百色市壮族旅游文化创意产业发展一大难题。

六、国家"一带一路"倡议与广西百色市壮族旅游文化创意产业发展战略探讨

（一）扩大壮族旅游文化创意产业人群目标战略

百色壮族旅游文化创意产业的发展首先要明确客源市场定位。广西区内有1600万壮族人民，他们对壮族旅游文化产业的期待和向往是其他民族游客无法比拟的。随着"一带一路"的建设，区内乃至国内交通更加便捷，会吸引更多对壮族文化好奇、感兴趣的旅游者和专家前来旅游、考察。百色壮族旅游文化创意产业的发展应当积极开拓区内市场，加大宣传，渐渐向全国和东盟国家扩散。

（二）周边跨省区域壮族旅游文化创意产业合作战略

在广西往西往南的重重大山里曾经有一条不亚于茶马古道的百越古道，百越古道东至华南，西至川滇，依托右江，水陆兼程，把滇黔桂粤几省甚至东南亚各国联系起来，不仅是经贸之路，而且还是民族迁徙和交流的道路。百色田东（横山寨）是百越古道第一镇，是百越古道的中心点和交会处，来自西南的马帮在横山寨交易之后，驮着货物渡过右江河，经德保、靖西、那坡进入云南的富宁、昆明抵达大理，再延伸到丽江，出缅甸、印度。百越古道沿线可以通过重建宋城、还原古商铺等来发展民族旅游。通过这个古道，能够与这些通道上的民族拉近关系，彼此互相融合、互相交流、互相学习，对促进今后的团结极为重要。打造百越古道可以学习云南借茶马古道在丽江一带发展"骑马游"的经验，将"骑马游"与本地的农业观光、壮族古寨观光融合，如骑马玩芒果节、看壮族古村寨、赏古老又神秘的铜鼓，开拓有广西壮族文化特点的旅游项目，以马为媒，将旅游向纵深推进，带旺有壮族民族特点的旅游项目。另外，国家中长期铁路网规划当中的云桂铁路从昆明南新客站向东经过红河、文山、百色等至广西南宁站，全线建成通车之后，从昆明到南宁的行车时间将由原来的12小时缩短为5个小时左右，并且和沪昆、定昆、昆玉、南昆、南宁至广州高铁相连，共同构成了西南泛珠三角和环北部湾的出海大通道。百色可以依托云桂铁路的建成，加强与云南文山壮族互联互通，寻求壮族文化的共同性，求同存异，共同推进壮族旅游文化创意产业的发展。

（三）中国—东盟国际壮族旅游文化产业合作战略

百色发展壮族旅游文化创意产业可以充分利用东盟博览会优势，致力于打造百色壮族文化交流品牌，依托博览会，与东盟国家深化文化论坛活动，通过举办形式多样、内容丰富的文化论坛、展览和演出活动，促进百色壮族旅游文化产业与东盟国家的合作。加大广西对东盟国家会展节庆、文化旅游、现代传媒、文化演艺、影视动漫、文化创意与制造、教育培训和文物博物以及现代休闲娱乐等方面的交流合作，向东盟国家传播和推介壮族文化。在旅游文化创意产业发展过程中可以吸收、借鉴其他国家的民族文化产业的优点，加快我国民族旅游文化产业的发展。

七、结论

在"一带一路"背景下，百色应当抓住机遇，深度挖掘壮族文化资源，将壮族文化与自然景观旅游资源相结合，对文化旅游产业进行创新，促进人文旅游的开发，加强壮族文化旅游的宣传工作，借助红色旅游的热潮，为壮族文化旅游开拓市场。同时加强与国内外各地壮族文化交流与融合，寻求文化上的共性，吸引更多东盟各国的游客，将壮族文化带向世界，使百色壮族文化可以更好地"走出去"。

【参考文献】

[1]陈月明．广西壮族文化旅游资源整合及开发研究[J]. 广西职业技术学院学报，2012(03)：90-93.

[2]陈炜，张瑾．少数民族非物质文化遗产旅游开发SWOT分析及其对策——以百色壮族布洛陀文化为例[J]. 社会科学家，2009(06):89-92.

[3]曹琼．"一带一路"战略背景下中国产业"走出去"的机遇与路径探讨[J]. 商，2015(21):276，273.

[4]甘莹，郭峦，陈红玲．广西文化创意旅游产业发展初探[J]. 沿海企业与科技，2011(06):72-75.

[5]兰田宁．广西百色市旅游资源整合研究[D].南宁：广西大学，2008.

[6]张婷婷．百色壮族民俗文化旅游开发初探[J]. 现代企业教育，2007(02):134-135.